守正创新

——银行工作札记

对金融服务实体经济的思考

徐学明　著

中国金融出版社

责任编辑：黄海清
责任校对：潘　洁
责任印制：陈晓川

图书在版编目（CIP）数据

守正创新：银行工作札记/徐学明著. —北京：中国金融出版社，
2019.3

ISBN 978 – 7 – 5049 – 9974 – 0

Ⅰ.①守…　Ⅱ.①徐…　Ⅲ.①银行业务—中国—文集
Ⅳ.①F832.2–53

中国版本图书馆CIP数据核字（2019）第030305号

守正创新：银行工作札记
SHOUZHENG CHUANGXIN：YINHANG GONGZUO ZHAJI

出版
发行　中国金融出版社

社址　北京市丰台区益泽路2号
市场开发部　（010）63266347，63805472，63439533（传真）
网 上 书 店　http://www.chinafph.com
　　　　　　（010）63286832，63365686（传真）
读者服务部　（010）66070833，62568380
邮编　100071
经销　新华书店
印刷　北京市松源印刷有限公司
尺寸　169毫米×239毫米
印张　25.5
字数　300千
版次　2021年1月第1版
印次　2021年1月第1次印刷
定价　90.00元
ISBN 978 – 7 – 5049 – 9974 – 0
如出现印装错误本社负责调换　联系电话（010）63263947

序

上市，对于中国的国有银行来说，绝不仅仅是筹资和补充资本金那么简单。无论是上市前的重组和内部变革，整个上市过程中紧张的工作流程，还是上市后的信息披露与市场沟通，都需要大型国有银行对于原来的治理架构、战略定位、工作机制等不断进行反思和改进。我自己亲身参与了中银香港的重组上市，也在几家上市银行担任过独立董事，现在在香港交易所工作，也近距离观察到上市对一家银行所产生的巨大影响。

上市首先当然是一项需要团队密切合作的浩大工程，但是，在整个过程中，具体负责重组上市的负责人，则必须在其中发挥关键性的纽带和推动作用。这位负责人对内需要联系不同部门，促使其了解并适应上市的不同要求；对外需要联系不同监管机构与市场主体，协助这些机构深入了解所在的银行。中国邮政储蓄银行徐学明副行长就是该行重组上市项目的具体负责人，由他来讲述邮储银行重组上市前后不同侧面的故事，无疑有助于我们深入了解邮储银行，也有助于我们由此了解中国的国有银行体系在上市过程中所发生的巨大变化。

中国邮政储蓄银行上市的时间窗口，与此前的国有银行上市时有所不同。如果说，邮储银行上市之前的国有银行上市时，正处于银行业的黄金成长时期，整个经济持续上升，银行信贷快速扩张，净利差一直保持在较高水平，但是，随着经济金融形势的变化，在邮储银行开始推进上市时，中国的利率市场化加速推进，金融科技快速普及，银行业的经营模式正在发生深刻变革。"金融服务无处不在，就是不在银行网点"，如何找到银行转型发展的新方向，是中国银行业在新的环境下必须回答的问题。在这场转型与变革中，中国银行业要想重塑竞争优势，就必须要守正创新。一方面，要以服务实体经济为本，坚持守住风险底线；另一方面，要加快转型创新，重塑渠道、丰富产品、细化服务、优化客户体验，加快推进银行向综合化、轻型化、数字化、智能化方向转型。

　　作为中国金融体系的重要组成部分，正是在这样新的经济金融环境下，中国邮政储蓄银行克服了许多困难，先后完成"股改—引战—上市"三步走目标，并依托自身的网络、客户和资金优势，逐步探索出了一条差异化发展之路，成为中国银行业独具特色的金融机构之一。作为香港交易所的首席中国经济学家，我亲身经历了邮储银行上市的全过程，见证了邮储银行在上市前后的成长和进步。在中国的银行体系中，邮储银行是一家很独特的银行，一方面，4万个网点深入城乡，深耕普惠金融，单笔几万元、几十万元的小额贷款业内领先；另一方面，邮储银行具有资金优势，在同业融资、同业投资领域不断发力，对稳定金融市场、服务实体经济作出了贡献。徐学明先生从事金融工作近30年，经历了从基层员工到北京分行行长，再到总行副行长的各个层级，经历了邮储银行从一家邮政储汇机构到大型公众上市银行的全过程，在总行又先后分管金融市场、资产管理、公司金融等业务，对普惠金融的酸甜苦辣，对金融市场的阴晴变幻，都有第一手的感悟。

　　上市期间，徐行长同时兼任邮储银行董事会秘书，由于工作原因，我与他沟通交流比较多，他也多次邀请我参加中国邮政储蓄银行为了上市而举办的各种研讨会，这使我更加深切地感受到徐行长作为一个实干型银行家的专业、严谨和睿智。在此过程中，我们也结下了深厚的友谊。

徐行长坚持深入思考我国银行业转型发展过程中出现的新问题和新挑战，他的很多观点都闪耀着专业的思考，比如"银行转型发展要坚持商行＋投行＋资管的模式""银行要通过大力发展资管和投行业务拥抱直接融资""不能把银行办成财政""服务实体经济，光靠银行一张资产负债表独木难支""破解民营企业融资难题，需要银政企协同发力""要给影子银行留有适度发展空间""以'慢牛'思维推动居民财富管理健康发展""讲好邮储故事，用车轮战打动投资者"，等等。同时，他还积极尝试将这些思考应用在银行经营管理中，通过实践加以检验。正是由于有这样一批求是求实、勤于思索、勇于创新的业界专家，我国金融理论和实践才能不断前进。

《守正创新——银行工作札记》一书呈现了徐行长对金融理论和银行改革发展实践的理解，对民营企业融资、资管新规等社会热点问题的思考，同时还记录了他在邮储银行发展普惠金融、支持实体经济发展的基层调研感悟。我相信，这本书对金融从业人员和研究人员具有参考和借鉴价值，也是我们了解中国邮政储蓄银行的一个独特的窗口。

是为序。

巴曙松　教授

香港交易所首席中国经济学家

中国银行业协会首席经济学家

北京大学汇丰金融研究院执行院长

自序

Preface

　　昨天，已经翻过一页。今天，我们正处于世界百年未有之大变局中，立足新阶段、贯彻新理念、聚焦新格局，银行业正面临前所未有的挑战：在经济和社会方面，逆全球化和贸易保护主义抬头，海外疫情仍在肆虐，国内经济将加快构建新发展格局，移动互联网和大数据正在改变人们的日常生活；在金融领域，银行要平衡好服务实体经济与自身可持续发展，金融供给侧结构性改革助力直接融资快马加鞭，融资结构将发生大变化，银行靠规模扩张的外延发展模式已难以为继，"金融无处不在，就是不在银行网点"，利率市场化改革不断深化，金融业进一步扩大对外开放，防范化解金融风险面临新的形势，等等。令人眼花缭乱的挑战扑面而来。明天，银行的未来在哪里？这需要我们全体银行人来共同回答。

　　总结、回望历史，可以帮助我们擦亮眺望未来的眼睛！

　　邮政金融拥有百余年历史。1896年3月大清邮政创办两年后，就开始办理邮政汇兑业务，20世纪30年代，邮政部门专门成立了邮政储金汇业局，可以办理储金、汇兑、保险、股票、抵押放款等业务，储金汇业局有"大众银行"之美誉，是当时"四行两局"六大金融机构之一（"四行两局"内容见本书附录二：邮政金融历史沿革），其经营方针是"人嫌细微，我宁繁琐；不争大利，但求稳妥"，这是我国普惠金融的最早实践探索。1986年邮政部门恢复办理邮政储蓄业务，"老树开新花"，21年后，于2007年挂牌成立邮储银行。邮储银行成立 13 年来，认真履行社会责任，扑下身子服务实体经济，专心专注服务"三农"、服务城乡居民、服务中小微企业，已成为我国金融体系的一支生力军。截至 2020 年 9 月底，邮储银行拥有 4 万个网点，客户超 6 亿，资产规模达 11 万亿元，居商业银行第五位。邮储银行有一张干净的资产负债表，不良贷款率仅为同业平均水平的 50%，超过 400% 的拨备覆盖率是同业平均水平的两倍。2015 年以来，相继完成引进战略投资者和 A+H 上市工作，2019 年，被正式纳入国有六大行序列。

一个人的幸运是能够从事自己所热爱的事业，并伴着所在企业共同成长，我就是这样的幸运儿。1988 年大学毕业后即从事邮政储蓄工作，从柜员和业务指导员、业务稽查员做起，一直踏着邮政金融改革发展的步伐成长进步。2007 年担任邮储银行北京分行首任行长，2013 年 1 月，开始担任总行副行长，前五年时间还兼任董事会秘书。32 年职业生涯，近 30 年从事邮政金融工作，为此，我感到骄傲和自豪！

参加工作以来，无论是在基层，还是担任企业高管，日常工作之余，总喜欢写一些东西。我觉得，写作是一种深度思考，是将日常碎片化的思维火花聚拢起来，是思维系统化的过程，也是将知识内化并给自己赋能的过程。勤动笔的好处，一是可以促使自己勤于思考，把有些问题搞得更清晰、更透彻。想明白、写清楚、干到位相互促进，相得益彰。二是写作能体现传承，比如把好的方法传承下去，把好的经验推而广之；同时又可以实现创造，写一些言之有物的东西，写一些建言献策的东西，就是创造。三是可以留下时光的印记。

2011 年，我把工作后发表的书稿整理成册，在人民邮电出版社出版了《绿色变革》一书，并承蒙北京大学厉以宁老师作序。近期，又把 2013

年到总行工作以来发表的文章、公开演讲讲稿，以及工作履职中自认为有点价值的文字进行梳理，交由中国金融出版社刊印，书名是《守正创新——银行工作札记》，承蒙香港交易所首席中国经济学家、北京大学汇丰金融研究院执行院长巴曙松博士作序。

守正出奇，是企业经营之道。我认为，对于商业银行而言，守正就是要守服务实体经济之正、守客户为本之正、守管理风险之正；出奇就是要出改革创新之奇、出转型发展之奇、出特色经营之奇。《守正创新》书中有对普惠金融的理解、对重塑民营企业信用问题的思考；有对商业银行守正创新的领悟和展望、对"商行＋投行＋资管"新经营模式的分析研判、对银行业应对并支持直接融资快速发展的策略分析，以及对《商业银行法》修改和加强互联网金融监管的建议；有对居民财富管理、大资管行业发展趋势的认识，有邮储银行理财业务转型实践和同业业务转型发展心得；有邮储银行引战上市的难忘故事，还有防范化解风险、治理"影子银行"的酸甜苦辣。点点滴滴，构成了我在邮储银行总行工作八年的图谱。

时光留下的印记，是一笔宝贵的财富。这些留下来的文字，可供将来回味、咀嚼。希望不仅是我个人的美好回忆，也能对其他人有所启迪。

由于个人专业水平有限，以及视野的局限性，一些观点难免存在片面性，甚至是谬误，恳请各位同仁批评指正。本书写作过程中，收录和参考了一些文献和案例，恕不能一一列明，在此一并表示感谢！

作者　于 2020 年 11 月

目 录
Contents

第一部分　金融服务实体经济思考

第二部分　邮储银行改革发展实践

目　录

第一部分

SHOUZHENGCHUANGXI

金融服务实体经济思考

破解民营企业融资难题需要"政银企"协同发力
——北大光华新年论坛演讲

按语： 2018年12月23日，第二十届北大光华新年论坛在国家会议中心举行，论坛以"美好中国：敢当与前行"为主题，旨在致敬改革开放40年，展望发展新愿景。作者应邀出席论坛并发表主题演讲，针对社会各界高度关注的民营企业、小微企业融资难融资贵的问题阐述了思考与建议，并与北京大学光华管理学院刘晓蕾教授进行了现场对话。新浪财经进行了全文刊载。

第二十届北大光华新年论坛，以"美好中国：敢当与前行"为主题，紧扣时代脉搏和社会关切。这次论坛召开的时点非常好，恰逢庆祝改革开放40周年大会和中央经济工作会议闭幕之际，让我们能够更准确地把握当前的宏观经济形势。今天，我发言的主题是"破解民营企业融资难题需要'政银企'协同发力"。

12月18日，习近平总书记在庆祝改革开放40周年大会讲话中强调指出，"必须毫不动摇巩固和发展公有制经济，毫不动摇鼓励、支持、引导非公有制经济发展，充分发挥市场在资源配置中的决定性作用，更好发挥政府作用，激发各类市场主体活力"。结合学习习近平总书记重要讲话精神，针对当前社会各界高度关注的民营企业、小微企业融资难融资贵问题，下面我谈两点思考。

第一个方面，我想从另外一个侧面谈谈民营企业的重要性。

提到民营企业贡献，大家通常会用"56789"这几组数字来概括，这里，我想从另外一个角度来看：其一，民营企业大多数是中小微企业；其二，国有企业和民营企业是"你中有我、我中有你，一荣俱荣、一损俱损"。近一个时期以来，民营企业遇到的流动性困难，主要是再融资和股票质押出现了问题。我认为，还有另外一个原因，那就是部分民营企业自身经营遇到了困难。这里，我举一个汽车制造业的例子：近两年来，钢铁价格上涨，这一状况必然向下游传导，由此导致汽车制造业成本上升、业绩下滑，再加上市场需求疲软，最终车企的日子一定不好过，数据显示，2018年大部分车企都是负增长。从短期看，市场表象为车企不景气，从长期看，它一定会再反向向上游传导。刚才，中国建材集团宋志平董事长作了精彩演讲，他是业内公认的优秀企业家，拿中国建材来看，它的上下游应该有很多中小微企业。

国有企业和民营企业已经形成了完整的产业链，国有企业多处于产业链上游，在基础产业和重型制造业等领域发挥核心作用，民营企业越来越多地提供制造业产品特别是最终消费品，两者是高度互补、相互合作、相互支持的关系，他们是利益攸关的共同体。从这个角度看，救民营企业、小微企业也是在救国有企业，更是在救中国经济。

我有一点不成熟的思考，在经济潮起潮落中，我们能否不再按所有制来划分，能否不再给企业贴上特殊标签？所以，我衷心地希望将来对企业类别的划分能按着大型企业、中型企业、小微企业这一标准。

第二个方面，破解民营企业融资难题，需要"政银企"协同发力。

当下，我国民营企业融资难是阶段性、周期性、体制性因素叠加的结果。据不完全统计，现在银行业贷款余额中，民营企业贷款仅占25%。由于渠道不畅，一旦企业流动性出现问题，很快就会波及债券、信贷，甚至资本市场。这里，我列举一组债券违约数据：截至2018年12月，在19.8万亿元的信用债中，已经出现违约的债券共236只，涉及的债券总额为2050亿元，违约率为1.04%。其中，2018年新发生的违约债券114只，违约金额1190亿元，在这里，民企占比76.9%，接近八成。

民营企业信贷不良率攀升、债券违约、再融资困难、股票质押爆仓等问题，已经引起社会各界的高度关注。那么，该如何破解呢？我认为，这需要政府、监管、银行和企业四方协同发力。

第一，政府要着眼于打造良好的营商环境。

基于刚才讲的国有企业和民营企业是共生关系，我们就需要从传统固化的观念里走出来，转向用全新的现代化产业链理念来认识国有和民营经济。借鉴竞争中性原则，要全面深化各项改革，强化竞争政策的基础性地位，创造竞争中性的市场环境、制度环境。要以市场化、法治化手段，公平公正地对待各类市场主体。要坚持权利平等、机会平等、规则平等，降低营商成本，激发各类市场主体的活力。同时，要使积极的财政政策加力提效，加快推进减税降费；要有效约束央企、国企举债行为，避免挤出效应。我们非常欣喜甚至惊喜地看到，12月21日闭幕的中央经济工作会议，对进一步加快经济体制改革已经作出全面部署。

另外，还要加强诚信体系建设，提高各级政府依法行政水平，执行政策不搞"一刀切"，避免出现忽左忽右的局面。比如对民营企业债务纠纷，最近个别地方出现了司法部门打着保护民营企业的旗号，不允许债权人依法开展资产保全，这就走向了另一个极端，是典型的"要么不作为，要么乱作为"。

针对政府如何做好中小企业服务这一问题，我们可以借鉴美国小企业管理局的一些做法，该局是美国联邦政府机构，成立于1953年，其主要职能是向中小企业提供政策支持，包括获取贷款融资、获取政府补贴、获得政府采购公平份额等。这一机构帮助了占全美企业总数95%以上的2300多万家小企业，发挥了重要作用。

第二，监管部门要坚持市场手段和行政手段"两手抓"，促进商业银行把源头活水引向民营企业。

要改善货币政策传导机制，统筹使用货币政策和宏观审慎政策工具，通过定向降准、扩大抵押品等方式，加大金融支持民营企业力度。12月19日，央行创设了"定向中期借贷便利"（TMLF），TMLF资金可以使用三年，利率比中期借贷便利（MLF）优惠15个基点，目前为3.15%。我觉得，这是一个非常好的市场化手段。其利率低，有利于商业银行降低资金成本，提高风险定价能力；同时期限长，可减轻银行流动性压力；特别是定向支持民营和小微企业，可以说目标靶向非常精准。

在引导银行资金流向民营企业方面，监管部门既需要适当强化窗口指导，对金融机构有硬约束；同时也要坚持按市场规律办事，放松行政管制，推进监管创新，减少政策执行及市场运行的摩擦成本，实现银保监会郭树清主席强调的"要推动形成对民营企业敢贷、能贷、愿贷的信贷文化"。

金融服务民营企业，光靠银行一张资产负债表独木难支，应加强多层次融资市场建设。与国有企业相比，民营企业对非标融资和非银融资的依赖性更强，所以，要充分发挥银行表外融资、证券、保险、基金、信托、

到越来越多的"阳光雨露"。

在此，我也向民营企业发出呼吁：一要坚定信心。中央经济工作会议已经作出判断，我国仍处于并将长期处于重要战略机遇期，而且，在加快经济体制改革部署中，很多措施对民企、小微企业都是利好。二要加快推进企业转型。要紧紧围绕国家战略来开展工作，比如深化供给侧结构性改革、推动制造业高质量发展、推进乡村振兴战略等，企业发展要跟上经济转型的脉搏，要学会"伴着音乐节拍跳舞"。三要专注主业，行稳致远。企业的核心竞争力在于主业经营，民营企业家要心无旁骛，埋头苦干。四要合理控制杠杆。对于企业而言，金融杠杆犹如"魔杖"，用得好可以"撬动地球"，用不好可能会把企业推向万丈深渊。同时还要完善法人治理结构，珍视自身信用，坚持合规经营，切实履行社会责任。

附：

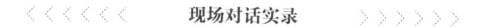

现场对话实录

满足客户融资需求和控制自身风险应从三个维度平衡

主持人：有请徐学明副行长、刘晓蕾教授进入舞台中央对话区。

刘晓蕾：徐行长您好！非常感谢您刚才从政府、监管机构、商业银行和民企四个方面给我们阐述了怎么解决民营企业、中小微企业融资难的问题。我有这样一个问题，说实话中小微企业融资难、融资贵谈了很多年，不是一个新鲜的课题，好像到今天都没有非常好地解决这个问题。我自己有一个疑问，中小微企业或者民营企业天然是风险比较高的，如果我从不良率来看，大的企业可能是 1%，中小微企业可能要达到 3% 甚至是更高，面对这么高的不良率您从银行的角度来讲怎么能够平衡，一方面有融资需求，国家也倡议给他们融资，但是另一方面他们确实面临贷款风险比较高的问题呢？

徐学明：刘教授，您的判断是非常准确的，的确小微企业的风险相比于大企业是比较高的。作为银行怎么平衡好满足客户的融资需求和自身有效控制风险之间的关系，我觉得可以从三个维度来看这个问题：

第一，商业银行要有效控制信用风险，或者说是尽量降低它的风险成本。比如说要通过精细化管理，严格贷款的三查，要选好行业、选好企业，贷前检查，精细一些，还要做好贷中审查和贷后检查。我们过去常讲叫"查三品、看三表"，"三品"是人品、产品、押品。我们看人品就是看企业、看老板有没有还款意愿，你的信用状况怎么样；看产品，是考察第一还款来源；看押品，是看第二还款来源。当然现在很多民营企业、小微企业押品不足，这就需要我们去创新一些产品，通过这些措施来有效地控制或者是降低它的信用风险。这里面我知道您实际是想问一个风险定价的问题，的确我们要优化风险定价模型。

第二，商业银行要通过加强运营管理来有效降低运营成本，这点也是非常重要的。现在我们习惯讲 ABCD 技术，要通过 AI、区块链、云计算、大数据等技术，以及信贷工厂等流程优化来有效降低风险成本和运营成本。

第三，对民营企业和小微企业，银行要把融资和融智结合起来，帮助它去管理风险，邮储银行很多情况下就是这样做的。例如我们会帮助企业做资产负债表、行业分析等。

期待进一步放松融资渠道

刘晓蕾：感谢您！另外咱们谈一下银行融资，多少年来银行资金是企业最主要的资金来源，因为银行的资金属于债权融资，有没有可能股权融资，比如说股权众筹这样的融资方式，目前还面临一些限制，比如说200人的上限，您觉得国家有没有在某种程度上放开融资渠道呢？

徐学明：您的这个观点是相当一部分民营企业家和小微企业主所关注的，光靠银行一张资产负债表支持民营企业、小微企业是独木难支的。现在老百姓的存款有理财化趋势，这里，我们可以从投资和融资两端来看：一方面，中国的中等收入群体快速上升，现在是4亿多人了，全社会财富管理或者说是大类资产的规模，在110万亿~120万亿元，如果剔除重复计算也有六七十万亿元。老百姓需要增加财产性收入，要找到更好的投资出口。另一方面，从融资方看，中小企业和民营企业既缺资金，更缺资本，从这个角度看，您的观点非常正确，尽快扩大股权融资问题值得全社会来深入探讨。银行机构、监管机构两者如何架起一座桥，让我们通过把合适的产品卖给合适的客户，来帮助百姓投资、帮助企业融资。客户有不同的风险偏好，选择存款则利率较低，风险也小；理财产品收益会高一些，客户风险等级从PR1到PR5，不同客户可以对应不同风险和收益的理财产品。如何搭起这座桥呢？我们热切地期待政府和监管部门能够有所放松，这一点非常有必要。比如说刚才您提到的众筹上限是200人，邮储银行理财产品销售，平均单人购买的金额大概在20万元，一个人20万元，200人是4000万元，这对于很多规模以上企业可能不解渴。所以，我们衷心地希望通过适当放宽标准以及创新产品来解决两端都找不到出路的问题。这里面是大有文章可做的!

中国经济长远发展趋势一定会向好

刘晓蕾: 我想再问一个相对比较尖锐的问题,2018年不仅是因为外部中美贸易摩擦,还有内部的经济下行压力等,2018年整个经济确实是面临很多压力和困难,不知道您对未来、明年的经济形势有什么样的预期和展望呢?能不能好一些呢?

徐学明: 实际上,前天闭幕的中央经济工作会议已经非常好地回答了这个问题。两个判断:第一个判断,当前经济稳中有变、变中有忧,国际形势较为严峻,国内经济下行压力比较大。第二个判断,当前乃至今后相当长的时期内,中国仍处在重要的战略机遇期。特别感觉能够给全社会提振信心是七项工作的安排,比如深化改革方面。刚才我用了一个非常欣喜甚至是惊喜地看到,中央已经对全面深化经济体制改革作出安排,像国企改革,要政企分开、政资分开等。我感觉我们应该对未来抱有充分的信心!信心在哪里?信心在于我们全党把工作重心放在经济建设上,放到全面深化改革上。下一步在中央的坚强领导下,我们就要撸起袖子加油干。

昨天是冬至,大家都吃饺子了,昨天太阳移到南回归线,接下来该往北走了,可是今天比昨天还冷,但我觉得随着太阳一步一步往北移,未来我们一定会感受到春天的温暖。我想中国经济从长远发展趋势来看,一定会向好的!

刘晓蕾: 感谢徐行长!借您吉言,我们深化改革能够一步一步地向好。谢谢您!

重塑民营企业信用

——《财经》杂志文章

按语： 本文原载于2018年5月14日《财经》杂志。改革开放40年来，民营企业由小到大、从弱到强，已经成为国民经济的重要组成部分。如何看待一些规模较大的民营企业相继出现流动性紧张，甚至爆发信用危机？如何构建有利于民营企业健康发展的金融生态环境？作者从一个银行从业者的视角进行了深入分析和探讨。

近一段时间以来，一些规模较大的民营企业相继出现流动性紧张，甚至爆发信用危机，给市场带来巨大震动。在债券市场，民营企业信用债违约事件频发，2017年以来，银行间及交易所债券市场共有41只民营企业债券发生实质性违约，占全部49只违约债券的83.6%，金额占比85.2%。

截至2018年5月8日，非金融企业信用债券市场规模18.5万亿元，其中，民营企业占比9.9%，以一成信用债规模占比，却占据违约债券规模和数量的八成多，这一现象值得深思。

防范化解金融风险是"三大攻坚战"之首。贯彻落实中央决策部署，需要统筹兼顾、系统规划、标本兼治，一方面，要做好"拆弹"化解工作，避免发生系统性风险；另一方面，要研究治本之策，加快推进改革，进一步优化营商环境，并重塑民营企业信用。

　　构建有利于民营企业健康发展的金融生态环境需要各方共同努力，政府要提供政策支持，民营企业要专注主业、行稳致远，银行要提升金融服务能力，在有效控制风险的前提下，给不同所有制企业以公平的待遇。对此，笔者尝试站在一个银行从业者的角度作分析探讨。

一、民营企业的重要性

　　民营企业是国民经济的重要组成部分。改革开放 40 年来，民营企业由小到大、从弱到强，已经发展成为提升经济效率、扩大对外开放、推进技术创新的重要力量；成为解决民生就业、贡献税收、促进经济健康发展的重要支柱。我国民营企业总数已超过 2700 万户，民营企业的作用和贡献可以用"56789"来量化概括，即对国家的税收贡献超过 50%，国内生产总值、固定资产投资以及对外直接投资占比均超过 60%，技术创新成果占比超过 70%，解决城镇就业超过 80%，占企业数量的 90%。

　　深化供给侧结构性改革、加快创新型国家建设，都离不开民营企业的积极参与。民营企业机制灵活、效率高、创新性强，在新产业、新模式、新业态培育发展进程中大有可为。以腾讯、阿里、百度、华为、小米、平安为代表的一大批优秀民营企业，是我国经济发展方式转变的楷模，已经成为中国在世界的名片。除了大型民营企业外，更多的中小微民营企业分布在国民经济各行各业，它们完成了 70% 以上的发明专利，其中的佼佼者，往往在很短的时间内就成长为细分行业的龙头，正在成为我国经济结构优化升级的新动能。

二、民营企业发展中存在的问题

（一）法人治理结构不健全

从国内外经验来看，健全的法人治理结构是企业，特别是大型企业实现基业长青的基石。不管是苹果、腾讯这样的上市公司，还是华为、嘉吉这些非上市企业，都建立了较为完善的法人治理结构。而我国民营企业中法人治理结构健全的还是少数，大部分企业家族治理色彩浓厚。对中小企业来说，依靠血缘、亲缘关系管理，是现实合理的选择，然而部分民营企业在成长为大型企业后仍然没有意识到完善法人治理的重要性，这就成为一个巨大的风险隐患。

在家族治理模式下，管理决策往往系于一人，企业发展对老板个人严重依赖。在企业的传承上，民营企业家创业阶段"白天当老板，晚上睡地板"的吃苦耐劳精神，以及在企业中的地位和威信难以有效延续，使得很多民营企业老板一直无法放心交班。据统计，A股民营上市公司中，实际控制人年龄超过 50 岁的占到 75.8%。打天下的一辈人终会老去，如果企业没有真正建立完善的法人治理结构，未来发展将面临巨大风险。

（二）部分企业野蛮生长

有的民营企业风险偏好强，扩张冲动大，往往是什么赚钱干什么，过度加杠杆、盲目收购、跟风跨界，追求短频快，在促进企业扩大规模上"英勇无畏"。有的企业看似在快速扩张，实际却是"虚胖"，经营能力、管理能力、创新能力和现金流支持没有随规模扩大而有效增强。有的企业扎堆进入热点行业，客观上导致过度竞争，一旦行业出现周期性调整，企业往往难以独善其身，出现巨额亏损甚至停摆。"生于忧患，死于扩张"并非危言耸听，民营企业要立足于"先强再大"。

（三）多元化经营冲淡主业

我国经济总量大、增速快，经济结构完整，发展机遇较多，这为民营企业多元化经营提供了有利的外部条件。民营企业要分散经营风险、开展多元化经营有其客观需求。但是一个企业的资源禀赋有限，而且隔行如隔山，多元化经营必然伴随着诸多新问题新风险。没有"金刚钻"，却想揽"瓷器活"，贸然开展多元化经营，效果往往不尽如人意。

"船小好掉头"是民营企业的优势，但频繁掉头就会影响前进速度。一部分民营企业在由小变大的过程中"这山望着那山高"，忽视了对主业的持续投入和深耕细作，在盲目多元化经营中丢了西瓜捡芝麻，让原本好端端的企业面临困境，甚至破产倒闭。因此，民营企业多元化经营需要谨慎，尤其是实业企业跨界从事高风险、高资本消耗的金融业务，容易产生脱实向虚的结果，积累大量风险，更要慎之又慎。

（四）信息透明度低

股权结构和财务信息透明度低的问题，在一些民营大企业和大部分小微企业都不同程度地存在。有的大企业股权结构复杂，参股控股公司众多，经营中存在大量的关联交易。而规模较小的民营企业，企业主个人和企业本身财务关系界限普遍模糊，虽然"肉烂在了锅里"，但不利于核算实际经营效果。

经营财务信息透明度低，也为滋生违法违规行为提供了温床。个别民营企业在注册登记时，有暗股东、虚列股东的情况，让外界看不清企业实际控制人到底是谁。实际经营中，少数企业存在诈骗、逃废债务、转移资产、掏空上市公司、行贿等不良行为，致使一些民营企业家因此受到法律的制裁，企业破产，员工失业，代价惨痛，令人痛惜。

（五）杠杆率不合理

企业经营需要合理负债，但总体来说，过高的杠杆率会放大企业的经营风险，而过低的负债水平也不利于企业的快速发展。民营企业总体比国有企业杠杆率低，但也存在杠杆率结构性不合理的问题。例如，民营企业中的房地产企业杠杆率较高，是受行业特点影响，这比较容易理解。但部分规模较大的民营企业，以资本运作、产融结合为名，跨界成立金融控股公司，甚至把金融子公司作为其开展违规资本运作的平台和提款机，进而导致高杠杆率，其面临的债务风险成倍放大。

与之相反的是，相当一部分小微企业因缺少足够的抵押品，难以符合银行信贷准入条件，导致银行无法对其提供融资支持，面临融资难、融资贵的困境。

（六）政策环境不够完善

民营企业的健康可持续发展离不开良好的政策环境。近年来，政府出台了很多支持民营企业发展的政策，但是一些好的政策难以有效落地，在市场准入中，行政审批对民营企业的要求相对更高，资源配置对民营企业也往往有意无意忽视。这些问题的存在，反映出民营企业发展的政策环境还不够完善，使得民营企业家对前景感到担忧乃至焦虑。

三、重塑民营企业信用

党的十九大报告明确提出两个"毫不动摇"的论断，即"毫不动摇巩固和发展公有制经济，毫不动摇鼓励、支持、引导非公有制经济发展"，同时提出要"清理废除妨碍统一市场和公平竞争的各种规定和做法、支持民营企业发展，激发各类市场主体活力"。这是新时代民营企业健康可持续发展的基础。在实现"两个一百年"奋斗目标、实现中华民族伟大复兴的中国梦的征程中，需要充分调动各方的积极性和创造性，民营企业是其中不可或缺的重要力量。金融是实体经济的血脉，民营企业健康发展离不开金融的支持。为了促进民营企业更好的发展，需要从政府、银行、企业三个方面共同努力，打造良好的金融生态环境，重塑民营企业信用。

（一）政府层面

一是构筑亲清的政商环境。2016 年 3 月，习近平总书记首次把新型政商关系定位为"亲"和"清"，党的十九大报告又明确指出："构建亲清新型政商关系，促进非公有制经济健康发展和非公有制经济人士健康成长。"亲清新型政商关系是民营企业健康发展的基石，其有效构建需要政企双方共同努力，政府要为民营企业发展营造好的环境，一视同仁，让"亲""清"理念深入人心，加快形成政商交往的新风尚、新气象。要全面实施市场准入负面清单制度，公平对待各类市场主体，坚持权利平等、机会平等、规则平等，尽最大努力消解民营企业发展面临的歧视性限制和隐性障碍。要进一步减税降费，降低企业负担。

二是打造健康的金融生态。重塑民营企业信用，政府和监管部门可以发挥更大作用。第一，要引导金融机构加大向民营企业特别是中小微企业的资金投放力度，加快组建国家融资担保基金，重构全国融资担保架构体系，提升小微企业增信能力，助力破解其融资难、融资贵问题。第二，随着资管新规落地实施，非标资产将加速萎缩，长期限、中低等级债券发行将会较为困难，而"再融资难""融资成本高企"问题必然进一步困扰民营企业。在整个经济去杠杆过程中，不能让再融资难成为压垮民营企业的

拓展系列"家族"产品，比如苹果公司。正所谓没有夕阳产业，只有夕阳企业，"三百六十行，行行出状元"。德国宝马、汉高等家族企业世代相传、经久不衰，其秘诀在于心无旁骛，在于持续不断地精耕细作。无数实例证明，盲目扩张、过度铺摊子、跟风跨界是民营企业成长壮大路上的致命痛点。的确，在企业发展过程中做大规模、提升产能是应有之义，但须有序推进、稳扎稳打，行稳方能致远。

二是合理控制杠杆，审慎对待产融结合。对于企业而言，金融杠杆犹如"魔杖"，用得好可以"撬动地球"，用不好则会把企业推向万丈深渊，近年来，高杠杆已葬送了一大批优秀民营企业。因此，民营企业要慎用杠杆。何为"慎用"？慎用就是要把握好"度"，尤其不能通过高负债搞盲目扩张、收购，也不能借助布局"金控集团"开疆拓土。金融是特殊行业，本质是管理风险，且对资本金要求高，监管严格，与实体企业有很大区别。个别民营企业"野蛮生长"的规律在金融领域是行不通的。

实体企业布局产融结合，要围绕自身核心主业，处理好"产"和"融"的关系。"产"是主导、主业，"融"是支撑、辅助，"融"要围绕"产"做服务，而不能以"产"为媒，把工作重心放到"融"上。民营金融的发展方向是专业化的有限牌照，而非多元化或泛金融的金控模式。历史上，美国通用汽车以供应链为主导的产融结合的范例可资借鉴。另外，民营企业还要高度重视流动性安全，很多账面盈利的企业最终倒在流动性枯竭上，令人扼腕叹息。

三是珍视信用，树立民企良好形象。人无信不立，企业更是如此，民营企业要像珍视眼睛一样珍视自身信用。首先要树立诚信意识，"好借好还，再借不难"；其次是出了问题要勇于直面应对，不能转移资产、恶意逃废债，要与金融机构密切配合，共渡难关；最后，要做到财务信息透明，很多银行不愿、不敢给民营企业贷款，很大程度上是因为看不透、吃不准企业财务状况。民营企业需要健全财务管理，不搞"两本账"，同时要清晰股权结构，使金融机构能够全面了解企业的真实情况。

四是完善法人治理结构，着眼打造百年老店。良好的公司治理是确保民营企业长治久安的基石。伴随着民营企业规模的不断扩大，其经营管理也愈加复杂，家族企业潜在的矛盾和问题日益凸显，这时就需要考虑建立较为完善的法人治理结构。比如要健全完善"三会一层"制度，董事长侧重定战略、把方向、管大局，同时要更加注重职业经理人的选、培、用、放（权），对于民企而言，管理层稳定至关重要，在这方面，阿里、腾讯、万科、万达等企业都有很好的做法。在股权结构上也可以实施多元化，尝试混合所有制，引入互补性强、实力雄厚的战略投资者。

五是合规经营，履行社会责任。党的十九大明确指出要坚持全面依法治国，这就决定了企业必须在遵守法律的前提下开展业务，合规经营是不能突破的底线。过去一段时间，"老板违法，企业倒下"的案例不胜枚举。因此，民营企业要获得长远发展，就必须坚守法律底线，增强合规发展意识，提升风险管控能力，树立良好的市场口碑。同时，企业具有社会属性，在守住底线的基础上，需要承担相应的社会责任。任何企业，包括民营企业在内，要想做得长、做得久，都必须履行好企业公民的义务，要对股东负责、对客户负责、对员工负责、对环境负责、对公众负责。

深化金融供给侧改革
多措并举服务民营企业
——中部发展金融论坛演讲

按语： 改革开放 40 年来，民营企业蓬勃发展，在稳定增长、促进创新、增加就业、改善民生等方面发挥了非常重要的作用。但是受内外部多重因素影响，一些民营企业在经营发展中遇到了市场、融资、转型等方面的困难和问题。习近平总书记在民营企业座谈会上要求，要解决民营企业融资难融资贵问题。

2019 年 5 月 18 日，第十一届中国中部投资贸易博览会在南昌开幕。当天下午，本届博览会专题活动之一——中部发展金融论坛举行，与会嘉宾围绕"金融机构支持民营经济发展"，共商中部金融发展之道，探讨合作发展新机遇。作者应邀出席并发表主旨演讲，结合邮储银行工作实际，介绍了邮储银行支持民营企业的实践，并针对深化金融供给侧结构性改革，多措并举服务民营企业提出了建议。

非常高兴参加第十一届中国中部投资贸易博览会组委会主办的中部发展金融论坛，在富有历史底蕴而又朝气蓬勃的"英雄城"南昌来探讨金融支持民营经济发展的话题。今天上午，我们聆听了胡春华副总理重要而精彩的演讲，聆听了江西省委刘奇书记热情洋溢的致辞和商务部及中部六省领导的发言；刚才又听了毛伟明常务副省长如数家珍般地介绍江西省经济社会发展的情况。在此，我们深深地为江西及中部六省快速崛起和未来广阔的发展前景而感到振奋！也进一步坚定了我们加大对中部六省金融资源投放的信心。

改革开放 40 年来，民营企业蓬勃发展，在稳定增长、促进创新、增加就业、改善民生等方面发挥了非常重要的作用。但是近一个时期以来，受内外部多重因素影响，一些民营企业在经营发展中遇到了市场、融资、转型等方面的困难和问题。对此，党中央、国务院高度重视，陆续出台了一系列措施支持民营经济发展。我也注意到，江西省出台了《关于支持民营经济健康发展的若干意见》，给赣内广大民营企业家吃下"定心丸"。前两天在微信上看到全国各省市生产总值增速，第一季度江西省实现了8.6% 的经济增长，高居全国第四位，这一成绩的取得难能可贵，从另一个层面说明省委省政府支持民营经济的政策效果已逐步显现。在此，表示衷心祝贺！下面，结合邮储银行工作实际，针对民营经济金融服务问题，我想交流两个方面的内容：一是介绍邮储银行支持民营企业的实践做法，二是谈几点思考和建议。

一、邮储银行服务民营企业的实践

概括邮储银行服务民营经济发展的做法，有以下几个特点：

一是战略先行，始终不渝支持民营企业发展。改革开放以来，我国银行业取得了翻天覆地的历史成就。在 2018 年英国《银行家》公布的全球银行 1000 强榜单中，中国银行业在一级资本总额、资产总额、税前利润总额上已连续三年超越欧元区国家和美国，位居榜首。但与此同时，经济体系中还存在大量得不到有效金融服务的薄弱环节，可以说经济和金融还存在较大的错配现象。实体经济尤其是民营企业、小微企业对于融资难、融资贵的感受仍然存在。我想这里面一个很重要的原因，就是与中国银行业长期以来同质化竞争、缺乏差异化特色的现状有关，或者说是金融供给侧出了问题。

作为中国最年轻的国有大型商业银行，邮储银行依托遍布城乡的 4 万个网点，致力于为中国最需要金融服务的群体提供服务，用金融服务化解社会"痛点"，在服务民企、服务小微企业、服务"三农"方面，走出了一条差异化、特色化发展之路，成为构建中国多层次、广覆盖、有差异的银行体系不可或缺的重要一员。截至 2019 年第一季度末，邮储银行资产规模超过 10 万亿元，位列国内商业银行第 5 位，个人客户 5.84 亿户，服务超过三分之一的中国人口，不良贷款率为 0.83%，仅为中国银行业的一半左右。3 月底，民营企业贷款余额达 1.1 万亿元，特别是 2018 年以来我们加快了民营企业贷款的投放力度，第一季度新发放民营企业贷款 3350 亿元。

2019 年是中国邮政开办金融业务 100 周年，也是邮储银行纳入国有大行序列的第一年。从邮政汇兑、到储金汇业，从邮政储蓄、再到今天的上市银行，我们始终坚信，所有人都有获得金融服务、追求美好生活的权利。服务民营企业、服务小微企业、服务"三农"已经深入我们的骨髓、融入我们的血液。

二是机构下沉，打通金融服务"最后一公里"。理论研究与实践经验表明，信息不对称，"缺信息、缺信用"，成为金融机构服务民营企业的最大难题。借助 4 万个基层网点，12.5 万个助农金融服务点和近 3 万名基层信贷员，邮储银行将企业"硬信息"和"地缘、亲缘、人缘"优势建立起来的"软信息"有效结合起来，在解决银企信息不对称上取得了突破，打通了金融活水流向民营企业的"最后一公里"。截至 2019 年 3 月末，邮储银行个人经营性贷款余额近 6000 亿元，行业排名第一；普惠型小微贷款余额 5900 亿元，行业排名第二。其中，江西分行民营小微企业贷款余额 481 亿元，2019 年净增 32.8 亿元。

三是创新引领，打造专属服务模式。长期以来，我国大部分商业银行在组织体系、政策制度、管理技术、资源供给、产品服务等方面，主要以方便服务国有企业、大型企业为主，在服务民营企业、小微企业方面存在不适应。针对民营小微企业融资"短、小、频、急"的特点和"缺信息、缺信用"的弱点，邮储银行在客户准入、授权授信、业务流程、抵押担保形式等关键环节，进行一系列产品和服务模式创新，确保让民营企业能够"进得来""贷得到"。近年来，邮储银行已研发了"强抵押""弱担保""纯信用"全序列产品，充分满足民营小微企业的融资需求。

四是科技赋能，重构金融服务体系。现代信息技术的快速发展，为商业银行服务民营企业提供了重要工具。邮储银行顺应金融科技趋势，运用互联网思维，重构民营企业金融服务体系，推动金融向"小而美"发展，让金融惠及更多企业。通过搭建民营企业、小微企业金融服务平台，整合行内数据，通过线上化、模型化、数据化，让服务民营企业金融业务"推得开"，让客户"贷得快""贷得低"。比如，我们推出的全线上纯信用产品"线上小微易贷"，企业发起贷款申请，到额度审批只需 5 分钟。

五是协力共进，构筑风险共担模式。实践经验表明，商业银行服务民营企业面临风险高、收益低难题，单一机构难以有效大范围提供金融服务。长期以来，邮储银行积极探索、创新并实践了"政府＋银行＋第三方"

等多种风险共担机制，由政府提供风险补偿资金，银行按比例放大贷款规模，缓解民营企业抵押担保难题；与各类协会、商会合作，筛选优质客户，实现零售业务批发做，提高客户服务效率；与龙头企业合作，为全产业链提供金融服务，并利用产业链优势控制风险；与保险公司、担保机构合作，多方分担风险损失。上述风险共担模式发挥了"几家抬"合力，不仅让业务"做得久"，促进金融服务民营企业实现可持续发展，还能让业务"做得好"，有效提升金融服务质效。

在江西省委、省政府的大力支持下，我行成功与省科技厅、省工信委、省融资担保公司、省联合股权交易中心等16家省级政府及平台机构，108个县级工业园区以及100余家重点核心企业签署了战略合作协议，在资源共享、风险共担、政策互助等方面为服务地方民营企业搭建了广阔平台。

二、几点思考和建议

习近平总书记在2018年11月1日召开的民营企业座谈会上要求，要解决民营企业融资难融资贵问题。结合学习近平总书记重要讲话精神，落实中央关于深化金融供给侧结构性改革的要求和部署，我简单地谈几点思考和建议。

一是深化金融供给侧结构性改革。近年来，随着新经济的迅速崛起，越来越多的企业呈现资产轻型化趋势，技术、知识、专利所占比重明显提高，而机器、设备、厂房等重资产比重在快速下降，这就给银行传统信贷业务提出了挑战。

习近平总书记在2019年中央政治局第十三次集体学习时，首次提出金融供给侧结构性改革的理念。这一论断高瞻远瞩，也恰逢其时。作为金融机构，我们要认真领会其深刻的内涵，并要通过实际行动来创新实践。

金融服务民营企业，光靠银行一张资产负债表独木难支，应加强多层次融资市场建设。我认为，当前推进金融供给侧结构性改革，首要任务就是要以金融体系结构调整优化为重点，进一步优化融资结构，优化金融机构体系、市场体系、产品体系，特别是要加快建设一个有活力、有韧性的资本市场，增加直接融资占比。

与国有企业相比，民营企业对非标融资和非银融资的依赖性更强，所以，要充分发挥银行表外融资、证券、保险、基金、信托、租赁、社保等多种融资模式的作用。另外，影子银行是传统银行业务的必要补充，近年来，对民营企业融资起到了积极的推动作用，为此，建议在规范的前提下，要给影子银行留有适度的发展空间。

当前，有关部门正在加快推进《商业银行法》的修改工作，借此机会我呼吁，能否以修订《商业银行法》为契机，允许商业银行探索直接投资、投贷结合、债权转股权等新型融资服务模式，进而提升商业银行支持科技型、创新型、创业型等高成长性民营企业的积极性。这里，我想再展开讲几句，现行的《商业银行法》和《商业银行资本管理办法》规定，对于银行被动持有股权的资本占用，两年内风险权重为400%，两年后提高到1250%。我认为，这不利于传统企业债务化解，比如债转股，更不利于银行服务轻资本型的新经济企业。实际上，巴塞尔协议对银行账户股权投资规定的风险权重区间是150%~1250%，与其他国家和地区相比，我国自我加压，执行了较为严格的标准。那么，其他国家和地区有没有更好的做法呢？我国香港地区规定，银行对实体企业的股权投资，超过上季度末资本的15%才按1250%计提，之内的则按150%计提。香港这一做法值得我们借鉴。

二是商业银行要当好服务民营企业的主力军。实体经济兴，则银行兴。商业银行是金融体系的主体，其资产规模占金融体系的 80% 以上，刚才听毛伟明省长介绍，江西省银行业资产规模占比高达 96%，这的确是太高了。所以，银行要当仁不让地成为金融服务民营企业的主力军。商业银行要将服务民营企业作为促进自身经营转型的重要方向，进一步加大资源配置力度，完善激励约束机制，鼓励基层敢贷、愿贷；同时，要加强服务能力建设，确保基层能贷、会贷。

三是要坚持商业可持续原则。邓小平同志曾经讲过，"要把银行真正办成银行"，我理解，其要义是不能把银行办成财政，在这方面，历史上有过深刻的教训。金融服务民营企业不是搞慈善，要坚持商业可持续的原则。银行本质是经营风险的企业，"一手托两家"，一方面，要保护存款人的利益，有效控制风险；另一方面，要通过提供信贷融资等金融服务来支持实体经济发展。无法覆盖风险成本、资金成本和运营成本的利率水平是不可持续的！只有实现了商业可持续，金融机构才能更好地为民营企业提供融资服务。

四是要营造中性竞争环境。按照竞争中性原则，在要素获取、准入许可、经营运行、政府采购和招投标等方面，要对各类所有制企业平等对待，共同为民营企业发展营造良好的生态环境。要发挥政府在信用建设方面的主导作用，推动建立完善的信息共享平台，不断培育现代信用文化。建议监管部门要强化逆周期调节的监管措施，优化风险分担补偿机制，强化正向激励和完善尽职免责指导意见。金融机构要坚持服务实体经济的初心，主动作为，提高服务民营企业的质效。

五是民营企业自身要加快转型。打铁还需自身硬。民营企业要始终把做优做强主业作为企业发展的主攻方向，加快推进转型，提高技术水平，要跟上经济转型的脉搏，学会伴着音乐节拍跳舞。民营企业家要心无旁骛，埋头苦干。同时，建议民营企业要合理控制杠杆，完善法人治理结构，健全财务制度，珍视自身信用，坚持合规经营，切实履行社会责任。

各位嘉宾，各位同仁，近一个时期以来，社会各界高度关注民营企业发展，支持民企发展的各项政策措施渐次落地。中部地区近年来转型加快，经济保持较高增速，是民营企业、小微企业发展的热土。希望企业家朋友坚定信心，把握住当前我国的重要战略机遇期，用好各项政策措施。邮储银行愿意与各方深化合作，相互促进，进一步提升金融服务民营经济的质效。

金融服务新经济的思路

——《中国金融》杂志文章

按语： 本文原载于 2017 年 11 月 1 日《中国金融》。加快发展新经济，对于推进供给侧结构性改革、加快建设创新型国家具有十分重要的意义。作者认为，中国新经济呈现高成长、轻资产、深融合等特征，新经济的快速成长给商业银行服务实体经济带来了更多的金融机遇，也提出了更高的要求。在探索符合中国国情、适合新经济发展的金融服务模式方面，作者给出了建议。

　　加快发展新经济，是实现党的十九大报告提出的"贯彻新发展理念、建设现代化经济体系""推动经济发展质量变革、效率变革、动力变革"的重要思路和发展路径，对于推进供给侧结构性改革，加快建设创新型国家，具有十分重要的意义。党的十八大以来，以习近平同志为核心的党中央高度重视发展新经济，制定出台了一系列促进新经济发展的重大战略规划和政策措施，推动我国新经济蓬勃发展。金融是国民经济的血脉，新经济的成长离不开金融活水的浇灌。然而，由于新经济轻资产、不平衡等特点，其融资一直存在难点，尤其是处于创业初期的新经济企业。要推动金融资源从落后产能流向先进市场、从低效率产业流向高效率领域，需要进一步完善相关政策、制度、产品和服务，探索建立符合中国国情、适应新经济企业发展需求的金融服务模式。

新经济正在成为经济增长的重要动力

所谓"新经济"是相对于传统经济而言的，这一概念最早出现在美国 1996 年《商业周刊》的一组文章中，用于描述 20 世纪 90 年代美国信息产业以及与此相关的高新技术产业发展。近年来，随着互联网、大数据、人工智能和实体经济融合不断加快，新经济呈现蓬勃发展态势，新经济的内涵和外延也随之发生了变化。2014 年，习近平总书记在国际工程科技大会上的主旨演讲中指出，"世界正在进入以信息产业为主导的新经济发展时期"。2016 年《政府工作报告》正式提出"加快发展新经济"。随后，在"两会"结束后的中外记者会上，李克强总理对新经济的内涵作了完整阐述，"新经济的覆盖面很广泛、内涵很丰富，它涉及一、二、三产业，不仅仅是指互联网、物联网、云计算以及电子商务等新兴服务业和新业态，也包括工业当中的智能制造、大规模的定制化生产等，还涉及一产当中有利于推进适度规模经营的家庭农场、股份合作社，农村一、二、三产融合发展等"。

相对于传统经济而言，中国新经济呈现高成长、轻资产、深融合等特征，符合中国经济转型升级方向，对于优化经济结构、转换增长动能具有重要意义。

一是高成长。党的十八大以来，在一系列鼓励和促进新兴产业的政策措施作用下，我国新经济实现了快速发展。从总量上看，依据万事达卡财新 BBD 中国新经济指数，2016 年以来，新经济投入占整个经济投入的比重一直保持在 30% 左右。新产业、新产品快速成长。2013—2016 年，高技术产业增加值年均增长 11.3%，增速高于规模以上工业 3.8 个百分点。

2017 年前三个季度，战略性新兴产业同比增长 11.3%，增速快于规模以上工业 4.6 个百分点。在服务业中，信息服务业和商务服务业指数增长速度分别达到了 29.4% 和 11.4%。民用无人机产量同比增长了一倍，工业机器人产量增长 69.4%。新业态和新商业模式也在蓬勃发展。实物商品网上零售额同比增长 29.1%，继续保持了强劲的增势，增速比上年同期加快了 4 个百分点，实物商品网上零售额占社会消费品零售总额的比重已经达到了14%，比 2016 年同期提高了 2.3 个百分点。

二是轻资产。高质量的人力资本和创新能力是经济转型的关键。相对于传统经济的"重资产"而言，新经济的一个重要特点就是"轻资产"。新经济以知识和智力资产开发和转化应用为核心，企业的资产更多地表现为专利、技术、商誉、平台等无形资产。统计数据显示，我国专利申请数从 2011 年以来连续六年世界第一，2016 年发明专利申请受理量达到 133.9万件，同比增长 21.5%。PCT（《专利合作条约》）国际专利申请受理量超过 4 万件，国内有效发明专利拥有量突破 100 万件。特别是新经济中的数字经济、平台经济、共享经济资产结构更轻。根据万事达卡财新 BBD中国新经济指数，2017 年 9 月，劳动力投入指数和科技投入指数分别为29.8%、36.3%，明显高于物质资本投入指数，科技投入指数更是达到该指数发布以来的最高值。

三是深融合。新经济的一个重要特点是互联网、云计算、大数据、人工智能等现代信息技术与实体经济的深度融合和广泛嵌入，进而产生新技术、新产业、新业态、新模式等。借由"融合"，一系列符合产业升级和消费升级方向的新产品不断涌现，推动了经济转型升级。新技术、新业态和新模式与实体经济的相互渗透和融合，不仅催生了新的产业，而且使传统产业焕发新的生机，推动制造业迈向全球价值链中高端。以传统汽车产业为例，根据中国汽车工业协会的数据，2017 年前三个季度，我国汽车产量整体增速为 4.8%，较第一季度下降 3.2 个百分点。而同期，应用新材料、新技术的新能源汽车却在市场销售火爆的带动下，实现产量的爆发式增长，前三个季度同比增长 40.2%，较上半年增加 20.5 个百分点。

四是不平衡。虽然新经济发展较快，但当前中国新经济仍处于起步阶段，发展的不平衡、不充分问题仍然比较突出。从区域发展来看，由于先发的经济优势和人才优势，东部地区新经济发展明显领先于中西部地区，而且东部地区各城市禀赋不同，发展情况也存在差异。从深圳和北京来看，2016 年深圳以"三新产业"为主的新经济占地区生产总值比重达到了 50.4%，而 2017 年上半年北京新经济占地区生产总值比重就只有 33.4%，大部分中西部和东北地区城市新经济占地区生产总值比重更低。从行业发展来看，根据万事达卡财新 BBD 中国新经济指数，我国新经济主要以第三产业为主，高端装备制造、生物医药、新能源、新材料等产业占比还不高。

新经济对商业银行服务实体经济提出了更高要求

新经济的快速成长给商业银行带来了更多的金融机遇。同时，加快新经济发展，也离不开金融的有力支持。特别是，作为我国资金供给主体的商业银行，天然具有服务新经济的重大责任。但新经济企业通常具有轻资产、重知识等特征，目前我国的商业银行融资模式与新经济的融资需求存在诸多不适应，严重制约了新经济的发展。数据显示，截至 2015 年末，信息传输、计算机服务和软件业、科学研究和技术服务业等新兴服务业的人民币贷款占全部贷款余额的比重仅为 0.6%。

一是新经济多元化融资需求与商业银行以信贷为主的业务模式存在不适应。新经济企业的多样化决定了金融服务需求的多层次性，新技术、新业态、新模式、新产业等对金融服务都有不同的要求。同时，由于新经济的高知识性和高成长性，其对资本性夹层融资、风险投资、股权投资等融资方式更为依赖。但当前我国商业银行的融资模式仍然以传统的信贷为主，多元化融资能力仍然较弱，很多是制式化的产品，降低了对新经济企业的适应性。虽然近年来我国商业银行也在不断创新融资方式，但限于相关制度、政策的缺位或者难以落实，对新经济的支持力度有限。比如，与新经济企业融资需求更相适应的股权投资领域，商业银行很难进入。根据《商业银行法》《商业银行资本管理办法（试行）》和《银行抵债资产管理办法》的规定，我国商业银行在没有国家另行规定的情况下，无法向非银行金融机构或企业进行股权投资。对于银行被动持有股权的资本占用，两年内（法定处置期限）风险权重为400%，两年后高达1250%。为满足新经济企业融资需求，银行多采用银证信、银基合作和境外平台绕道等方式，但存在交易链条长、合作管理难度大、业务成本和合规压力大等问题。

二是新经济企业轻资产的"软"特征与商业银行倚重"硬"资产抵押的融资模式不适应。目前商业银行信贷业务模式是建立在对客户进行内部评级授信基础上的，而客户评级的前提是客户财务报表、权属凭证等"硬信息"的规范、真实和完整，中小企业融资较多依赖于土地、厂房等"硬"抵押。但新经济企业专利技术、知识产权等"软"无形资产价值较高，"硬"固定资产占比相对较少。无形资产的认定和估值难度较大，资产专用性和科技的快速迭代也使得其变现能力较弱和不确定性较高，且质押和转让面临《物权法》《担保法》等法律问题，致使新经济的融资需求与商业银行重实物抵押的业务方式难以契合。如果商业银行简单套用现有业务模式和流程，要么门槛过高，影响新经济金融服务；要么形同虚设，造成新的风险。

三是新经济的不平衡性与商业银行经营管理集约化之间不适应。近年来，商业银行特别是大型商业银行按照现代商业银行的要求，从降低成本和防控风险的要求考虑，基本形成了一套集约化发展的运作模式，包括产品、服务、信贷政策等的标准化。由于新经济具有不平衡、不充分特征，融资方式更加差异化、个性化，同时，不同地区新经济特点也日趋不同，新经济企业的融资需求呈现区域化特点。因此，在现有的组织架构和管理模式下，商业银行服务新经济企业容易造成准入门槛过高、决策链条过长、经营效率过低等诸多问题。此外，由于新经济发展的不充分和不确定，容易出现"易生快死"风险，与商业银行现有的风险政策也不太适应。

建议

2016 年 6 月，李克强总理在金融系统座谈会上指出，商业银行要支持新经济发展，开发适合"双创"、推动实体经济发展的金融产品。党的十九大提出，要着力加快建设实体经济、科技创新、现代金融、人力资源协同发展的产业体系，加强对中小企业创新的支持，增强金融服务实体经济能力，提高直接融资比重。下一步，应努力破除制度、政策、机制的束缚，探索符合中国国情、适合新经济发展的金融服务模式。

一是优化政策环境，发挥政策引导和激励作用。近年来，国家推出了一系列定向鼓励引导政策，但从政策的运行情况来看，还有进一步优化完善的空间。首先，完善监管政策，引导商业银行通过股权投资和银行信贷相结合的方式服务新经济。深化激励约束机制，对服务新经济的相关贷款及股权投资等金融资产，在资本计量时设置相对合理的风险权重。巴塞尔协议对银行账户股权投资的权重区间是 150%～1250%。如香港地区规定，银行对实体企业的股权投资超过上一季度末资本的 15% 才按 1250% 计提，之内按 150% 计提，建议可以参照借鉴。进一步扩大商业银行开展科创企业投贷联动试点范围，增加有效金融供给，在中国经济转型升级和推动企业降杠杆的关键时期，通过审慎科学的政策引导，适度释放商业银行股权投资动能，显得尤为必要和紧迫。其次，加快完善知识产权资产评估的准则和指南体系，鼓励和扶持知识产权代理、评估、仲裁、诉讼、交易等中介服务组织，形成较为完善的新经济企业知识产权质押融资服务体系。

二是优化产品及服务模式。商业银行，特别是大型商业银行，要顺应新经济发展趋势，转变经营理念，逐步优化业务流程，加快创新融资模式，加快建立与新经济轻资产特征相适应的有效金融服务模式。一方面，从评级、准入、担保、授信等方面入手，大力开展信贷类产品及服务方式创新，逐步探索建立动产和权利评估及抵（质）押模式。另一方面，加快建立投贷联动、产业投资基金、股权基金等新型融资模式，为新经济企业提供综合化、多元化金融服务。在此过程中，要注重表内外业务联动，在打破刚兑的基础上，通过理财渠道，把源头活水引入新经济。银行要坚持"把合适的产品卖给合适的客户"，根据客户风险偏好配置相应资产，对于风险承受能力较强的高净值客户，可选择投向新经济的股权类资产，其中银行处于"居间"角色，受人之托，代人理财，让客户在承担风险的同时，享受相应的较高收益。

三是明确差异化发展策略。新经济区域发展差异较大，产业集聚、企业集群特征明显，商业银行在支持新经济发展的过程中，需要因地制宜明确业务发展重点。首先，在区域上，重点关注东部经济发达地区，如长三角、珠三角和环渤海地区，并根据各区域主导产业的不同，制定不同的业务发展策略。其次，在行业上，制定差异化的信贷和授权政策，对接国家战略，重点支持新经济领域中增长快、潜力大以及国家大力支持的产业。

四是完善风险管理机制。首先，落实考核监管措施。传统商业银行偏向于支持风险较低的传统产业，新经济"轻资产、弱担保"的特性以及新经济企业生命周期的特性，注定了其行业风险、信用风险较高。商业银行支持新经济的发展，要制定落实专门的业绩考核和奖惩机制，结合业务整体质量和综合回报情况，根据实际情况和有关规定追究或免除有关当事人的相应责任，适度提高风险容忍度。其次，建立全面风险管理体系。借助互联网、大数据等技术，完善原先的风险管理模型，重点关注行业跨界风险和科技创新型企业信用风险，加强贷后、投后风险监测。最后，建立风险研究体系。加强新经济产业的行业研究，提高对新经济产业发展的风险预判能力。

守正出奇　迎接银行业发展新常态

——《金融时报》年会演讲

> **按语：** 2014 年 12 月 26 日，在金融时报社主办的"2014 首届金融时报年会"上，作者发表了主题演讲，对新常态下银行业的发展进行了诠释，提出银行业要守服务实体经济之正、守客户为本之正、守管理风险之正，要出改革创新之奇、出转型发展之奇，并就未来金融业的发展提出了建议。《金融时报》《新京报》对此进行了报道。

一、银行业面临利润中低速增长

经济新常态体现为速度变化、结构优化、动能转换，这是对经济运行发展方式的升级和重构。而经济新常态给整个金融业带来了新变局，占金融行业主体地位的银行业金融机构将面临以下五大变化。

一是利润中低速增长。实体经济增长放缓最终会导致银行业利润增速下降。同时，银行业还受到利率市场化、金融脱媒等因素影响，预计在未来两到三年，银行业利润增速将保持在个位数水平，甚至会有部分银行低于 GDP 增速。

二是"抓大放小"的经营策略将会改变。长期以来中国的银行业都着眼于营销小部分重点、高端客户。随着大型企业直接融资普遍化，高净值客户争夺白热化，银行发展高端客户边际效益下降，会将更多资源投入中小微企业和普通个人客户的服务中。

三是交易银行业务将大行其道。在多层次金融市场加快发展的背景下，银行业一枝独秀，资产规模迅速扩张的时代将成为过去。今后依靠存量增长的发展方式将向流量增长转化，交易银行业务将快速发展。

四是综合化经营趋势明显。过去几年，银行同业业务飞速发展的本质是对综合化经营的诉求。同业业务跨界经营，公司业务投行化都在模糊传统银行业务的界限。随着资本市场的进一步发展，银行在监管许可范围内综合化经营的趋势将越发明显。

五是客户习惯变化将推动网点转型。近年来，伴随着移动互联网的发展，客户的行为习惯正在发生深刻变化。越来越多的客户选择通过移动终端享受金融服务。网点的功能定位需要重新思考。

二、银行业要更注重服务实体经济

面对新常态，银行业既需"守正"，更要"出奇"。"守正"，就是守服务实体经济之正，守客户为本之正，守管理风险之正；"出奇"，是要出改革创新之奇，出转型发展之奇。今后银行业将会由外延式发展向内涵式发展转变，要有所为，有所不为，尤其要提升创新驱动能力，由同质化竞争转变为差异化发展。

一是要更加注重服务实体经济。服务实体经济是银行业的天然职责。银行的行业信贷政策要主动对接国家发展战略，优化新增信贷投向；要加大消费金融的投入，助推消费升级；着力提升中小微企业金融服务水平，助力中小微企业发展；提供更加丰富的理财服务，满足大众客户的财富管理需求。

二是要注重内涵式发展。银行业过去几年的高利润增速将成为历史。银行业需要"讲转速、讲质量、讲战略、讲管理",要向定价要效益、向风控要效益、向服务要效益。

三是要加强差异化定位。要把注意力真正聚焦于客户和市场,按照客户需求调整自身的经营战略与格局,有所为有所不为,在细分市场上确立自身竞争优势和品牌形象。

四是要深植创新基因。要将创新内化为经营动力,推进银行的管理进步、业务转型和绩效提升。当前,金融脱媒日益深化,同业竞争日趋激烈,互联网企业步步紧逼,客户需求日新月异,银行业唯有创新,才能取得突破,谋求健康可持续发展。

三、分类持牌管理利于差异化竞争

针对银行业面临的新常态,对金融业发展提出以下几点建议:

一是建议实施银行机构分类持牌管理。目前国内金融业服务深度还远远不够,需要采取措施来加强金融深度。分类持牌管理就是有效的办法,有利于银行的差异化竞争,可以参考借鉴中国香港分类持牌和美国在银行经营区域上设限的管理模式。

二是建议规范互联网金融企业发展。互联网金融的出现促使传统金融服务更加便捷高效,进一步提升了中国金融业的整体竞争能力,我们要以开放的态度欢迎互联网企业与传统金融业的融合。但对银行、互联网金融企业,在业务拓展上鼓励创新的同时,监管上也应该一视同仁。要给互联网金融设定边界,既促进其蓬勃发展,又防止其野蛮生长,避免引发系统性风险。

三是建议以系统性思维破解中小企业融资难、融资贵问题。银行不是金融的全部，其资产负债表不可能装下中小企业全部创新风险。鉴于此，我们可以借鉴近年来发端于美欧国家以资本市场为核心的"新金融"理念，重构金融体系，以系统性思维发挥多种市场主体的作用，从金融行业全局综合施策，银行、证券、保险、信托、担保、VC、PE 等各司其职，构建起金融服务中小企业的立体架构和格局。

四是建议促进信贷资产证券化快速发展。当前，阻碍信贷资产证券化快速发展的关键在于发行成本太高，发行效率比较低，限制性因素比较多。建议相关部门采取措施，重点在房产等抵押类资产证券化方面进行突破，尽快取消针对 SPV 的营业税，提高发行效率，出台负面清单制度，统一资产证券化法律法规和制度框架，建立多市场的发行机制。

五是建议在修订《商业银行法》时充分预留未来发展空间。希望不仅是修订存贷比等监管指标，也能够在有效管控风险的前提下，允许银行跨界经营，在综合化经营的许可开放方面取得突破，为银行业持续健康发展、更好地服务实体经济预留空间。

与时俱进
巩固银行业改革创新法律基础
——中国金融创新与法治高峰论坛演讲

按语：银行业的快速发展和改革深化，对银行业法制体系建设提出了更高要求。2015 年 1 月 17 日，作者应邀出席《半月谈》杂志社主办的"中国金融创新与法治高峰论坛"，并发表主题演讲，探讨了对《商业银行法》修改的个人思考。演讲内容经整理后于 2015 年 1 月 22 日在《金融时报》刊发。

党的十八届四中全会作出的《中共中央关于全面推进依法治国若干重大问题的决定》，提出依法治国"是实现国家治理体系和治理能力现代化的必然要求"。金融创新、金融监管都离不开法治这个大前提。法律的起草修订，要适应和引导经济金融变化的形势，并着眼于促进经济金融的健康发展。从国际经验来看，围绕分业、混业等重大问题的金融立法和监管实践，随着形势变化有着曲折的演变过程。美国经济大萧条后，于 1933 年出台了《格拉斯—斯蒂格尔法案》，确立了分业经营的原则。66 年后，又制定了 1999 年《金融服务现代化法案》，开始允许混业经营，这部法律体现了去监管化、推进金融自由化的思路。而 2010 年的《多德—弗兰克法案》再次加强监管，虽然仍然允许混业，但通过沃尔克规则等条款，限制银行从事自营交易和拥有对冲基金或私募股权基金，可以说还是对银行从事高风险业务有所限制，并非无所不能。由此可见，立法的过程，就是一个"平衡社会利益、调节社会关系"的过程。

近一个时期以来，针对我国银行业创新和互联网金融规范发展等热点问题，社会各界都很关注。对于有的业务和指标考核，监管部门已出台了相应规范办法，比如理财业务的 8 号文件、同业业务的 127 号文件、存款偏离度考核的 236 号文件、非银同业存款纳入存贷比考核等措施。应该说，这都是对现有金融监管法律体系"打补丁"。这样的情况，在欧美日等发达国家也存在，因为只要有监管，就存在通过创新进行监管套利的行为。但是监管套利不能过度，如果过度了，就应该检讨当前监管所依据的法律体系是否已经落后。

当前，我国经济发展进入了新常态，银行业发展也面临着新常态，比如，整个金融体系面临着银、证、保版图的重构，银行业资产规模和利润增长降速，同时，银行经营管理出现了"六化"趋势：服务对象零售化、收入结构多元化、经营范围综合化、大型银行经营区域国际化、渠道建设互联网化、隐性风险显性化。银行业的快速发展和创新提速，也使得银行业法制体系建设滞后于改革深化和监管实践。面对这一态势，如何促使银行更好地服务实体经济、构建一个与时俱进的科学合理的法治环境，就显得尤为必要。

一、《商业银行法》亟须全面完善

改革开放以来，我国金融法律体系的建设与金融业的改革发展同步进行，不断完善。当前银行业金融机构运行及监管所依据的核心法律，是《银行业监督管理法》《中国人民银行法》和《商业银行法》。在此基础上，人民银行、银监会还制定了大量的部门规章和规范性文件，进一步完善了银行业相关法律体系，为保障银行业改革发展起到了至关重要的作用。在众多法律法规中，对商业银行影响最大的是《商业银行法》。自2003年《商业银行法》修订以来，金融市场环境已经发生了巨大变化，过去的许多规则和设计已经无法满足银行业改革创新、持续发展的现实需要，主要体现在以下四个方面。

一是分业经营的立法基础与混业经营的发展实际相偏离。《商业银行法》于1995年颁布，以立法的形式明确了分业经营的原则，即"商业银行在境内不得从事信托投资和证券经营业务，不得投资非银行金融机构和企业，不得投资于非自用不动产"，2003年修订时，增加了"国家另有规定的除外"这一表述，为综合化经营预留了口子，但这远不足以解决当前银行业综合化经营面临的实际问题。国际上金融机构混业经营的大趋势、金融脱媒和竞争加剧的外部挑战，以及为实体经济提供多元化金融服务的内在动力，都使得当前国内银行与保险、信托、证券的合作日益紧密，在业务方向及投资领域等方面已经突破分业经营限制，银行要绕开限制，就必须借助其他通道，这样既降低了效率，又增加了银行和融资企业的成本。

二是直接管制的规则设计难以满足市场化改革的实际需要。《商业银行法》的部分规则设计，是制定之时的需要，已不能适应新的变化。如"商业银行不得违反规定提高或者降低利率"是利率严格管制时期的规定。在市场化改革持续深入、利率市场化加速推进的大背景下，商业银行作为市场主体，有权利根据市场经营规则自主经营。而银行资产负债结构的较大变化，以及与国际金融监管要求的进一步对接，也使得存贷比等传统监管指标的有效性降低，实际意义在减弱。

三是部分条款滞后于发展实践或与其他相关法规存在冲突。例如，《商业银行法》对于贷款业务需要借款人提供担保的规定，已经不符合近年来纯信用类贷款迅速增长的实际情况。对于担保权利实现的规定仅列出到期未归还贷款的情况，与《物权法》中更加严谨全面的表述不相匹配，在实际情境中也已影响到了银行权利的正常行使。此外，简单禁止向管理人员等关系人发放信用贷款的规定，也与银行员工及亲属广泛使用本行信用卡的实际脱节。其他类似的滞后于实际或存在冲突的条款还为数不少。

四是重要领域的制度缺失导致创新发展过程中的规范困难。互联网金融、电子银行的蓬勃发展给银行传统经营理念和运作模式带来巨大冲击，影响不断深化。而现行《商业银行法》主要针对商业银行的传统经营模式，对新兴领域的发展规范主要依赖于规章制度或文件，高层级的法律则尚为空白。在银行和其他新型金融主体创新发展的过程中，由于缺乏法律依据，使得监管尺度难以把握，这样，既不利于加快创新发展，更不利于风险防控。

基于以上情况，《商业银行法》就需要立足于新形势、新常态，与时俱进，尽快实现全面、系统的修订，以法先行，发挥好法制的引领和推动作用，完善法制建设，填补覆盖空白，提升指导作用，为银行业的改革发展构建坚实的法律基础。与美国的历史进程相比，我国《商业银行法》基本上还处在《格拉斯—斯蒂格尔法案》分业监管的阶段，我们既需要借鉴1999年《金融服务现代化法案》允许混业经营的思路，又要防止金融自由化、金融创新过度导致金融危机，适当借鉴《多德—弗兰克法案》的监管思路。在修订过程中，建议重视以下三项原则。

一是要总结历史，统筹考虑各项关系。要充分吸收已有实践经验，努力解决制度冲突，综合考虑银行机构及类银行机构的共性及差异，平衡监管、银行以及客户等相关方的诉求和权益，厘清单部法律和整个银行法律体系的关系。

二是要正视现实，创建适度宽松环境。在政府简政放权、市场化改革全面推进的现实背景下，在维持法律整体稳定性和坚持底线思维的前提下，保障微观灵活性，尊重市场，减少管制，创建适度宽松环境。

三是要着眼未来，预留充足发展空间。要对银行业未来发展格局做好预判，通过制度创新对关键条款进行前瞻性修改或超前设置，激发银行创新活力，为银行业持续健康发展、更好地服务实体经济预留空间。

二、《商业银行法》修改的四点具体建议

关于《商业银行法》的具体修改，监管部门、学术界、银行业有很多呼声，也形成了许多共识。结合邮储银行经营发展的实践以及上述三项原则，提四点具体建议。

一是建议实施银行机构分类持牌管理。当前国内银行机构众多，大、中、小银行并存，随着民营银行的建立，将进一步形成多元化、多层次的银行体系。《商业银行法》现有规定对各类银行的准入采取相对单一的标准，经营范围也未作详细区分。建议充分借鉴国际银行业监管中规范银行准入制度，实施分类持牌管理的成功经验，对银行机构在准入要求、经营范围和地域等方面体现差异，控制全功能、全国性银行设置，鼓励中小型银行立足本地、支持区域发展，根据银行的定位、规模和基础能力特点发放不同牌照，在监管要求上也应有所区别。这样既有助于改变银行同质化竞争的态势，有利于社会资源的集约化利用，也有利于银行业整体风险控制。

二是建议放开并规范银行综合化经营。随着金融市场体系进一步完善，直接融资比重快速提升，商业银行单纯依靠传统"存、贷、汇"业务已难以满足客户日趋多元化的服务需求，也无法有效提升自身竞争力。建议放开并规范综合化经营，允许银行在监管机构许可的情况下，投资证券、保险、信托公司及其他非银行金融机构，充分发挥商业银行客户基础雄厚、风险管理经验丰富、支付体系完善的优势，为客户提供全方位的金融服务；允许银行在权力清单和负面清单下积极创新，鼓励大胆尝试，预留创新空间；允许银行从事以财富管理为主要目的的信托业务，明确银行理财业务的信托本质，也有利于从根本上解决影子银行问题。

三是建议加大对普惠金融服务的支持。党的十八届三中全会首次提出发展普惠金融，目的是更好地为社会各阶层，尤其是弱势群体提供基础金融服务。在普惠金融成本高、风险大、收益低的现实情况下，对普惠金融给予合理适度的政策引导和支持，是调动金融机构积极性、促进金融服务供给增加不可或缺的重要手段。当前，亟须建立一整套普惠金融服务的长效机制，让愿意干、有实力的金融机构有动力、能安心地从事普惠金融服务。而立法就是建立普惠金融可持续发展保障体系过程中极为重要的环节。建议制定相关条款，明确采取差别化监管政策，对金融机构服务小微企业、涉农客户等给予支持，通过包括营业税减免、不良率考核标准分类执行、支持证券化开展等在内的各项措施，鼓励银行进一步树立普惠金融理念，更好地服务实体经济、服务百姓民生。

四是建议明确互联网金融适用相关规定。法治建设的核心精髓在于法律面前一视同仁。互联网金融的出现促使传统金融服务更加便捷、高效，也倒逼银行业加快转型创新步伐。但非银行机构在从事类似存款、贷款、结算业务时，存在监管真空，一方面容易引发风险，另一方面不利于金融消费者权益保护。诺贝尔经济学奖获得者默顿曾指出，金融功能比金融机构更为稳定，同一经济功能在不同的市场中可以由不同的机构或组织来行使。实质上互联网金融的部分功能就包含在《商业银行法》的适用范畴内，因此，建议按照实质重于形式的穿透原则，在《商业银行法》修订中，明确经人民银行或银监会认定的类存贷款和结算业务，非银行机构通过互联网办理时，同样适用相关法律规定。

守住风险底线　积极推进改革发展

——"十三五"银行业改革发展研讨会演讲

按语： 2016 年 1 月 24 日，由中国银行业协会、普华永道会计师事务所、《中国银行业》杂志共同主办的"中国银行家调查报告（2015）发布暨'十三五'银行业改革发展研讨会"在京举行。作者应邀出席会议并发表主旨演讲，对复杂经济金融形势下银行工作的重点和改革方向进行了阐述。

今天，中国银行业协会在这里举行 2015 年中国银行家调查报告发布暨"十三五"银行业改革发展研讨会，这项活动连续做了七年，我是第三次参加，感觉每年都有新意。刚才巴曙松博士全面系统地解读了调查报告的精髓，报告内容前瞻、深入、立体地反映了银行业的现状和趋势，对下一步银行业改革发展具有很强的指导意义，我谨对报告的成功发布表示祝贺！

这次研讨会的主题是"十三五"银行业改革发展，接到邀请后，我就在考虑，该从哪个角度来讲。实际上，进入 2016 年以来，金融市场呈现动荡的局面，资本市场大幅波动，人民币汇率的变化也引起各方高度关注，本周，香港市场又出现"股汇双杀"的情况。从银行业来看，面对经济下行的压力，国内银行利润增速明显下滑，不良持续攀升。由此我觉得，在"十三五"期间，对银行业而言，首先还是要守住风险底线，然后在此基础上，积极推进改革发展。今天借这个机会，我谈两点个人观点。

第一，对于守住风险底线，我认为关键在于做好系统性风险的防范和信贷风险的化解。

一是要加强政策的统筹协调，防范系统性风险。我们需要重温小平同志"金融是现代经济的核心"这一科学论断，充分认识经济和金融互促共生的密切关系。百业兴，则金融兴；百业稳，则金融稳。反之亦然，金融市场不稳对经济也会产生不利影响。一方面，在国内金融业中，银行业处于主体地位，银行是加杠杆、经济快速发展时期的受益者，在去杠杆、经济转型过程中，也不得不承担转型的成本，集中表现为不良贷款的增长。银行与地产、汽车、钢铁、煤炭等实体行业关系紧密，在"十三五"去产能、去库存、去杠杆的结构性改革中，不可避免地会受到影响。另一方面，银行业务与债市、股市、汇市、大宗商品市场、衍生品市场的相关性也日益增强，随着利率、汇率市场化改革的推进，风险跨市场传递的概率显著增大。在这种复杂的形势下，加强经济金融政策统筹协调，对于避免发生系统性风险至关重要。

二是要多措并举，有效化解信贷风险。就银行自身而言，第一要充分揭示不良贷款的真实水平，当前银行股的估值普遍比较低，原因之一就是市场对银行公布的不良数据持怀疑态度，认为实际情况可能更加严重，这就需要银行夯实不良贷款的核算审计基础，掌握资产质量的真实情况，在此基础上采取有力的应对措施。去年，邮储银行成功引进战略投资者，这其中既包括国际知名金融机构，也有大型国企和互联网企业，战略投资者所看重的，一个是邮储银行差异化的定位，另外很重要的一点就是我们优异的资产质量。2015 年末邮储银行的不良贷款率是 0.9%，大概是行业平均水平的一半。第二要坚持有所为，有所不为，强化信贷管理体制机制，严查真实性、严把准入关、严格贷后管理，控制新增不良；要加强风险监测和预警，主动退出潜在高风险领域，同时对于有发展前景的客户，也要通过债务重组、贷款展期等方式帮助其渡过难关，千方百计化解风险。从监管政策的角度来说，有两点思考。其一是建议适度放宽银行拨备监管要求，在当前银行业资产质量压力增大的特殊时期，可以发挥逆周期监管指标的作用，适当下调拨备覆盖率监管要求（比如从150%下调至100%~120%）。其二是建议进一步拓宽银行不良资产化解渠道，扩大受让对象范围，构建适度竞争的不良资产转让市场，启动不良资产证券化试点，为不良资产处置开辟新通道。

第二，要在守住风险底线的基础上，双管齐下推进银行业改革发展。

一是要加快金融体系改革，支持实体经济发展。过去谈金融支持实体经济，往往等同于放贷款、加杠杆。当前，银行业资产总额194万亿元、贷款余额98万亿元，占GDP比例高达287%和145%，信贷增长对GDP拉动的边际效应逐年减弱，杠杆的提升也伴随着风险的不断累积。过度依靠银行信贷增长支持实体经济，已经独木难支。我们也不难发现，在经济结构优化调整的过程中，重资产的传统行业占比在逐步下降，轻资产的创新型服务业比重明显上升，而以间接融资为主的金融体系不能完全满足这些新兴行业多元化的融资需求，迫切需要提升直接融资、股权融资的比例。2015年末，国内债券余额约为48万亿元，股票市值约为53万亿元，占GDP的比重分别为71%和78%，还存在着巨大的发展空间。因此，金融支持实体经济需要群雄并起，银行、证券、保险等行业协调发展，股、债、贷等直接融资和间接融资工具要合理搭配，建立结构更加均衡的金融体系。

二是要加快银行业转型步伐，适应客户需求变化。在过去的十多年中，银行业伴随着中国经济的快速发展，完成了自身的跨越，资产、收入、利润规模、ROE、成本收入比等指标在国际银行业中都处于领先位置，市场化程度、公司治理水平也得到显著提升，可以说走在了经济改革的前列。比如，我们有世界上最赚钱的银行，我国银行业总体的成本收入比在 30% 左右，与一些国际同业超过 50% 相比，已经控制在较低的水平。然而，随着产业结构、制度环境、技术背景的改变，客户的需求发生了深刻变化，银行业必须变革自身的经营模式，加快转型的步伐。一要继续深化体制机制改革，提升市场化水平，通过混合所有制改革、员工持股等，建立更加合理的薪酬体系、激励约束机制，充分发挥人力资本作用，构建灵活、高效、适合创新的组织体系；二要改变依靠规模扩张、高资本消耗的粗放经营模式，加强精细化管理，从重资产向轻资产、从单纯融资向融资融智结合、从传统"存贷汇"向全方位金融服务转变，推动低成本、高质量增长；三要推进综合化经营、国际化发展，提升综合服务能力，拓宽发展空间。

"十三五"期间，银行业面临着很多新挑战、新压力，但经过多年的改革发展，我们应对复杂经营环境的能力已大大增强。中国邮政储蓄银行愿与在座的各位专家、各位同仁一起，积极探索、加强合作，守住风险底线，共同推进中国银行业改革发展迈上新台阶！

推进财富管理　培育中产阶层

——中国网财富管理论坛演讲

按语：2016 年 12 月 28 日，以"全球资产配置下的财富管理"为主题的"2016 中国网财富管理论坛"在北京举行。作者在论坛上发表了主题演讲，对经济新常态下的财富管理进行了诠释，并就实现财富管理精进发展提出建议。中国网、新华网、《新京报》等媒体对全文进行了刊载。

伴随着经济发展和百姓收入的快速增长，资产管理或者称财富管理应运而生。从银行业金融机构来看，资产管理是应对资本金压力、提升资本回报率以及应对利率市场化和"脱媒"挑战的解决之道；对证券、保险、基金、信托等非银行金融机构和互联网机构来说，财富管理是其切分市场蛋糕、增强客户黏性的切入点，而技术上的创新又提供了低成本、客户体验好的服务手段；从客户角度来看，随着居民家庭可支配收入的持续增长，客户已不再满足于相对较低的存款利率，而是希望资产保值增值，追求更高收益，但是自身又缺乏专业投资能力，这样一来，专业机构提供的财富管理服务很好地契合了客户需求。

当前和今后一个时期，是我们推进全面建成小康社会的战略机遇期。那么，"小康"的标志是什么呢？我觉得，小康最重要的标志之一就应该是百姓富足，特别是中等收入群体持续扩大。我们在国内讲中等收入群体，如果和国际标准看齐，中等收入群体约等于国外的"中产阶层"。目前，我国中等收入群体的规模大体上是 3.4 亿人，按照党的十八大全面建成小康社会的规划，预计到 2020 年，我国中等收入群体将达到 4 亿人。这 4 亿人的财富，一方面要靠自己的辛勤双手去创造，同时也需要金融机构来帮助打理，以实现保值增值。在这一过程中，如果百姓的百万亿级财富既能助力中国经济转型发展，又能实现保值增值，对中国经济社会来讲无疑是一个多赢的格局。

"推进财富管理，培育中产阶层"，是金融机构实现商业可持续发展的经营之道，同时也是金融机构履行社会责任、助力小康社会建设、助推实现中国梦的政治担当。

一、财富管理要"稳"字当头，稳健发展

近年来，财富管理发展得很快，截至 2016 年 9 月底，财富管理市场规模已超过 100 万亿元。这 100 万亿元中有重复计算的成分，通过通道重复计算的在 30%~40%。

伴随着财富管理规模不断扩大，受经济下行、"资产荒""刚兑"以及机构管理能力不足等因素影响，资管行业或者说财富管理领域风险频发，出现各种乱象如 P2P 公司跑路、地下钱庄、非法集资、萝卜章，还有股市上个别激进机构靠信息不对称和资金实力呼风唤雨，等等。最近，伴随着监管发力，情况已经开始好转，但潜伏的隐患和风险点依然很多。

在当前流动性充裕、百姓储蓄过剩、投资热情高涨的背景下，市场各方主体需要冷静思考。我们不能让投资者财富缩水，更不能让老百姓的血汗钱灰飞烟灭。所以我觉得财富管理还是要"稳"字当头，稳健发展。

那么，如何实现稳健发展？

一是金融机构要履行信托责任，即"受人之托，代人理财"。既然是

受人之托，就要讲诚信，要重拾银行的"三铁"（铁账本、铁算盘、铁规章）精神。机构要对自身行为负责，要对本企业员工行为负责。既然在金融服务链条中受益了，就必须担责。

二是要坚持"把合适的产品卖给合适的客户"。在推介产品前，机构首先要对客户的风险承受能力作全面评估，比如千万不能把高风险产品卖给到银行领养老金的退休老人。

三是要坚守风险底线。金融的本质是风险管理，财富管理首先要守住风险底线。这就要求机构在展业过程中，要切实提升能力，加强风控，精准计量，避免风险积聚。

二、财富管理要稳中求进，精进发展

宏观形势决定财富走势，顺势财生，顺治财聚。当前，财富管理面临的形势，从国际来看，中国经济已深度融入全球经济当中，同时伴随逆全球化潮流；人民币国际化进程加快，同时伴随人民币贬值压力。从国内来看，经济新常态下转型发展步伐加快，以"三去一降一补"为抓手的供给侧结构性改革给财富管理带来新的挑战与机遇。需要特别指出的是，2015年我国对外投资已跃居全球第二，且当年对外投资流量首次超过吸收外资，成为资本净输出国。可以看出，全球资源配置已不再遥远。

在当前环境下，实现财富管理精进发展，建议把握以下四点：

一要把国内资产布放作为财富管理的主战场。综观世界，GDP增速超过5%的大型经济体，中国可以说始终独占鳌头。体量大、韧性强、内需及转型发展空间广阔，这无疑会给有眼光的投资者带来丰厚回报。新一代信息技术、高端装备、新材料、生物、新能源汽车、新能源、节能环保、数字创意、大健康等战略性新兴产业，以及企业转型升级、并购重组等，处处是投资机会。金融机构只要扑下身子，服务实体经济，找准方向，完全可以在财富管理的资产配置上大有作为。

二要善于把握大类资产轮动带来的投资机会。房地产、股市、债券、大宗商品等都是容纳资金的重要市场，在当前政策环境下，特别是政府、监管在着力推进"去杠杆"，可以预见，下一步，资本市场和股权类投资将迎来良好的发展机遇。

三要积极稳妥配置海外资产。的确，当前人民币汇率面临较大下行压力，对此，很多投资者都开始谋划海外投资。但是海外投资一定要三思而行，慎重行事，切不可在国内"资产荒"和人民币汇率波动的状况下，用所谓"东方不亮西方亮"的观点，盲目激进地配置海外资产。面对纵横交错的金融风险，海外资产配置不可能都是"世外桃源"。机构投资者走出去的前提是要拓宽视野，强身健体，充分认清国别风险、政策风险、信用风险、市场风险，提高风险甄别能力，避免掉入陷阱。当下，个人投资者面临的最大困惑就是要不要换汇。在决定换汇前，需要对国内投资收益和人民币汇率走势及外汇存款收益进行综合比较。特别需要指出的是，随着人民币国际化进程的加快，人民币汇率不可能单边波动。加入 SDR 之后，我们跟一篮子货币挂钩，如果仅盯住美元，实际上也是一个误区。

四要防范金融机构"融短配长"期限错配带来的流动性风险。特别是在货币政策从稳健转向稳健中性的环境下，更应高度关注流动性风险。

三、要正本清源，构建健康清新的金融生态环境

先讲"稳"，再讲"进"，这里讲的是一个"清"字。财富管理涉及

政府、监管、机构和客户等各个方面，良好、清新的金融生态环境需要各方的共同努力。

第一个层面，政府应该从法律层面厘清委托人和受托人的权责关系，既要保护客户的资产权益，又要规范机构投资人的行为边界，在处理法律纠纷的判例中，体现公正、公平。同时，要充分听取金融监管部门的意见，因为随着金融创新，特别是混业经营步伐加快，现有法律、法规已严重滞后于业务发展、业务创新。

第二个层面，监管机构要进一步完善监管架构，加强功能监管与机构监管的有效结合，实现跨市场、跨平台监管的协调一致性，要严格规范机构的跨监管套利行为，促进财富管理行业的公平有序竞争。还要在引导市场打破"刚兑"过程中，做好投资者教育工作。

第三个层面，金融机构应该坚持诚信原则，坚守"代人理财"定位，加强风险管理，充分向客户披露投资收益和风险，真正扮演好客户财富管理保值增值的专业投资人角色。

第四个层面，从客户层面来说，客户作为财富管理的主体，为了自身利益，要多学习一些金融知识，提升金融素养；在投资理财上，不能追求一夜暴富，而无视风险；同时，还要学会用法律武器维护自身权益。

以"慢牛"思维推动居民财富管理健康发展

——亚太金融高峰论坛演讲

> **按语:** 2015 年年中,我国资本市场出现了比较大的波动,在此背景下,作者在 2015 年 7 月 18 日举行的第十四届亚太金融高峰论坛(杭州)上发表了主题演讲,分享了对财富管理健康发展的一些思考和建议。本文根据作者演讲内容整理而成,于 2015 年 7 月 20 日在财新网发表。

6 月中旬以来,我国资本市场出现了比较大的波动,牵动了亿万投资者的心。由此,引发人们对居民财富管理的思考——百姓究竟如何打理好自己的财富?机构投资者应该担当什么样的角色?监管怎样才能更加有效到位?本文对此进行粗浅分析。

改革开放三十多年来,我国经济快速发展,为财富管理提供了"天时、地利、人和"的良好发展机遇。所谓天时,是城乡广大居民已经积累了可观的财富;地利,即多层级资本市场蓬勃发展,可投资品种不断丰富;人和,也就是大众理财意识空前高涨。2014 年底,中国个人持有的可投资资产(个人的金融资产和投资性房产)规模达到 112 万亿元,近三年实现了年均 16% 的增长,预计 2015 年末个人可投资资产规模将达到 129 万亿元。与此同时,中国的财富管理行业也迎来了快速发展的黄金期,去年年底,行业资产总规模达到 57.9 万亿元,同比增长 40%,其中银行业理财余额达

15 万亿元，近三年复合增长率超过了 40%。若剔除通道业务（银信合作单一资金信托、券商资管和基金子公司的被动业务），行业总规模约 46 万亿元，银行理财占比 32%，这得益于商业银行庞大的客户基础、便捷的销售网络、稳健的投资风格，以及良好的市场口碑。

一、当前我国财富管理的特点

当前，我国财富管理呈现以下四个方面的特点：

一是居民资产配置多元化。居民投资方式已由单一的储蓄转型到多元化的资产配置。在大类资产配置上，从以理财产品、基金、保险、股票、债券、信托、期货等为代表的金融产品横跨到房地产、贵金属、艺术品等诸多领域，百姓的资产配置范围不断扩大，品种日趋丰富；从地域分布上，不再局限于国内市场，已开始积极主动地参与海外投资；在配置思路上，境内资产配置中权益类产品占比上升，高端客户群体开始考虑财富代际传递等问题，比如家族信托业务方兴未艾。

二是财富管理覆盖面不断扩大。随着经济的发展，百姓理财意识逐渐增强，财富管理客户群体日益壮大。以成功创业者为代表的新财富群体涌现，高净值人群对财富管理的要求不断提升。同时，移动互联网的普及，激发了草根群体对财富保值增值的愿望。

三是财富管理机构日益壮大。国内财富管理市场增长迅速，前景广阔，各子行业均得到快速发展。以 2014 年数据为例，按照增速排名，基金子公司以 286% 的增速排名财富管理各子行业之首（余额 3.7 万亿元），证券投资基金（余额 6.7 万亿元）、券商资管计划（余额 7.9 万亿元）增速也在 50% 以上，银行理财增长 47%（余额 15 万亿元），信托公司增长 27%

（余额13万亿元），保险增速21%（余额9.3万亿元）。同期人民币存款增速仅为9%，GDP增速为7.4%，财富管理各子行业的增长速度均远高于存款与GDP增长，在较短时间内迅速发展壮大。财富管理机构在活跃市场气氛、丰富产品供给、满足客户需求、支持实体经济等方面的作用不断加强。

四是中国财富管理还处于初级阶段。我们还面临机构投资者有待进一步发展壮大、多层次资本市场建设有待进一步完善、产品丰富度有待进一步提升等一系列问题。

近期我国资本市场出现了比较大的波动，其成因是多方面的，但我觉得这里面有一个很重要的因素不容忽视，那就是资本市场的散户特征明显。很多散户投资者尚未形成价值投资理念，存在浮躁心理，大都希望赚快钱，一夜暴富，容易产生"羊群效应"，追涨杀跌，造成市场剧烈波动。目前，沪市有1.12亿个账户，深市有1.42亿个账户，A股市场可以说是由散户主导的单元市场，交易金额的90%都是由散户贡献的。而在欧美等成熟股票市场，机构投资者占主导地位，如美国机构投资者持股占比就达到三分之二，其投资更加理性、更注重价值投资。据美联储消费者金融调查，2013年末，美国居民金融资产中，存款类约15%，股票投资占15%，投资基金占15%，退休账户占39%，人寿保险和其他管理资产占10%，也就是居民60%多的金融资产是由资产管理机构来打理的。在中国香港市场，机构投资者占比也在六七成。这和目前内地的情况差异很大，我们的散户投资者都很自信，愿意直接在市场上搏杀，哪怕要冒输得一败涂地的风险。但是，这也不能全怪他们，我们的机构投资者数量不多、能力不强、规模不大、产品不够丰富，投资理念也不太成熟，且经常是散户思维。由此可以看出，我国机构投资者还有待进一步发展壮大。

在资本市场建设方面，目前社会对股票市场的关注度很高，但是推进大众创业、万众创新，也不能光靠股市等高风险市场，而需要建立多层次资本市场体系，以避免资金和市场热度同时集中在某些细分市场中，形成溢价过高、风险集聚。过去，大部分居民理财走储蓄这个"独木桥"，现在投资渠道宽了，但我们也不希望看到全民炒股这一景象，这样风险会很大。我觉得，不同风险偏好、不同风险承受力的客群应该为其匹配相应的产品，这就需要银、证、保、基金、信托等多方共同努力，构建多层次、多元化、专业化的机构投资者体系，以满足客户需求。在财富管理中，资产管理机构应发挥机构投资者应有的作用，要倡导价值投资理念，体现专家理财的优势，坚持培育长牛、慢牛，不搞快牛、疯牛，要通过深入研究发掘投资机会，丰富产品供给，促进资源优化配置，推进财富管理再上新台阶。

二、对财富管理行业发展的几点思考

第一，大力发展财富管理是全面建成小康社会的必然要求。在全面建成小康社会进程中，居民财富会持续增长，如何管理好居民财富，有效运用居民财富，这对于改善收入分配、促进经济转型具有极为重要的作用。财富管理业务连接了广大居民的投资需求和实体经济的融资需求。一方面，财富管理能使投资人得到较高的回报，实现居民财产性收入合理增长，不断扩大中等收入群体占比，促进社会和谐稳定。另一方面，财富管理可以引导居民资金积极投入实体经济，这有利于优化资源配置，有利于经济转型发展和企业经营水平提高。因此，大力发展财富管理，有助于实现收入的合理分配和持续增长，有助于实现实体经济的稳健发展，有助于我国成功跨越中等收入陷阱。

第二，财富管理机构要进一步提升专业能力，丰富产品供给，加强合作，为客户创造价值。在销售端，财富管理机构需要具备良好的产品设计能力和客户到达能力。过去银行在销售端的品牌、客户、渠道优势比较大，但是互联网渠道的迅速崛起很大程度上弱化了银行的传统优势，这就需要银行充分利用信息技术、加快产品创新、提升客户体验。在投资端，财富管理机构需要具备强大的资产配置能力和市场交易能力。在这方面，银行的传统优势是对信用风险的管理能力，熟悉的是债权投资，但是存在"重持有，轻交易"的倾向，而在金融市场日益深化和丰富的今天，就需要增强在各个市场上的资产配置和交易能力。"闻道有先后，术业有专攻"，银行在股票股权、商品、衍生品等非传统优势领域，需要加强与证券、基金、保险、信托、期货、私募等机构的合作。各金融机构之间应该加强合作、优势互补、共生共赢，共同塑造一个既有竞争，也有融合，蓬勃、多元、互通的财富管理行业新格局。

第三，要打造良好的财富管理生态环境，践行"卖者有责、买者自负、科学监管"，实现共赢发展。有人说"财富管理首先就是信任"。客户只有信任资产管理机构的专业能力、职业操守，才会将自己的财产委托其投资。国外很多财富管理机构引以为傲的都是和客户家族有几十年甚至上百年的良好关系。财富管理行业要以打造百年老店为目标，视野和投资行为要长期化，必须以诚信的原则、专业的水准做好居民财富的守护神，切实做到"卖者有责"。

对于客户，财富管理机构要切实担负起投资者教育的职责。各类财富管理机构发行的产品普遍存在刚性兑付的问题。刚性兑付提升了市场的无风险收益率，扭曲了资源的配置，并且容易激发和集聚投资者的道德风险。这种局面要靠长期持久的投资者教育去扭转，我们也希望社会各界，尤其是媒体的朋友，与我们一起做好投资者教育工作，真正实现"买者自负"。

财富管理最终要以产品为载体，而一个产品链条往往会横跨银、证、保、信托、基金等多个金融机构。但目前我国金融业实行的是分业监管，各监管机构之间既有标准差异，也存在空白地带。我们建议能够尽早建立起一个统一协调的监管框架，从机构监管逐步过渡到功能监管、产品监管和行为监管上来，以促进财富管理行业公平有序竞争，推动混业经营，有效控制风险，实现更科学有效的监管。

商业银行在大资管时代的发展和定位
——中国证券投资基金年会论坛演讲

按语： 本文是作者在 2015 年 3 月 27 日举行的第十届中国证券投资基金业年会暨资产管理高层论坛上发表的主题演讲，主要从资产管理业务对银行转型发展的重要意义，银行发展资管业务的努力方向两个方面阐述了自己的思考，并在此基础上提出了统一监管规则、强化监管协调、加强对互联网金融监管等建议。2015 年 3 月 30 日，财新网进行了全文刊发。回顾其中的一些观点，比如加强对互联网金融监管等，颇具前瞻性。

中国的资本市场迎来了一波大牛市，自去年下半年以来上证指数已经从 2000 点攀升到 3700 点，涨幅超过了 80%。资本市场的活跃一方面给广大客户带来了财富增长的机会，另一方面也促进了基金业的发展。银行作为金融行业的一员，我们也要主动拥抱资本市场这轮改革的牛市，主动拥抱银行的大资管时代，为客户创造价值，实现资产保值增值。随着经济的不断增长，居民财富的不断积累，中国的资管行业已经迎来了快速发展的黄金机遇期。据统计，到去年年底，资管行业的总规模已经达到了 57.5 万亿元，这个数字比 2013 年末增长了 40% 以上。从增速来看，公募基金同比增长 58%，基金子公司同比增长 200% 以上，可以说增速非常抢眼。从绝对数量上来看，目前管理资产规模占比最高的可能还是银行的理财产品。

去年银行的理财产品已经超过 15 万亿元，同比增速也不低，达到 46%。

可以说大资管时代的到来为金融行业各类机构都提供了难得的发展机遇。商业银行也正在抓紧布局，积极推动资产管理业务的发展，加快从信用中介向资产管理中介的转变。

一、发展资产管理业务是商业银行转型发展的必然要求

从宏观形势和银行自身经营发展的角度来看，发展资产管理业务是商业银行转型发展的必然要求。

首先，资产管理业务是商业银行推动盈利模式转变的必然选择。从资产端来看，现在已有越来越多的企业通过股票、债券直接融资的方式来融资。银行信贷在社会融资规模中的占比逐步下降，我看了人民银行的通报，到去年年底，新增人民币贷款在新增社会融资规模里面占到 59%，实际上这个数据比 2013 年提升了 8 个百分点，我印象中 2013 年大概是 51%，2013 年 1-5 月银行贷款的占比低于 50%。大家想十多年前是什么状态，当时银行贷款超过 90%，尽管去年间接融资有所回升，但是大的走势是呈下降趋势的。如果从负债端来看，随着互联网金融的快速发展以及居民理财意识的觉醒，现在银行存款在大量地流失。众所周知，负债业务放缓会制约资产业务的快速扩张，在利差收入仍然占大头的情况下，双脱媒对商业银行传统的盈利模式带来了重要的影响。

从应对双脱媒的角度，下一步大力发展资产管理业务，逐步形成以代客投资管理资产为基础的盈利模式，不仅可以缓解双脱媒的冲击，而且有利于银行从传统的存贷利差为主的单盈利模式向多元化的盈利模式转变。

其次，资产管理业务是商业银行满足客户多元化需求的重要手段。居

民和企业的金融需求正在从传统的存贷汇向资产管理、财务顾问等更趋多样化、个性化的需求转变。应该说最近十年到二十年以来，在欧美国家金融服务经历了三个阶段，第一个阶段是零售银行，第二个阶段是财富管理，第三个阶段是私人银行。在中国是什么情况呢？目前我国的高端个人客户也正在从零售银行向财富管理这个方向迈进，同时私人银行的发展速度这几年也是非常快的。

就普通大众客户来讲，追求高收益、便捷化、体验良好的新型理财服务，是其对机构金融服务的新要求。于是各种便捷的资产管理产品，包括P2P这类产品应运而生，吸引了大批年轻客户的眼球。同时，随着我国步入老龄化社会，主动进行财富管理，也已成为居民养老保障的重要来源。

应该说大力发展资产管理业务，继续参与客户资产配置的全过程，不仅可以满足客户多元化、全生命周期的金融需求，而且可以实现商业银行由单纯的产品销售向财富管理方向的转变。资产管理业务是商业银行打造轻型银行的有效途径，目前银行业传统的高资本消耗、高成本投入的粗放型经营模式已经难以为继，监管部门给银行上了两道紧箍咒，第一道紧箍咒就是资本充足率，大家都知道监管部门对银行资本充足率的要求。第二道紧箍咒就是前不久发布的杠杆率的管理办法，不能低于4%，这两道紧箍咒可以说控制了银行资产规模的快速增长。因此银行必须探索轻型化的发展模式。资产管理主要是通过信托委托关系为客户提供资产管理服务，银行在这一过程中基本上不持有风险资产，资本占用相对较小。因此，大力发展资产管理业务是银行优化业务结构、打造轻型银行的有效途径，以上是我的第一个观点。

二、商业银行发展资产管理业务要发挥自身优势

面对大资管背景下竞争环境和竞争格局的变化，现在商业银行要向真正的资产管理转型，在此过程中既要发挥自身优势，也需要积极地与基金、券商、保险、信托等各类机构开展合作，相互之间可以取长补短。首先在产品端，要建立适应不同客户需求的产品体系，银监会提倡银行理财要向净值化转型，这确实是打破银行隐性担保的有效方式。现在监管部门正在紧锣密鼓地起草商业银行理财业务监督管理办法，我们预计不久将会出台。这个办法借鉴了一些基金行业的监管规定。银行要很好地向公募基金学习。有的基金公司也会担心，银行理财净值化以后会加速跟基金同质化的竞争。

另外一种观点认为，过去银行预期收益型产品对基金形成了一定的替代。银行理财净值化，就和基金站在了同一条起跑线上公平竞争。我倒是认可第二种观点，我认为未来开放式净值型理财产品，也即新型化的产品会成为银行资管业务主要的产品形式。但固定期限类的产品仍然会存在。比如说针对高端客户的私募产品、项目融资类产品，等等。另外从覆盖面来看，银行的客户分布是最广的，它包含低、中、高收入不同风险偏好的个人和机构等各种类型的客户。因此需要多样化的产品来满足不同的需求，所以我觉得从产品端，银行和基金管理公司、券商等都有很深、很广阔的合作空间和领域。

从资产端来看，银行要巩固传统的信用风险管理优势，逐步提升大类资产配置和市场交易能力，发挥各自领域优势，形成良性互动关系。银行对债券投资、类信贷非标投资比较熟悉，也积累了很多的经验，这是我们的优势，但对权益市场、股票市场、海外市场、金融及商品衍生品市场还

涉及较少。在投资策略上也是以"持有到期"获取固定收益为主，较少采用交易型投资策略。这就需要银行借助证券、基金、保险、信托、期货、私募等机构的优势。当前银行理财和基金公司的合作正在逐步加深，一方面是资金的合作，很多银行理财已将投资货币基金作为流动性管理的有效途径。另一方面是服务方面的合作，更好地发挥基金公司投研和权益投资的优势，加强投资顾问服务，拓宽银行资管的投资领域；加强投研合作，提升银行资管对资产配置策略的分析运用。同时，银行也能凭借自身结算优势，发挥信用职能，通过资产的托管服务为基金等机构正常运作保驾护航。

因此，各金融机构之间应该加强合作，优势互补，共生共赢，共同塑造一个既有竞争，也有融合，蓬勃、多元、互通的大资管格局，这包括银行、基金、证券、保险等方方面面，我觉得我们都有共同的责任。持续强化跨界资产配置能力与市场交易能力，不仅是银行实现价值创造目标的必由之路，也是打造资管行业自身价值的必然要求，这是从投资端的角度来看。

在销售端要发挥银行连通线下线上的优势，客户的投资决策要考虑一些综合的因素。比如说收益、便利性，而银行全方位的网络覆盖能够为客户带来优质的服务体验。一些相对标准化的低风险的简单产品，可以随时随地地快速交易。而对于信托结构化理财、股票型基金、寿险等相对复杂的产品很多时候需要面对面的交流，银行可以通过专业理财经理向客户说清楚、讲明白风险和收益，帮助客户更理性地决策。我有一个观点，现在大家提互联网金融，似乎讲金融不提互联网金融、不提P2P就落伍了，实际上互联网金融不是万能的，它一定需要打通"最后一公里"。我觉得互联网一定要和传统的行业融合起来，要嵌入场景才能产生叠加的效果。银行通过打造 O2O 立体化的销售网络，将能大大提升客户体验。

三、建议

一是建议统一监管规则。资产以产品为载体，监管要尽量围绕产品来分类进行。比如说对产品的投资方式、关键要素要分类监管，而不是对机构所处的行业实施监管，以此过渡到功能监管和行为监管，可以促进资产管理行业的公平竞争，推动金融机构的混业经营和金融创新。互联网金融既要鼓励积极创新，也要加强监管。

二是建议强化监管的协调。由于目前银行、信托、保险、基金、第三方理财机构既相互竞争又紧密联系，在交叉销售、交叉运作、交叉投资方面可以说越来越呈现跨行业、跨市场和跨机构的特征，两方、三方，甚至多方合作的交叉性金融产品在市场上也越来越多。由于产品的结构过于复杂，合同约定责任不清，加上规则不明，就容易造成监管套利，这些问题的解决都需要监管机构之间有效协调，以使风险能够得到有效把控。同时可以对投资人进行有效保护。

三是建议强化对互联网金融监管。由于缺乏准入机制和监管体系，使得第三方资产管理快速发展，丰富的利润吸引了很多没有能力的人加入。也有一些机构借 P2P 网贷平台行欺骗投资者之事。互联网企业虽然利用了互联网技术，但是实际上做的事与传统金融并无根本差异。互联网金融的本质也是金融，和银行、其他的金融机构一样，金融本质就是管理风险。以互联网思维搞金融，如果缺少监管，必然会引发金融风险，甚至是系统性的金融风险。互联网企业等第三方资产管理机构在提供服务时也需要纳入监管体系，在鼓励创新的同时，监管一定要跟上。

四是建议强化投资者的风险教育。资管机构既要以信托责任要求自己，公平诚信地对待客户，也要担负起投资者教育的职责。当然投资者对风险认识不足，希望赚大钱、赚快钱，很多客户往往把理财产品和高利息的存款画等号，实际上这就步入了误区。这里我们银行业也有责任，我们没有把代客理财的本质讲清楚。不仅银行是这样，其实各类资产管理机构发行的理财产品普遍存在刚性兑付的问题，客观上造成了资产管理机构需要自担风险的压力，这既违背了风险与收益匹配的原则，也误导了市场。现在大家都有这个共识，都希望早日打破刚性兑付，但是谁也不希望出第一单。在有效防范系统性风险的前提下，让一些违约事件暴露，顺应市场力量将有利于强化市场纪律的约束，更有利于资产管理市场长期健康发展。李克强总理在两会闭幕有一个答记者问，他讲允许有单体的风险事件发生在金融领域，但是要防范区域性和系统性风险，我觉得这实际上给我们传递了一个信号。大家回想一下，十几年前外资银行进入中国市场带来了很多理财产品，几年过去有的亏得血本无归，实际上这在西方是非常普遍的。当然银行应该负起责任来，主动帮助客户管好资产，真正体现"卖者有责、买者自负"。

发展普惠金融
需要发挥政策与市场的协同作用
——《金融时报》文章

> **按语：** 本文原载于 2014 年 9 月 15 日《金融时报》。近年来，越来越多的金融机构参与到普惠金融的发展中，基于邮储银行在普惠金融方面的探索和先行实践，作者对普惠金融的含义进行了阐释，总结了其发展面临的四大挑战，并提出要发挥政策与市场的协同作用，以实现可持续发展。

党的十八届三中全会明确提出"发展普惠金融"，这为金融业指明了改革发展的方向，提出了更高的要求。然而普惠金融不是慈善，单纯的政策切入并不能充分调动金融机构的积极性和创造力，也不能可持续和大规模地覆盖目标客户群。要保证普惠金融的可持续发展，不仅需要我们正确理解普惠金融的内涵、沉着应对发展普惠金融面临的挑战，而且还要厘清政策与市场的边界，明确政府在促进普惠金融方面的职能定位。

一、客观理解普惠金融的内涵

"普惠金融"是联合国在"2005 年国际小额信贷年"提出的概念。其基本含义：能够以可负担的成本，及时有效地为社会各阶层和群体提供所需要的金融服务。由于普惠金融主要是关注传统金融体系难以覆盖的小微企业和低收入群体，这很容易给人以错觉，认为普惠金融更多的是扶贫，是一种福利性金融。实质上普惠不等于恩惠，不同于政府扶贫和社会慈善，既不能通过计划手段实现，也不能奉行平均主义，而是要运用市场化的机制和商业化的手段，为更多的人提供价格合理、种类丰富、获取便捷的金融服务，其核心要义是强调金融服务的可获得性和金融机构的商业可持续性。

具体来说，普惠金融的内涵主要有三层含义。首先，普惠金融是一种理念。人人都应该有平等享受金融服务的权利，无论是穷人还是富人。其次，普惠金融是一种创新。应在金融体系内进行制度、机构、产品和服务等方面的创新，降低金融供给成本，以便让每个人都能获得便捷的、商业可持续的金融服务。最后，普惠金融是一种责任。要面向传统金融服务难以覆盖的中低收入者和小微企业等"低端客户"，提升金融机构的服务能力和水平。

二、发展普惠金融面临四大挑战

普惠金融在理念上是完美的，但是，在具体的实践操作中，发展普惠金融面临着诸多挑战。

一是供给和需求不对称。一方面，普惠金融的需求主体多为低收入群体和小微企业，需求本身有着"短、小、频、急"的共同特点，这就对金融机构服务的深度和广度提出了较高要求。另一方面，金融机构为降低成本、控制风险，更倾向于围绕大中型企业和富有人群设计产品、提供服务。那么，要引导金融机构向低收入群体和小微企业倾斜，满足其基本金融需求就面临较大挑战。

二是资金配置不对称。发展普惠金融，需要金融资源向弱势群体、弱势产业、弱势区域倾斜和转移，但是，目前我国资金配置呈现从低收入群体流向中高收入群体、从农村地区流向城市地区、从农业流向工业的特征和趋势。如何扭转这一资金配置不对称格局，有序引导金融资源更多地向普惠金融领域倾斜，是发展普惠金融亟待解决的问题。并且，金融资源配置不对称还表现为金融体系内流动性过剩和实体经济特别是中小微企业、"三农"领域资金短缺之间的矛盾。

三是信息不对称。资金融通有赖于信用体系的支撑，信用体系则由市场信用、商业信用和银行信用构成。由于市场信用与商业信用发展比较薄弱，当前我国的信用体系主要还是以银行信用为主导。普惠金融需求主体因金融参与度低而缺少足够的信用基础，这就增加了商业银行向其提供金融服务的不确定性及风险系数，进而导致基本金融服务不充分、小微企业"融资难、融资贵、融资慢"等问题。

四是成本收益不对称。尽管广泛的包容性是普惠金融最为本质的属性，但是普惠并不等同于扶贫，更不是慈善，普惠金融发展的基础是商业可持续。从国内的实践来看，发展普惠金融普遍存在成本高、风险大、补偿低等问题。成本主要由金融机构来承担，而收益则是社会化的。这种成本收益的不对称，将影响普惠金融的商业可持续。

三、发挥政策与市场间的协同作用

从普惠金融国际实践看，尽管各国政府在理念倡导、战略制定等方面发挥着重要作用，但多数政府都遵从金融市场的基本规律，很少直接参与提供金融服务。在新的历史时期，推动我国普惠金融发展，也需要正确处理政府与市场的关系，既要积极发挥政府的引导性作用，也要充分发挥市场在资源配置方面的决定性作用。

一是重视普惠金融战略顶层设计。与国际先进经验相比，我国在普惠金融战略的顶层设计和政策统筹方面仍显不足。对此，一方面，要积极加入国际组织、参与国际普惠金融事务，逐渐融入全球普惠金融实践主流；另一方面，还应基于国情，制定合理的普惠金融发展战略，加快完善符合普惠金融发展需要的法律法规和政策框架，建立健全普惠金融相关监测评估体系，有效指导普惠金融实践。另外，配合普惠金融战略落地实施，当前还应重点把握以下几个着力点，包括加快推进经济转方式、调结构，控制产能过剩行业，降低地方政府和大企业融资杠杆，从而形成资金"挤出效应"，盘活好存量，使资金更多地流向创新性强的中小微企业、"三农"领域和弱势群体。

二是深化普惠金融体制机制改革。首先，要加大金融市场的准入开放力度，有序引导社会资金和民间资本进入普惠金融领域，鼓励 PE、VC 等场外直接融资市场的发展，构建多层次、多样化、适度竞争的普惠金融服务组织体系。其次，要通过实施差别化监管，充分发挥政策性、商业性和合作性金融的作用。加快推行银行分类持牌制度，打造一大批有特色的银行，让地方性银行能专注于服务当地经济发展和百姓民生，这既有助于发展普惠金融，也有利于节约社会资源；同时，可按照"业务简易、组织简化、成本可控"的原则，积极推进社区银行以及农村地区"村村通"等基础金融工程建设。最后，要积极稳妥推进利率市场化改革，逐步消除长期利差保护导致的创新动力不足、贷款垒大户等问题，倒逼金融机构主动在普惠金融领域寻求新的业务增长点，使普惠金融服务由"锦上添花"转向"雪中送炭"。

三是发挥激励政策导向作用。要加强信贷、产业、财税、投资政策的协调配合，综合运用再贷款、再贴现、差别准备金动态调整等货币政策工具和财政贴息、税收优惠、差别税率、先税后补等财税政策工具，提高金融资源配置效率，引导金融资源向低收入群体和小微企业倾斜。当前，在

"三农"、小微企业、个人创业、就业、助学、保障房等领域，亟须对激励扶持政策进行系统梳理和整合，避免"撒胡椒面"式的投入，尽可能以担保、保险、贴息等方式集中使用，发挥"四两拨千斤"的撬动作用。

四是推进金融基础设施建设。有效防范和化解经营风险是实现普惠金融商业可持续的前提，这不仅需要健全包括保险、期货等在内的风险分散、补偿和转移机制，还需要夯实金融服务的信用基础。要稳步开展普通农户、社区居民、小微企业的信用等级评定工作，加大金融知识教育普及力度，培育其信用意识，在征信体系建设上，可发挥好阿里巴巴、腾讯等互联网企业的补充作用，全面推进城乡一体化的社会信用体系建设，构建诚实守信的社会信用环境。

五是营造良好的金融创新氛围。在产品层面，要鼓励商业银行创新信用模式和扩大贷款抵质押担保物范围，有效破解普惠金融"贷款难、贷款贵"的抵押物瓶颈困局。在服务层面，要激励商业银行由金融机构建设向金融功能建设转变，由单一信贷产品提供商向多元化金融服务供应商转变。在技术层面，要引导金融机构发展互联网金融，充分利用电话、互联网、移动通信，打通人力和网点无法到达的"最后一公里"，运用云计算、大数据等新技术提升服务能力，降低服务成本，发挥"长尾效应"。

六是制定科学合理的绩效考核机制。金融业特别是银行业不能脱离实体经济而"一花独放"。着眼于银行更好地履行社会责任，董事会层面对经营层的考核，不宜总是把利润指标定得过高，同时，经营层对分支机构的考核也不应层层加码，避免银行资产脱离实际而盲目扩张。在银行服务客户上，也不能通过"以贷引存、存贷挂钩、借贷搭售、以贷开票吸存"等手段变相提高融资成本。银行要真心实意扑下身子服务实体经济、发展普惠金融。

进一步发挥大银行
在发展普惠金融中的作用

——中共中央党校《学习时报》文章

> **按语：** 党的十九大报告为做好新时期金融工作指明了方向，同时也对发展普惠金融提出了更高的要求。本文是作者2017年参加中央党校中青班培训时的毕业论文，结合党校学习成果，从原理到实践阐述了大银行在发展普惠金融中的价值，在此基础上就构建进一步发展普惠金融的长效机制给出了思考建议。本文主要观点于2017年11月8日在《学习时报》刊发。

党中央、国务院历来高度重视普惠金融发展。党的十八届三中全会通过的《中共中央关于全面深化改革若干重大问题的决定》明确提出要"发展普惠金融"。国务院印发的《推进普惠金融发展规划（2016—2020年）》，对发展普惠金融的总体思路、具体目标和组织保障等方面作出明确要求和重要部署。当前，我国已进入全面建成小康社会的决胜阶段，这对普惠金融工作提出了更高的要求，大型商业银行作为中国金融体系的重要组成部分和中坚力量，承载着国有资本的意志，肩负着更大的发展普惠金融的历史使命和社会责任。

一、党和国家历来重视金融事业的普惠性

金融从本质上说是服务于社会经济发展和国民福祉的。虽然"普惠金融"这一概念提出的时间相对较晚，但实际上，自创建金融事业开始，党就牢牢把握住"人民金融为人民"的包容性和普惠性导向。

（一）创建人民金融，把人民群众利益作为金融工作的出发点和落脚点

从党成立之初起，就注重贯彻金融工作的人民路线。苏维埃时期，毛泽东同志签发了《关于借贷暂行条例》，彻底肃清封建剥削，废除和禁止高利贷行为。通过创建苏维埃国家银行，积极发展储蓄，发放贷款，有力地促进苏区生产及手工业合作事业，深受根据地人民的欢迎，打退了敌人的经济封锁。20世纪40年代，毛泽东又多次指出，边区金融的根本出路在于发展生产，要实事求是地发展公营和民营的经济，"公私兼顾"；尤其要支持农业发展，强调农业贷款的作用，并在总结陕甘宁边区农贷经验的基础上提出了发放农贷的七项原则。

邓小平同志在广西左右江革命根据地时，提出了设立农业银行来帮助贫农的构想。抗日战争时期，邓小平在晋冀豫边区建立了冀南银行。新中国成立后，他多次强调，银行的作用在于帮助和刺激国民经济发展，保护广大群众的利益。

（二）改革金融体制机制，畅通经济"动脉"和"毛细血管"

改革开放后，邓小平同志十分重视运用金融配置资源的功能。多次指示，"要把银行真正办成银行"。强调"要加快金融体制改革，使银行成为发展经济、革新技术的杠杆"。并提出了著名的"金融很重要，是现代经济的核心。金融搞好了，一着棋活，全盘皆活"的论断。

江泽民同志也高度重视金融普惠性问题，在党的十四大上，明确指出，要"深化农村经济体制和经营机制的改革"。并针对当时农民、乡镇企业贷款难，农村资金外流现象比较严重等问题，提出要从实际出发，改善农村金融服务，建立资金回流的有效机制，加大信贷支农力度，并要求逐步形成国家支农资金稳定增长的机制。

胡锦涛同志则从构建社会主义和谐社会、加快推进社会主义现代化的高度，多次要求进一步优化金融结构，完善多层次金融市场体系和城乡、地区金融布局，加大对"三农"、中小企业和欠发达地区金融支持力度，不断满足经济社会日益增长的多样化金融需求。

（三）加强顶层设计，构建中国特色的普惠金融体系

党的十八大以来，以习近平同志为核心的党中央高度重视经济金融工作，明确提出"发展普惠金融"，并将发展普惠金融作为完善现代金融体系过程中一项重要任务，矢志不渝地推进，努力让所有市场主体都能分享金融服务的"雨露甘霖"。

2015年11月9日，习近平同志在中央全面深化改革领导小组第十八次会议上强调，"发展普惠金融，目的就是要提升金融服务的覆盖率、可得性、满意度，满足人民群众日益增长的金融需求，特别是要让农民、小微企业、城镇低收入人群、贫困人群和残疾人、老年人等及时获取价格合理、便捷安全的金融服务"。

在2017年7月召开的全国金融工作会议上，习近平同志再次强调发展普惠金融的重要意义，强调要把更多金融资源配置到经济社会发展的重点领域和薄弱环节，并指出，"要建设普惠金融体系，加强对小微企业、'三农'和偏远地区的金融服务，推进金融精准扶贫"。这些重要的论断和指示为我国普惠金融的下一步发展指明了方向。

二、发展普惠金融具有重大的现实意义

《推进普惠金融发展规划（2016—2020 年）》提出，普惠金融立足机会平等要求和商业可持续原则，以可负担的成本为有金融服务需求的社会各阶层和群体提供适当、有效的金融服务。由此可以看出，大力发展普惠金融，是我国全面建成小康社会的必然要求，意义重大而深远。

（一）发展普惠金融，有利于提升金融服务实体经济质效，助推经济发展方式转型升级

一个国家的经济发展要有活力，要有竞争力，不仅需要"顶天立地"的大企业，也需要"铺天盖地"的小微企业。发展普惠金融，就是在推进供给侧结构性改革的过程中，通过创新金融产品和服务，将金融资源进行跨主体、跨市场、跨行业转移和重置。资金配置效率的提高，必然会挤出粗放型经济发展模式中存在的各种无效"水分"，引导金融活水更好地浇灌"三农"、小微企业等实体经济的薄弱环节，推动大众创业、万众创新，在修复我国经济失衡方面发挥好作用。

（二）发展普惠金融，有利于降低金融体系运行风险，促进金融业可持续均衡发展

当前，各银行之间，无论是大银行还是中小银行垒大户、拼机构、拼网络现象依然严重，银行客户争夺同质化加剧，低端市场金融服务不足，金融供给过剩和供给不足并存。这种金融和实体经济结构性失衡，在经济高速增长阶段，并没有表现出太多金融风险，但随着经济步入下行"清算"期，周期性、结构性矛盾叠加，防范化解金融风险尤为必要。发展普惠金

融，处理好"华尔街"与"商业街"的关系，雨中送伞、雪中送炭，就能与小企业良性互动，银行既能赚到钱又能防风险，共襄双赢之举。

（三）发展普惠金融，有利于金融精准扶贫，增进社会公平和社会和谐

全面建成小康社会是党和政府对人民群众的庄严承诺。"小康不小康，关键看老乡"。当前，贫困问题不仅是"三农"工作的难点，更是全面建成小康社会的最大短板。积极支持扶贫开发，助力精准扶贫、精准脱贫，是"十三五"时期金融机构的重要政治任务和责任担当，也是发展普惠金融的应有之义。发展普惠金融，通过为社会各阶层提供享受现代金融服务的机会和途径，既有利于实现当前稳增长、促改革、调结构、惠民生、防风险的总体任务，也有利于促进社会公平正义，使发展成果更多、更公平惠及全体人民，将共享发展理念落到实处。

三、发展普惠金融面临的困境与大银行的比较优势

普惠金融在理念上是美好的，但是，在具体的实践操作中，发展普惠金融面临着诸多挑战。

一是供需结构不对称。一方面，普惠金融的需求主体多为低收入群体和小微企业，需求本身有着"短、小、频、急"的共同特点，这就对金融机构服务的深度和广度提出了较高要求。另一方面，金融机构为降低成本、控制风险，更倾向于围绕大中型企业和富有人群来设计产品、提供服务，那么，要引导金融机构向低收入群体和小微企业倾斜，满足其基本金融需求就面临较大挑战。

二是资金配置不对称。发展普惠金融，需要金融资源向弱势群体、弱势产业、弱势区域倾斜和转移，但是，资金的逐利性自然使资金配置呈现

从低收入群体流向中高收入群体、从农村地区流向城市地区、从农业流向工业的特征和趋势。如何扭转这一资金配置不对称格局，有序引导金融资源更多地向普惠金融领域倾斜，是发展普惠金融亟待解决的问题。另外，金融资源配置不对称还表现为，金融体系内流动性过剩和实体经济特别是小微企业、"三农"领域资金短缺之间的矛盾。

三是银企信息不对称。资金融通有赖于信用体系的支撑，信用体系则由市场信用、商业信用和银行信用构成。由于市场信用与商业信用发展比较薄弱，当前我国的信用体系主要还是以银行信用为主导。普惠金融需求主体因金融参与度低而缺少足够的信用基础，这就增加了商业银行向其提供金融服务的不确定性及风险系数，进而导致基本金融服务不充分、小微企业"融资难、融资贵、融资慢"等问题。

四是成本收益不对称。尽管广泛的包容性是普惠金融最为本质的属性，但是普惠并不等同于扶贫，更不是慈善，普惠金融发展的基础是商业可持续。从国内的实践来看，发展普惠金融普遍存在成本高、风险大、补偿低等问题。成本主要由金融机构来承担，而收益则是社会化的，这种成本收益的不对称，将影响普惠金融的商业可持续。

为此，商业银行要深度参与普惠金融体系建设，必须结合自身特性，认清自己的优劣势，只有这样，才能真正在确保自身可持续发展的前提下，为普惠金融体系贡献力量。相比于中小金融机构，大银行拥有很多方面的比较优势。

一是网络优势。发展普惠金融难在哪里？很重要的一点就是客户分布广泛、地处偏远，很多银行"使不上力"。大银行机构网点数量多，覆盖面广，交易渠道齐全，有利于银行将触角延伸到周围的农户家庭、小微企业、城市社区，倾听他们的心声，满足他们的需求，这已成为最大的先天优势和市场竞争基础。

二是资金优势。我国的储蓄率一直较高，在这样的情况下，再加上大银行社会声誉高、品牌影响力大，因此我国大银行的吸储能力十分强大，资金来源稳定，资金实力雄厚。同时，基于遍布全国的经营网络，大银行也可以实现全网信贷资源合理配置，提高普惠金融资金的使用效率。

三是风控优势。银行是经营风险的行业，风险管理是银行经营永恒的主题，也是银行的看家本领之一。由于小微企业财务实力弱、经营规模小，与大企业相比，通常其抗风险能力差、经营风险大。小银行在公司治理、内控合规，以及对风险的识别、计量、处置等方面偏弱，自身的经营风险远远高于大银行。而大银行除了自身风控能力强之外，还可以发挥与政府、行业协会、社会团体、大企业等群体业务联系广合作多的优势，打通产业链上下游，获取更多"软信息"，实现风险分担，降低普惠金融风险。

四是技术优势。移动互联网、大数据、云计算、智能终端等数字技术的发展，消除了时间和空间的限制，促进了信息共享，提高了风险识别能力和授信审批效率，降低了交易成本和金融服务的门槛，有效扩大了金融服务的覆盖面，为普惠金融服务提供了新的思路。但庞大的信息系统建设往往需要投入巨大的人力、物力，大银行则具有明显的财力优势和队伍优势，同时巨额建设资金投入还可以通过其庞大的业务规模得到有效分摊，形成规模效应。

四、邮储银行开展普惠金融服务的主要工作和成效

邮储银行成立以来，始终坚持服务社区、服务中小企业、服务"三农"

的市场定位，践行"普之城乡，惠之于民"的服务承诺，多种措施、多种渠道破解普惠金融服务难题，积极探索商业可持续的普惠金融发展道路。在普惠金融服务上坚持"四化"——纵深化、精准化、合作化和数字化，努力将便捷、低廉、均等的金融服务带给更多百姓。

（一）纵深化普惠金融

在普惠金融服务中，实体网点仍然是主渠道。邮储银行充分发挥网点数量多、覆盖范围广的独特优势和资源禀赋，坚持实现金融服务纵深化，打通金融服务"最后一公里"。一是通过在金融服务空白乡镇设立便民服务网点、布放自助机具以及开展"普惠金融流动车"服务等方式，为农村地区客户提供便利的取款、转账、查询、代缴费等基础金融服务，填补金融服务缺口。二是以代收付"新农保"等业务为突破口，完善我国城乡社保体系，以"农民工银行卡""福农卡""乡情卡"等特色银行卡服务为切入点，有效拓展农民工及农村居民的支付渠道。三是成立"三农金融事业部"，建立起"总行—省—市—县"四级组织架构，进一步夯实了专业化为农服务体系。四是积极开展"金融知识进万家""金融知识普及月"、建设信用村镇等活动，不断加大在农村地区的金融基础知识宣传力度。

（二）精准化普惠金融

普惠金融的重要目标之一是提高金融服务的覆盖率，使社会的各个阶层尤其是弱势群体享受到有效的金融服务。目前，邮储银行已构建农户贷款、商户贷款、新型农业经营主体贷款、小微企业贷款、农业龙头企业贷款、扶贫贷款等多个产品线，基本实现了对所有普惠金融需求主体的全覆盖，并一直坚持将资金投入到真正需要帮助的群体，实现普惠金融的精准服务。在服务普通农户方面，主动与德国技术合作公司（GTZ）合作，将国际先进的小额贷款技术与中国社会的实际情况有效结合，探索形成了自己独特的信贷技术，并成为国内最早开发无抵押小额贷款产品的金融机构之一。在服务现代农业方面，紧紧围绕服务农业供给侧结构性改革，已逐步将大型农机具、大额农业订单、涉农直补资金、土地流转收益、设施大棚、水域滩涂使用权等纳入抵（质）押物范围，并稳步推进农村承包土地的经营权抵押贷款、农民住房财产权抵押贷款和农村集体经营性建设用地使用权抵押贷款，不断破解涉农贷款的抵押担保难问题。在服务小微企业方面，为帮扶暂时困难的小微企业客户渡过难关，积极探索小微企业贷款的风险缓释工具，创新推出了转期、减额续贷等多种无还本续贷业务，有效疏解了"过桥资金"问题。在金融精准扶贫方面，针对建档立卡贫困户，量身定做特惠金融产品，推出了金额 5 万元以内、期限 3 年以内、免抵押、免担保、执行优惠利率的扶贫小额信贷产品，全力助推精准扶贫工作取得实效。

（三）合作化普惠金融

面对多元化、多层次、高风险的普惠金融需求，任何一家金融机构都孤掌难鸣，必须博采众长、群策群力。邮储银行始终坚持以开放的姿态发展普惠金融，以合作促发展，以合作解难题。一是搭建了"银政""银协""银企""银保""银担"五大合作平台。先后与工信部、农业部、扶贫办、中国科协、国家农业信贷担保联盟以及新希望集团等农业产业化龙头企业签署战略合作协议。一方面，实现客户信息共享，在批量服务客户的同时有效筛选优质客户，提高了客户服务效率；另一方面，引入政府担保基金、风险补偿基金等新型增信措施，创新多方风险分担模式，有效破解了农户抵押缺失难题。二是坚持多方合力推进"融智 + 融资"综合服务，将普惠金融服务变"输血"为"造血"。与团中央合作，连续8年举办"创富大赛"，为数十万青年创业者搭建了集资金支持、技术指导、商业模式交流为一体的综合金融服务平台；与农业部合作，对新型职业农民进行生产技能和金融知识培训；与中国科协合作，将农业技术带到贫困地区最前沿。三是凝聚社会力量做好公益扶贫。与中国扶贫基金会联合发起成立"邮爱公益基金"，并通过与社会公众共享，广泛引入外部合作伙伴，改变以往简单捐赠、短期帮扶为主的公益扶贫模式，实现公益扶贫长效化。

（四）数字化普惠金融

如何借助数字技术，实现营销批量化、管理精准化、作业集约化和风控系统化，既延伸服务时空，又有效降低成本，是商业性普惠金融面临的现实课题。在开展普惠金融服务的过程中，邮储银行高度重视数字技术的推广应用，不断完善服务品质，提升客户体验。一是坚持电子银行业务优先发展战略，积极构建线上线下一体化金融服务网络，努力提高普惠金融服务的覆盖率。近年来，邮储银行将个人网银、手机银行等电子渠道，整合为品种齐全、体验良好的线上交易服务平台。同时，依托设备丰富、流程便捷的线下营销服务平台，实现了电子渠道与实体网络的互联互通、线下实体银行与线上虚拟银行协同发展的"大渠道"经营格局，使得客户可随时随地无障碍地获取金融服务。二是以互联网金融云平台建设为契机，积极构建开放协作的互联网金融服务平台，努力提高普惠金融服务的可得性。围绕尝试开办代理理财类、资金代发、小微贷款等便民金融服务，形成了"互联网金融＋农村电商""互联网金融＋速递物流""互联网金融＋跨境电商"等"互联网金融＋邮政集团优势资源"的特色网络信贷发展模式，有力地提升了对"三农"、小微企业、个人创业者、高新技术产业等客户的融资服务支持。三是实现前中后台联动，积极构建高效的信贷审查审批机制，在有效防控风险的情况下，努力提高普惠金融服务的满意度。在前端，充分利用互联网技术，推广移动展业，致力于对农户、商户和中小企业实行专业化、标准化、流水线式的金融服务。在中端，积极探索信贷工厂模式，通过构建信息更全面、更完整的信用风险模型，有效甄别不良客户，降低信用风险产生的损失。在后端，基于数据挖掘和分析技术应用，实现行内外各类信息的集中整合和共享，做到风险早识别、早预警、早处置。

截至 2016 年底，邮储银行拥有近 4 万个网点，覆盖 98.9% 的县域地区；服务个人客户达 5.22 亿户，70% 的个人账户分布于县域地区；涉农贷款余额 9174.45 亿元，较 2015 年末增长 22.7%，在全行贷款余额中占比达 30.5%，自 2012 年以来年复合增长率超过 30%，累计向 1200 万农户提供了融资支持。其中，个人经营性贷款余额自 2013 年以来连续 4 年居商业银行第一位。小微企业贷款连续 6 年完成监管要求，贷款余额 7335.79 亿元，申贷获得率接近 95%，累计为超过 150 万户小微企业提供信贷资金支持。精准扶贫贷款余额 814.44 亿元，带动建档立卡贫困户人口实现就业和增收超过 87.65 万人次。

通过上述的探索与实践，邮储银行不仅取得了自身的商业可持续发展，而且实现了经济效益与社会效益相协调、员工发展与企业发展相协调、发展定位与资源禀赋相协调、发展能力与管理水平相协调，获得社会各界的广泛认可和赞誉。

五、构建发展普惠金融的长效机制

做好普惠金融服务是大银行的政治使命和社会责任，大银行责无旁贷，但普惠金融收益低、风险大、成本高，是一个普遍存在的世界性难题。近年来，国家推出了一系列定向优惠引导政策，但从政策的运行情况来看，还有进一步优化完善的空间。

（一）加快推进金融基础设施建设

金融基础设施是提高金融机构运行效率和服务质量的重要支柱和平台，有助于改善普惠金融发展环境，促进金融资源均衡分布，引导各类金融服务主体开展普惠金融服务。一是推进农村支付环境建设。建议进一步扩大在农村信息化建设方面的投资规模，提升农村地区的互联网普及率，鼓励金融机构面向农村地区提供安全、可靠的网上支付、手机支付等基础金融服务。二是建立健全普惠金融信用信息体系。加快建立多层级的小微企业和农民信用档案平台，实现企业主个人、农户家庭等多维度信用数据可应用，并通过全国统一的信用信息共享交换平台及地方各级信用信息共享平台，推动政企信息与金融信息互联互通，打破数据资源部门间的"信息孤岛"格局，解决银企信息不对称难题。三是建立健全普惠金融指标体系。设计形成包括普惠金融可得情况、使用情况、服务质量的统计指标体系，用于统计、分析和评价各金融机构普惠金融发展状况。

（二）深化普惠金融体制机制改革

发展普惠金融，既不是小机构的专利，也不是大机构的特权。发展普惠金融，关键是要构建包括银行、保险、证券、期货、租赁、信托等在内的，多元化、广覆盖的普惠金融机构体系，发展多层次资本市场，解决普惠金融供给不足问题。一是引导现有各金融机构拓展普惠金融业务服务范围，推动农业发展银行、农业银行和邮政储蓄银行做好金融服务创新。二是发挥并购投资基金、私募股权投资基金、创业投资基金等前期介入资金的作用，支持符合条件的小微企业在多层次资本市场融资。三是完善农业保险制度，积极发展农村小额保险，试点农业气象指数保险等，扩大农业保险覆盖范围，切实降低农业生产经营风险。四是发展农产品期货市场，引导农户调整种植结构，引导农产品收购和加工企业利用农产品期货套期保值，避免农产品价格波动的市场风险。

（三）发挥政策引导和激励作用

在普惠金融成本高、风险大、收益低的现实情况下，对普惠金融给予合理适度的政策引导和支持，是调动金融机构积极性、促进普惠金融服务供给增加不可或缺的重要手段。建议针对普惠金融业务建立一套专项的监管体系，在贷款规模、存款准备金率核定、资本计量、MPA 考核等方面进行差异化安排，引导金融机构特别是大银行加大对普惠金融的信贷支持。一是对小微企业等贷款投放，不受一般贷款规模管控约束，提高在央行 MPA 考核中的权重。二是依据各行实际，对普惠金融业务达标到一定标准的金融机构，可适用差异化的存款准备金率水平。三是对服务普惠金融的相关贷款及股权投资等金融资产，在资本计量时设置相对优惠的风险权重。四是适当调整储备资本、拨备覆盖率等监管要求，提高风险容忍度。五是在简化程序、扩大金融机构自主核销权等方面，对普惠金融服务对象不良贷款核销给予支持。

（四）拓展金融产品和服务创新条件

发展普惠金融，不断扩大金融服务的覆盖面和渗透率，满足不同类型资金需求者的多样化需求，离不开丰富的金融产品体系。需要创新信用模式和扩大贷款抵（质）押担保物范围，有效破解普惠金融"贷款难、难贷款"的抵押物瓶颈困局。一是对土地经营权、宅基地使用权、技术专利权、设备财产使用权和场地使用权等财产权益，积极开展确权、登记、颁证、流转等方面的规章制度建设，推动地方政府建立土地评估、登记和流转等服务机构，完善确权、评估、登记、交易等操作规范，为农村产权抵押处置营造良好的市场环境和法律环境。二是加快完善知识产权资产评估的准则和指南体系，鼓励和扶持知识产权代理、评估、仲裁、诉讼、交易等中介服务组织，形成较为完善的科技创新型小微企业知识产权质押融资服务体系。

（五）建设良好金融生态环境

构建和谐稳定的普惠金融生态环境，可以使金融机构更好地发挥金融中介功能的基础性条件、更好地服务"三农"、服务小微企业。一是结合国情深入推进金融知识普及教育，培育公众的金融风险意识，树立"收益自享、风险自担"观念，提高金融消费者维权意识和能力，引导公众关心、支持、参与普惠金融实践活动。二是畅通金融机构、行业协会、监管部门、仲裁、诉讼等金融消费争议解决渠道，试点建立非诉第三方纠纷解决机制，逐步建立适合我国国情的多元化金融消费纠纷解决机制。三是发挥各级政府作用，推进地方诚信体系建设，解决贷款案件判决难、执行难等问题，加大对失信企业的惩处力度，营造诚实守信的良好社会风尚。

携手共进　互利共赢
努力开拓三方合作新局面

——在交通银行、邮储银行、浦发银行同业
交流会上的发言

按语： 习近平总书记指出，金融是现代经济的核心，"金融活，经济活；金融稳，经济稳"。资金资管业务具有与信贷业务不同的独特属性，能够补充传统信贷短板，活跃金融市场，多元化多角度多产品支持实体经济直接融资。在新的形势下，资金资管业务如何更好地服务实体经济、防范化解金融风险和深化推进金融改革？2019年5月29日，交通银行、邮储银行、浦发银行在江苏常熟召开三行同业业务合作研讨会，对此进行研讨。作者出席研讨会并致辞，回顾了三家银行的合作情况，着眼于落实党中央关于深化金融供给侧结构性改革的要求和部署，提出了同业业务转型发展的意见建议。

初夏的江南，比北京还要凉爽。在这气候宜人的时节，交通银行、浦发银行与邮储银行的各位同仁齐聚千年古城常熟，共议资金资管业务如何更好地服务实体经济、防范化解金融风险和深化推进金融改革。

2018年第二季度以来，受内外部双重因素影响，经济出现一定下行压力，在保持市场流动性合理充裕的政策基调下，最近一个时期以来，利率中枢大幅走低，并延续至今。2019年接近过半，当前货币政策传导不畅引

发了一系列新矛盾、新问题，同时，风险防控形势严峻，理财子公司改革任务繁重。

我们这次会议将通过三方共同交流，围绕推进服务实体经济、防控金融风险、推进理财子公司建设等当前银行经营管理中的焦点问题进行探讨，相互启发；下午还要进行主题党日活动，通过强化党建思想引领，助力业务能力提升。这次会议形式非常好，为三方聚焦合作、深入探讨、共谋发展提供了良好的互动交流平台。

借此机会，也是受交通银行吕家进副行长、浦发银行谢伟副行长委托，由我来简单做个开场白，以求抛砖引玉。我想讲四层意思，八个字，分别是感谢、回顾、展望和思考。

首先，要借此机会表达衷心感谢。

第一，要感谢浦发银行的精心安排。为了开好这次会议，谢伟行长做了精心的会议筹备工作，吕行长专门召开了预备会。在此我谨代表邮储银行对浦发银行、交通银行各位同仁表示感谢，感谢各方共同促成了这样一次难得的交流机会。

第二，感谢交通银行、浦发银行长期以来对邮储银行的信任与支持。邮储银行有一张特殊的资产负债表，目前存贷比约为50%，资金资管业务在邮储银行的经营中占有重要地位。在这张差异化的资产负债表背后，有交通银行、浦发银行等同业合作伙伴的信任和支持。2019年，邮储银行将更加重视客户体系建设，不断加强与同业的合作和交流，争取在精细化管理和经营成效上迈上新台阶。

第三，借这样一个机会，特别感谢家进行长为邮储银行发展作出的卓越贡献。家进行长是我们邮储银行的领路人，过去在邮政系统及邮储银行深耕30年，带领邮储银行一步一个脚印，从邮政储汇局到组建银行，从2012年股改，到2015年引战、2016年在港交所上市，再到今天资产突破10万亿元，位列国有六大行之列，每一点成绩都凝结着家进行长的心血和汗水。吃水不忘挖井人，今天能够在此与吕行长一起开会，心情非常激动。同时，也要感谢浦发银行薛宏立总经理在邮储银行金融市场部工作期间辛勤的付出和作出的突出业绩。

其次，回顾过往，三方具有良好的合作关系。

百年交行，始建于19世纪初，是中国历史最悠久的银行之一，可以说底蕴深厚；朝气浦发，活力浦发，锐意进取，勇于创新，稳坐股份制银行前三把交椅。一直以来，邮储银行与交通银行和浦发银行都进行着持续、深入、广泛的业务合作。三方的合作可以概括为三个特点：

一是合作规模大。交通银行和浦发银行都是邮储银行十分信任的重要的战略合作伙伴，授信的敞口额度都不低于900亿元，截至2018年4月用信率都超过50%，2018年用信峰值分别在700亿元和1150亿元左右，这种体量的同业合作是不多见的。仅线下同业融资业务一项，邮储银行与交通银行累计发生业务规模超过2600亿元，单笔最大业务规模高达300亿元；与浦发银行累计发生业务接近1700亿元，单笔业务规模最高达100亿元。表外资管与浦发银行共同投资国创投资引导基金，基金规模1000亿元。

二是合作领域广。邮储银行与交通银行和浦发银行的合作不仅限于表内业务，也延伸到表外理财、代理结算、托管等中间业务领域，充分实现了资源互补和互利共赢。从业务品种看，涉及本外币拆借、衍生品交易、同业融资、同业投资、债券投资、优先股、产业基金等多个产品和市场；从合作主体上看，除了银银合作之外，邮储银行还与交银金租、交银国际信托、浦银金租、浦银安盛等交行和浦发的子公司深入开展各类同业投融资业务。总体来看，邮储银行利用自身资金体量大和流动性优势，积极支持交通银行和浦发银行各类融资工具和债券发行，提升了彼此资产负债管理的灵活性和多样性。

三是合作历史悠久。与交通银行和浦发银行相比，邮储银行的上市相对较晚，是中国最年轻的国有大型商业银行。但在储汇业务向银行转型的初期，我们就开始了与交通银行和浦发银行的业务合作，成立银行之后，进一步展开了授信业务以及同业投资等各类业务合作。

交通银行和浦发银行的总部均设于上海，我相信，同城优势也让交行和浦发之间的合作紧密无间。

再次，展望未来，资金资管业务大有可为。

根据家进行长在 5 月 27 日上午三方微信沟通会上确定的基调，我们本次会议的主题是同业业务如何加大服务实体经济力度、防范化解金融风险以及深化推进金融改革。

一是同业业务地位特殊，对于服务实体经济有特殊的使命和贡献。习近平总书记指出，金融是现代经济的核心，"金融活，经济活；金融稳，经济稳"。资金资管业务具有与信贷业务不同的独特属性，能够补充传统信贷短板，活跃金融市场，多元化多角度多产品支持实体经济直接融资。特别是资管业务，作为一个融合了直接融资、间接融资的业务平台，将个人客户、企业客户、同业客户都紧密联系在一起，能为企业提供全生命周期融资服务，对发展多元化的金融行业起着至关重要的作用。

二是防范化解金融风险仍然任重道远。自2017年的"三三四十"系列监管新规出台，到2018年乱象治理和影子银行与交叉金融专项检查，再到2019年的巩固治理成果，以及多项资管新规的落地，大资管行业强化公司治理、严格遵守调控政策、去通道、去嵌套、去空转、去套利、打破刚性兑付、回归净值化管理，可以说资金资管业务一直是监管机构关注的焦点和社会各界关切的热点，始终处于金融行业的风口浪尖。5月24日人民银行和银保监会对包商银行进行了接管，为我们再次敲响了警钟，表明当前防控金融风险的整体形势仍然严峻。在座的三家都是在我国金融市场上举足轻重的重要银行，更要深化合作，加强沟通，齐心协力为防范化解重大风险、为维护我国整体金融体系稳定发挥重要作用。

三是理财子公司的筹建是当前最重要的工作之一。当前，金融业在加快推进对外开放步伐，"两轨并一轨"的利率市场化进程也在稳步推进。理财子公司在业务范围、准入门槛等方面突破了传统理财业务的局限，为银行资管业务的转型与发展提供了有力支撑。近期银保监会正式批准了包括邮储银行在内的8家理财子公司筹建，批准工行、建行、交行3家理财子公司开业，可以讲已经拉开了银行系理财子公司时代的大幕，这将引领大资管行业步入全新的发展格局。

其一，理财子公司拥有独立的法人主体地位，可以促使理财业务更好地实现"受人之托、代人理财"的发展本源，实现"卖者尽责"基础上的"买者自负"。其二，理财子公司发行的公募理财产品取消起售门槛，是满足1万元以下客户金融服务的重要途径，有利于更好地践行普惠金融，在理财业务净值化转型道路上承担更多的投资者教育重任。

着眼未来，邮储银行也在坚持"三手抓"，一手抓发展、一手抓转型、一手抓理财子公司筹建。同时我们也对未来理财子公司服务母行客户的投融资需求，助力零售战略转型升级寄予厚望。2018 年银行业新增个人储蓄存款 7.24 万亿元，新增个人理财 7.04 万亿元，如果计入基金、保险、信托等其他资管产品，个人客户配置财富管理产品资金规模远超新增存款规模。理财子公司可以切实解决县域和农村地区客户拓宽财产性收入问题，使银行业能更好地服务广大个人客户群体。

最后，思考当下，我们需要在以下几方面发力破题。

一是要坚持服务实体经济的初心。5 月 13 日，中共中央政治局召开会议，决定从 6 月开始在全党自上而下开展"不忘初心、牢记使命"主题教育，要贯彻"守初心、担使命、找差距、抓落实"的总体要求，达到理论学习有收获、思想政治受洗礼、干事创业敢担当、为民服务解难题、清正廉洁做表率的目标，坚持实事求是的思想路线，树立正确政绩观，真抓实干，转变作风。对于资金资管业务也是一样，要守住服务实体经济的初心，担起金融行业的历史使命，找到业务发展的差距，狠抓各项措施的落实。

二是要在监管框架内有序创新。创新是企业前进的动力之源，是金融行业永恒的主题，资金资管业务是金融创新最活跃的领域。但我们走到今天，在不断进取的同时也应该进行反思。前些年很多产品都带有"空转套利"和"绕监管"的成分，不仅脱离了资金资管业务的实质，更加积聚了系统性金融风险。金融供给侧结构性改革提出要加大直接融资力度，在这一形势下，横跨货币、信贷、资本、债券业务几大市场的资金资管业务发展空间巨大，我们要通过有针对性地设计产品和合作方式，切实提升经济主体金融服务的可获得性，推动满足实体经济多层次融资需求。

三是要把防风险放在更加突出的位置。银行是经营风险的机构，资金资管业务更是具有风险集聚、传染性强、单笔业务金额大的特点，每一笔业务几乎都会涉及市场风险、信用风险、操作风险、流动性风险、法律风险、声誉风险、战略风险等各类风险，特别是在经济下行期，风险防控的压力非常繁重，必须引起高度重视。

四是要加快推进理财子公司筹建工作。银行系理财子公司是一个全新的事物，业务模式与其他类型的资管机构存在差异，子公司的筹建大家都是摸着石头过河，所以一定要认真学习借鉴同业经验。公募基金税收减免政策完善、公司治理制度健全、投研能力强大、投资者教育充分，已经收获了老百姓的认可，我们要虚心向公募基金及其他资管机构学习。邮储银行对于理财子公司的筹建有以下几点思考，在此我抛砖引玉，请与会的各位专家评判指正。在组织架构方面，理财子公司要积极构建现代化的公司治理架构，强化法人隔离，通过科学的激励约束机制、规范的经营管理决策流程，切实建立决策、执行、监督相制衡的市场化、制度化、规范化运作体系。在风险管理体系方面，要在强化与母行风险隔离的前提下，延续银行审慎经营的风险文化，构建规范高效的风险管理体系。在科技战略上，要坚持科技引领、创新驱动，借助银行金融科技实力，发挥数字科技在财富管理全价值链的分析与应用，打造规范化、自动化、标准化的高效运营体系。在队伍建设上，需要构建适应企业发展的市场化、规范化的组织管理架构，健全培训制度、绩效考评、职位晋升和薪酬激励约束机制，建设一支高素质的员工队伍。

五是要持续加强资金资管业务的能力建设。资金资管业务是一项充满活力的业务，对政策变化敏感度高，受市场环境影响大，业态常随着经济、金融环境随时更新变化。这就要求资金资管业务的能力建设永不停步。从硬件上来看，机构设置要适应业务效率，IT系统要控制风险兼顾智能化发展，人才队伍要专业高效，体制机制要在吸引和留住人才的同时促进长远发展；从软件上来看，投研能力要有敏锐前瞻，风险控制要全面清晰，客户体系要科学合理，投资者教育要专业系统。

六是要优势互补，加强合作，实现共赢。线上化和标准化的行业趋势以及低位运行的利率趋势均对资金资管业务的投资决策、风险管控、流动性管理提出了更高的要求。交通银行、浦发银行和邮储银行三行各自特点鲜明，业务领域也各有所长。交通银行历史底蕴深厚，国际化程度高，集团牌照优势明显，可以为客户提供多元化的综合服务。浦发银行资产规模稳定，成本收入比控制领先，机制灵活，能够紧跟市场动态及时捕捉增长点。邮储银行拥有4万多个物理网点，服务超过全国总人口1/3的个人客户，拥有雄厚的资金实力和较好的流动性储备。我相信，今后三方深化合作的领域会越来越宽，包括业务协同、产品创新、深化改革、风险防控等方面。我也衷心地希望，下一步三行在总部层面合作的基础上，也要全面推进分行层面的合作。

"巨无霸"登陆 A 股能否提振市场？
——央视财经评论节目访谈

按语： 2019 年 12 月 10 日，中国邮政储蓄银行正式在上交所挂牌上市，实现了国有六大行 A+H 股两地上市收官。此次 IPO 募资总额高达 327 亿元（行使"绿鞋机制"后），是 A 股十年来最大规模的 IPO。上市当晚，徐学明副行长应邀参加了央视财经评论节目访谈，就广大投资者关心的邮储银行股价表现、投资价值、中小投资者权益保护、企业转型发展方向等问题进行了解读。

张琳（央视财经评论节目主持人）： 今天上午中国邮政储蓄银行正式在上交所挂牌上市，至此，国有六大行全部实现了 A+H 股两地上市，此外"绿鞋机制"完成之后，邮储银行募集金额大约是 327.1 亿元，将会成为十年来 A 股最大规模的 IPO。邮储银行上市当天发行价每股 5.5 元，开盘报每股 5.6 元，截至收盘邮储银行的股价是每股 5.61 元，涨幅 2%，成交额 90.5 亿元。

可以说，邮储银行今天的股价表现非常平稳，虽然涨幅只有 2%，但是我们知道如今市场其实有了很大的变化，银行股跌破净资产已经不是什么新鲜事了，其中就包括工行、农行、中行、建行、交行这五家大型国有商业银行，都跌破了自己的净资产，所以邮储银行上市之前，市场上已普遍存在股价破发的担忧。我想先来问问徐行长，今天这样的股价表现，这种担忧是不是彻底放下了？

徐学明：今天邮储银行 A 股发行，开盘价是 5.6 元，发行价是 5.5 元，当天报收 5.61 元，全天上涨了 2%，应该说这个表现还是符合预期的，也比较稳健。今天我想借着这么一个机会，和主持人以及大家分享，年初以来，邮储银行 H 股表现非常强劲，已累计上涨了 32%，远远跑赢了大市。这里面我想可以得出一个结论，无论是今天的 A 股，还是今年以来 H 股的表现都充分表明，海内外投资者对专注零售的邮储银行给予了充分信任，投了赞成票，对我们的投资价值高度认可。

张琳：徐行长，我们知道邮储银行准备 A 股上市已经有 7 年多的时间，此次选择在年底这个时点上市，针对大家关于股价破发的担忧，邮储银行是否做了足够充分的准备？

徐学明：是的，这次邮储银行上市，我们引入了"绿鞋机制"，这是 A 股十年来的首单，也是 A 股历史上的第四单。"绿鞋机制"是一个什么概念呢？它发端于美国，1963 年，美国波士顿"绿鞋"制造公司发行上市，首次采用一种"超额配售选择权"机制。就拿我们这次邮储银行上市来说，我们授予主承销商，按照初始发行规模的 15% 来进行超额配售，未来一个月时间内，如果股价低于 5.5 元的发行价，那么主承销商将会从市场买入股票，稳定股价，从而达到保护中小投资者、维护市场稳定的效果。

张琳：除了"绿鞋机制"之外，这次还提出了主承销商在一定期限内，有锁定包销股份的承诺。邮储银行对未来股价的平稳运行或者上涨预期是否进行了预判？中小投资者参与进来是不是真的可以吃下定心丸？

徐学明：邮储银行此次上市，可以说给资本市场提供了一个非常好的投资标的。邮储银行是一家年轻的大型零售商业银行，这些年发展速度很快，过去这几年无论从资产规模，还是从营业收入，乃至利润，都保持了较高增长。今年前三季度，我们的利润增速达到16.33%，预计全年会在16%~18%。此外，邮储银行有一张非常干净的资产负债表，今年9月底中国银行业不良贷款率是1.86%，邮储银行同期是0.83%，不到同业的一半。我们的拨备覆盖率也比较高，现在银行同业的拨备覆盖率187%，邮储银行接近400%，是同业的两倍多。

另外，这次为了保护中小投资者利益，我们的大股东，中国邮政集团公司，还承诺在未来一年的时间内进行增持，增持金额不低于25亿元。

张琳：我们再来看一组数据，邮储银行最新的三季报显示，邮储银行拥有近4万个营业网点，覆盖中国99%的县市，个人客户数量突破6亿户，覆盖超过中国人口总量的40%，资产总额达到10.11万亿元，位居中国银行业第五位，刚才徐行长也说到，今年前三季度净利润的增长是16.33%，应该说是六大行中唯一实现两位数净增长的，我们看到相关的业内人士说，现在零售业务是各家银行转型的一个重要方向，邮储银行的成长性是不是也得益于这样一个定位？

徐学明：您的判断是非常准确的，邮储银行2007年挂牌成立以来，我们是专心、专注做三个服务：其一是城乡居民，其二是"三农"，其三是小微，可以说我们这些年来之所以取得了良好的发展，得益于我们专注零售业务。邮储银行的零售业务收入占比，在同业里是比较高的，到今年三季度零售占比达到61%。另外再给您两组数据，像邮储银行针对普惠小微贷款，也就是单户授信规模1000万元以下的贷款，余额是6400亿元，在行业里面排到第二位。另外我们涉农贷款余额达到1.26万亿元，可以说邮储银行在农村地区是金融服务的主力军。

张琳： 我们看到，邮储银行董事长张金良今天在上市仪式上说到，上市不是终章，而是一段崭新征程的开始。另外，最近我们看到各家行特别重视金融科技的发展，请问徐行长，接下来如果想给投资者更大的想象空间，我们还会在哪些方面深化转型？

徐学明： 邮储银行在 2015 年，引进了十家战略投资者。这十家战略投资者，包括蚂蚁金服和腾讯这两家国内互联网头部企业，中国人寿和中国电信两家大型央企；同时我们还引入了境外的六家机构，包括 IFC、美国的摩根大通、加拿大养老保险、欧洲的瑞士银行，以及新加坡的淡马锡和星展银行。这其中，蚂蚁金服和腾讯跟我们合作的协同性非常强，这些年来邮储银行充分发挥与大股东以及战略投资者的协同效应，大股东中国邮政集团公司拥有实物流、资金流和信息流三流合一的优势，蚂蚁金服和腾讯在互联网金融方面优势明显，我们跟它们的合作就是要打造一张O2O 的立体化金融服务网络。

"车轮战"打动海外机构投资者
——《新京报》访谈

按语： 本文原载于 2016 年 9 月 29 日《新京报》。2016 年 9 月 28 日，中国邮政储蓄银行在香港联合交易所主板成功上市，募集资金总额达 591.5 亿港元。从融资规模看，邮储银行此次发行是当年全球最大的 IPO。至此，邮储银行圆满完成"股改—引战—上市"三步走改革，正式登陆国际资本市场。作者作为上市工作执行团队负责人接受采访，介绍了上市过程，并针对社会关注的话题进行了回应。

昨日，邮储银行在香港挂牌上市。新京报记者在现场采访了邮储银行副行长兼董事会秘书徐学明，其在此次邮储银行 IPO 以及 2015 年邮储银行引入战略投资项目中担任团队执行负责人。

据徐学明介绍，邮储银行此次国际配售规模达 24.7 亿美元，为两年来在港上市金融机构中规模最大的，其中境外配售 13.6 亿美元，为六年来上市企业获得海外订单最高的。

徐学明表示，2016 年 IPO 项目正式启动后，先后进行了六轮不同规模的非交易路演。管理层马不停蹄，对于部分重要机构，更是采取"车轮战"，从董事长到行长、副行长，最多的先后见了五次。"我觉得境外的大牌机构投资者进来，是对中国经济投的信任票。"

谈香港上市
对 4.76 港元定价很满意

《新京报》：邮储银行为什么选择在香港上市？

徐学明：事实上，其他大型国有商业银行和股份制银行也都选择了在港上市。因为香港资本市场比较成熟，国际化程度高。H 股上市将能为我行引入高质量的国际机构投资者，形成多元化的股权结构，可以进一步优化银行治理机制，促进邮储银行转型发展。

《新京报》：邮储银行香港首次公开募股以每股 4.76 港元定价，靠近招股价区间低端。对这个定价，你们满意吗？

徐学明：4.76 港元的价格，看似靠近定价区间的低端，实际上，与 H 股上市银行相比，算得上"高端"了。因为现在无论是 A 股，还是 H 股，银行股的估值都不太高。特别是 H 股，大部分银行的市净率（PB）都在一倍以下，中资银行股 PB 平均在 0.8 倍左右。我行定价在 1.02 倍，已经较平均水平高出 25% 以上了。

另外，按过去的经验，一般新股发行与二级市场同类别公司股价相比，都有 10% 左右的折价。

在交易路演前，我们确定的价格区间在 4.68~5.18 港元。在当前市场情况下，投资者给出 4.76 港元这样一个价格，这充分说明投资者对我行的价值是认可的。对此，我们是非常满意的。

谈投资者结构
境外机构对中国经济投信任票

《新京报》：这次发行，"绿鞋"后规模有望达到 85 亿美元，请问投资者结构是怎样的？

徐学明： 我们的基石投资者丰富多样，涵盖"海陆空"（海：中船重工、上港集团，陆：国家电网，空：海航），以及国有资本运营公司试点企业诚通集团和资产管理公司长城资管。

从配售规模看，国际配售规模大，境外机构占比高。国际配售规模达24.7 亿美元，是两年来在港上市金融机构中规模最大的。境外机构获配售13.6 亿美元，占境内外锚定投资和香港散户投资的比例高达 55.1%，这也是近年来上市银行中获得海外订单最高的。

此外，香港公开发售受到追捧。这次香港公开发售部分 3.7 亿美元，相当于一个中等规模的 IPO 了。实际冻资 82.5 亿港元，认购倍数达 2.6 倍，这是近年来金融股发行表现最好的。

《新京报》： 这次国际配售，机构投资者众多，如何说服这些国际投资者？

徐学明： 2016 年 2 月 18 日 IPO 项目正式启动后，管理层先后进行了六轮不同规模的非交易路演。年初第一轮见投资者时，有海外机构投资者提出疑问："现在中国的银行股估值都打七折了，你们怎么还出来做路演？"但是听完管理层讲的"邮储故事"后，他们开始松动了。

几轮路演，从李国华董事长、吕家进行长、陈跃军监事长，到张学文、姚红等几位副行长马不停蹄。在境外，有的领导与机构投资者一天要进行八九场会谈。

我们跟投资者讲中国转型发展的故事，讲邮储银行差异化的投资故事，讲中国银行业的不良水平是真实的，没有像境外一些报告讲得那么离谱。我觉得境外的大牌机构投资者进来，是对中国经济投的信任票。

谈运营模式
"自营＋代理"是特色也是优势

《新京报》：邮储银行的运营模式比较特殊，银行自身有 8200 多个网点，另外 31700 多个是邮局代办的，这两类网点有什么区别？

徐学明："自营＋代理"的运营管理模式是政府和监管部门对邮储银行的特殊政策安排，它既是特色，也是优势。这一模式确保了邮储银行有一张覆盖城乡的统一完整的庞大网络以及强大的吸储能力。

自营网点办理全功能商业银行业务，代理网点根据银行授权办理存取款、结算、代收付及其他一些低风险中间业务。两者的运营成本和风险都是各自承担。代理网点吸收存款由邮储银行统一运用，银行向邮政企业支付代理费。代理费标准按市场化原则确定，其决策权在董事会关联交易委员会，委员会主席是独立董事马蔚华先生。

另外，在代理网点管理上，与自营网点实行"六统一"，包括品牌、流程、规章、产品、服务标准、IT 等。下一步，邮储银行将助力代理网点不断提高服务水平和管理能力。

《新京报》：那么，邮储银行和邮政集团管理上如何统筹？

徐学明：总的来说，邮储银行与大股东邮政集团之间的关系可以用三句话来概括，即"投资关系"，邮政集团是邮储银行第一大股东；"代理关系"，邮政企业接受银行委托办理部分银行业务；"协同关系"，双方在互利互惠的原则下开展广泛的业务合作，特别是银行可以借助中国邮政庞大的网络以及实物流、信息流、资金流"三流合一"优势，拓展银行业务，提升自身竞争力。

谈发展
加快网点转型，拥抱互联网金融

《新京报》：与其他商业银行相比，邮储银行有何投资优势？

徐学明：第一，邮储银行有良好的成长性。过去三年，净利润复合增长率达 8.4%，2016 年上半年，净利润增速也高于行业平均水平。特别是我们专注于服务城乡居民、小微企业和"三农"这三个客户群体，很好地契合了中国经济转型发展的方向。

第二，邮储银行有一张非常干净的资产负债表。2016 年 6 月底，不良贷款率为 0.78%，不到同业平均的二分之一。而且我们的关注类贷款占比仅为 1.5% 左右，是同业平均的三分之一。另外，邮储银行的拨备覆盖率保持在 280% 以上。

第三，邮储银行拥有全国乃至全球最大的分销网络和 5.13 亿人的庞大客户群体。得客户者得天下，5 亿零售客户是我们下一步健康快速发展最为宝贵的资源。

《新京报》：邮储银行依托邮政的 4 万个营业网点，形成了庞大的分销网络。但在互联网时代，邮储银行网点较多是优势还是劣势？

徐学明：互联网金融不会完全替代实体网点，但是它的确在快速分流线下业务。

着眼于此，我们正加快推进网点转型，总的目标是对网点进行分级分类管理。一方面，着力打造一批服务能力强的全功能网点；另一方面，促进网点向特色化、轻型化、小型化、智能化方向发展，提升客户体验，降低运营成本。另外，邮储银行 71% 的网点分布在县域地区，在这些地区，客户对网点的依赖程度还是比较高的。

邮储银行正在积极拥抱互联网金融。比如，大力发展电子银行业务，现在电子银行替代率已达 75%；着力打造大数据平台、云平台和农村电商平台三大互联网金融平台。2016 年前三个月，全行通过云端处理的日均交易量达 2600 万笔，占全部日均总交易量的 38%，走在了银行业的前列。

用吕家进行长的话讲，我们要打造一个线下网点最多、线上功能丰富的 O2O 的立体化金融服务网络体系。

国有大行改革的"收官"之作

——《中国邮政》杂志文章

> **按语：**对邮储银行来说，谈到改革，就不得不提到"引战＋上市"。从 2014 年启动引进战略投资者，到 2016 年成功登陆香港联交所，这段凝聚了众多邮储人拼搏与汗水的时光，在邮储银行第一个十年中留下了浓墨重彩的一笔，也让邮储银行的未来增加了更多可能。本文原载于《中国邮政》2018 年 11 月推出的《情系万家——庆祝改革开放 40 周年特刊》，作者撰文回忆了他身为引战上市工作执行团队负责人亲历的工作点滴和难忘故事。

2007 年 3 月 20 日，是农历二月初二"龙抬头"，在百万邮政人的期盼和社会各界的瞩目下，在邮政储蓄恢复开办 21 年后，中国邮政储蓄银行正式成立了。挂牌仪式很简朴，位于西便门中国邮政大楼的一层大厅，领导们掀起了银行名牌上的红盖头并发表了简短的讲话，随后便是各方来宾们三五成群、兴高采烈地拍照留念。总行挂牌后，各省（自治区、直辖市）分行也陆续挂牌组建，我担任邮储银行北京分行的首任行长。2013 年 1 月，我调入总行工作，担任副行长兼董事会秘书。"引战、上市"成为年轻的邮储银行新的工作目标，也成为我履新之后的新任务。

经过近一年的充分论证和工作准备，中国邮政集团公司党组决定启动邮储银行引战上市工作。2014 年 6 月 9 日，引战上市工作启动会召开。吕家进行长提议，"考虑到保密需要，引战上市工作就叫609项目吧"。于是我扛起了"609项目"执行团队负责人的职责。到2016年9月28日上市锣声响彻香江，邮储银行终于完成了向上市银行蜕变的"华丽转身"，其间的800多个日日夜夜、无数个通宵达旦、数不清的突发情况和快速应对，令人难以忘怀。项目组成员经常连续两三个月"连轴转""全天候"地高强度工作。在两年多的时间里，我们不断攻坚克难、团结拼搏，既有刻骨铭心的艰难时刻，更有苦尽甘来的喜悦瞬间。

回望改革之路，邮储银行的每一步跨越、每一次蝶变，无不凝聚着邮政人、邮储人的辛勤汗水与热切期盼。

阵容"豪华"的战略投资者

伴着一个世纪的风风雨雨，邮政储蓄从1919年的邮政储金汇兑业务脱胎而生，"人嫌细微、我宁繁琐；不争大利、但求稳妥"就是当时邮政储金践行普惠金融的历史写照。改革开放后的1986年，邮政储蓄恢复开办，先是为中国人民银行"代办"储蓄业务、吃2.2‰手续费，1990年改为"自办"吃利差，2003年8月新增的储蓄资金开始自主运用，2007年拿到全功能商业银行营业牌照、邮储银行正式成立，邮政储蓄"只存不贷"的历史从此改变。

资本金是一家银行最核心的资源。邮储银行组建后，随着资产类业务的快速发展，特别是随着风险权重高的资产比重不断提升，邮储银行的资本需求快速增加，资本充足率指标不断逼近监管红线。邮政集团公司和总行的决策层很快就意识到，如不尽快破题，资本金问题将成为制约邮储银行健康发展的瓶颈。邮储银行要改变单纯依靠自身造血的发展模式，借助资本市场，推动各项业务快速健康发展；要落实国务院对邮储银行深化改革的部署，"股改—引战—上市"这一"三步走"战略必须尽快落地实施。

"609项目"启动之初，我们就确定了"确保国家和集团公司对邮储银行的绝对控股地位，统筹兼顾邮银利益，坚持服务'三农'、服务中小企业、服务城乡居民的市场定位，不断完善内控机制，严格防范金融风险，实现国有资产保值增值"的基本原则，按照"精品工程""阳光工程"的标准，扎实推进各项基础工作。

按照"引资金、引智力、引机制"的目标，我们广泛接触了境内外投资者。多轮谈判谈下来，从最初的75家筛选到51家，再进一步精选到10余家投资者。最后一轮谈判时，境内外知名机构各半，正式进入最后的磋商谈判环节，整个过程着实令人难忘。最终的谈判和沟通需要根据不同投资者采取差异化策略和最大化竞争张力，从而达到最佳引战效果。这不仅需要管理层向投资者充分展示邮储银行投资亮点，打消投资者顾虑，还需要把握好谈判节奏，做到重点突破、以点带面，推动整个投资者团体的投资热情，实现估值和业务合作的双赢。

管理层的演示对邮储银行来说是"大姑娘上轿头一遭"。行领导亲自上手，带领部门负责人精心打磨演示材料；紧接着在推介上下功夫，在不到两周的时间里集中完成了20多场反向路演；随后又马不停蹄地总结潜在投资者的优劣势，对照分析自身存在的不足，寻找与邮储银行的战略协同基点及合作方向。

管理层演示的效果非常好。我们成功地使投资者认识了邮储银行已有的卓越业绩，认可了邮储银行的长期发展潜力和优势，认同了邮储银行的发展战略，可谓首战告捷。

棋至中盘，进入最艰苦的投资者问答、尽职调查和价格谈判阶段。当时，我们面临的外部条件异常艰苦：从国际上看，受新巴塞尔资本协议以及邮储银行融资体量的影响，境外商业银行已无法像十年前中国五大行引战时那样进行大规模投资，他们能够提供的合作资源也相对有限，因此，可供我方选择的优质投资者的范围也相对有限。从同业和市场看，自2010年中国农业银行上市之后，再无大型商业银行的引战和上市，而时值2015年7月初恰逢国内股市深度调整、香港市场放量下跌，加之全球经济复苏乏力，很多境内外机构对中国银行业的资产质量极为担忧。

一边是国有资产保值增值的硬约束，另一边是潜在投资者的商业诉求，如何兼顾各方面利益、找到最佳平衡点，是整个工作成败的关键，谈判工作面临极大挑战。经过充分评估，我们制定了个性化的战略合作谈判策略，本着平等互利、合作共赢的原则，与潜在投资者又进行了数轮谈判，最终确定引入10家战略投资者。

这10家明星级的战略投资者，涵盖美洲、欧洲、亚洲三家商业银行的领先者摩根大通（JPM）、瑞银（UBS）、星展银行（DBS），包括两大主权基金淡马锡（TEMASEK）、加拿大养老基金（CPPIB），还有世界银行下属的国际金融公司（IFC）、国内两大央企中国人寿和中国电信，以及两家世界知名的互联网公司蚂蚁金服和腾讯。这10家战略投资者不仅在国内外知名度高，而且与邮储银行转型发展的协同性也很强。最终，我们以差异化的投资故事、优异的资产质量赢得了他们的认可，并争取到了1.18倍PB的入股价格，同时在多个领域达成了合作意向。引战工作大功告捷，为后续的上市工作奠定了坚实的基础。

引战过程中，谈判工作一波三折。面对众多潜在投资者，管理团队需要展现出银行的良好投资价值。马拉松式的谈判，要有诚心、有耐心，要有策略、有技巧。开阔的视野、睿智的思考和建议、专业的洞察、坦诚的交流、真诚的合作意愿，每一个细节都会成为打动投资者的砝码。有人讲，管理团队是投资者心目中"企业成长故事"的灵魂，这句话不无道理。

一轮一轮地与投资者接触，也是一个交朋友的过程。回忆引战历程，很多细节历历在目：

李嘉诚基金会通过瑞银资管参与邮储银行战略投资，在与李先生接触中，我们深切地感受到一位世界级企业泰斗的谦恭。年近90高龄的老先生，会亲自到电梯门口迎接，并亲切地拉着客人的手，一直把你引到客厅沙发落座。

与腾讯的沟通交流简洁明了，双方对互联网金融合作一拍即合。记得一次去深圳腾讯大厦会谈，马化腾先生亲自出席，他的低调、睿智、专业与务实令人印象深刻。记得当时马先生腰或腿微恙，走路不太方便，但是会谈结束后，他还是坚持把我们送下楼，并目送上车。

从阿里巴巴到蚂蚁金服，对中国邮政和邮储银行庞大的网络、下沉的网点和长尾客群都非常看重，线上与线下融合是双方的共识。在与蚂蚁金服的谈判中，双方探讨更多的是业务合作。彭蕾开门见山，"谈笑间，樯橹灰飞烟灭"，阿里一姐风采尽显；井贤栋沉稳、内敛、厚重、质朴；韩歆毅的双肩背包、来去匆匆，永远一副投行仔、IT男形象。与这些互联网大咖的交流，亲切、随意、自然。高管团队的良好沟通，架起了两个企业合作的桥梁，在蚂蚁金服入股邮储银行后，中国邮政旗下中邮资本也参与了蚂蚁金服的A轮战略投资。也许，从财务角度看，中国邮政的收获更大。

时任加拿大养老保险亚太区负责人马勤（Mark Machin）能讲一口流利

的汉语，他对在中国投资情有独钟，对邮储银行投资价值高度认可。为了确保在与另外一家机构竞争中胜出，在邮政集团和邮储银行决策前，他连夜从香港飞到北京游说，当得到高层肯定答复后，马勤用一句古诗"柳暗花明又一村"来表达他的喜悦之情。

三年来，我行与战略投资者的合作结出丰硕成果——定期进行高层会晤沟通，在零售银行、公司金融、资金资管三大板块深度合作，共同推进公司治理、"三农"、小微等领域的咨询优化项目，组织举办专题培训近200场，邮储银行员工9000余人次参加交流学习，真正实现了引资、引智、引制。特别值得一提的是，摩根大通资深银行家罗伯特·利普先生（曾任摩根大通董事）已80岁高龄，他对邮储银行倾情投入，从银行成立开始就一直孜孜不倦地推进双方的战略合作。这几年，他每季度都来一次中国，为我行的信用卡、网点转型、风险管理等工作建言献策，令我们十分感动。大家都亲切地叫他的昵称"老鲍勃"，称他是"新时代的白求恩"。

邮储银行最终引战融资规模达451亿元人民币，成为中国金融企业单次规模最大的私募股权融资，也是"十二五"期间中国金融企业规模最大的股权融资，引起了社会各界的高度关注和强烈反响，为后续成功登陆资本市场提供了强有力的背书。社会媒体评论认为，这是我国经济金融体制改革框架下国有商业银行改革的一项重要成果，是全球资本对中国经济和银行业投下的信任票。作为邮储人，我们有理由感到骄傲与自豪！

紧锣密鼓备战上市

为进一步拓宽资本金补充渠道，邮储银行党委审时度势，一鼓作气，在引战工作收官之际便紧锣密鼓地启动了上市筹备工作。引战属于非公开募资，而上市属于公开募集资金活动，有诸多的既定动作和监管规则，对工作的要求更高。

上市工作的首要任务便是选聘中介机构。通过精挑细选、严格把关，最终入围的中介机构都是项目经验丰富的行业翘楚，由中金、摩根士丹利、瑞银、摩根大通、高盛、美银美林、星展银行、招商证券、花旗银行、汇丰银行等机构组成的中介团队堪称"梦之队"。据统计，从保荐机构、财务顾问、主承销商、全球协调人、簿记管理人，到审计师事务所、境内外律师事务所、评估机构、财经公关公司、印刷商、路演公司、收款银行等，共有大大小小中介机构近 50 家。可以说，协调管理好这些中介本身就是一个不小的工程。如何充分发挥各家机构的优势、确保各方齐心协力共同推进工作，都对我们的项目团队提出了更高的要求。

上市方案和节奏的把握同样非常重要。银行党委及董事会在综合分析世界经济形势、境内外市场特点以及我行融资需求的基础上，认为邮储银行应对标同业机构，选择在香港上市。因为香港资本市场的国际化程度较高，H 股上市将能为邮储银行引入高质量的国际机构投资者，形成多元化的股权结构，进一步优化银行治理机制，促进转型发展，在此基础上将来再择机回归 A 股市场。同时，我们预判 9 月末将是一个难得的上市时间窗口。但是，想在 7 个月时间里实现赴港上市是一个极其艰巨的任务。经过反复研究，邮储银行党委果断决定全力冲刺、背水一战，确保 9 月 30 日前实现上市目标。

上市是一项系统性工程，需要有序组织、缜密计划、无缝衔接和高效推进。古人说写文章有"三上"——马上、枕上、厕上，可谓是无时无刻、殚精竭虑。邮储银行上市这篇"大文章"还不止这"三上"。我们齐心协力，争分夺秒，把一天当成两天用，并行作业，半夜开会、出差路上讨论、节假日加班都是常态。特别是进入最后冲刺阶段时，工作计划更是细化到了小时，有的员工甚至连续一周在办公室熬夜。在最后的路演阶段，中国香港、美国、欧洲三路人马白天见投资者，晚上还要克服时差开会研究投资者反馈，商讨如何更好地解答投资者的问题。可以说，在整个上市进程中，我们始终处于高速、超负荷运转状态。

境内银行赴港上市，不仅要满足香港监管机构的要求，还需要通过境内监管机构的一系列审核，财政部、中国人民银行、银监会、证监会、外汇局、国务院法制办、港澳办、社保理事会，直至国务院，相关事项都要前后衔接、环环相扣。在国务院的领导下，在各部委的大力支持下，我们用了短短一个月时间便取得了所有境内批复及核准文件，为 6 月 30 日向香港交易所正式递交上市申请争取了宝贵的时间。香港交易所也给予我们大力支持，不仅在时间周期方面尽可能压缩，还给予了多项豁免，这些都对保障项目顺利推进起到了至关重要的作用。项目启动伊始，有中介机构私下跟我们管理层说，鉴于邮储银行"自营＋代理"的特殊模式以及由此带来的大规模关联交易等特殊问题，9 月上市的时间表基本无法实现。当 6 月 30 日我们成功递交上市申请后，他们很是感慨，震撼于邮储人脚踏实地、分秒必争的精神以及卓越的执行力。

准备招股说明书及各类推介材料是一项非常重要的工作，耗时耗力，既要符合固有体例和要求，又要精雕细琢、千锤百炼、精益求精、体现特色。在招股说明书准备过程中，为了赶时间，招股书工作团队春节假期都未休息，用了一个月的时间迅速完成了第一版招股书准备。在接下来 7 个多月的日日夜夜中，工作团队对长达 900 多页的中、英文版招股书反复推敲、精心打磨，先后召开了 5 次长达 3～5 天、每天早 8：30 到晚 11：00 的全封闭会议。大家一遍遍通读、一次次讨论，对几十万个数据及其表内、表间钩稽关系进行了 40 多轮的全面核对，确保万无一失。对于比较重要的投资亮点和战略部分，工作团队每次都会花几个小时讨论仅几页纸的内容，反复推敲，多次修改，充分论证。进入驻场印刷冲刺阶段后，我们整个团队更是连续熬夜奋战，最终交出了一份满意的答卷。

得益于前期大量扎实和卓有成效的工作，我们仅用时 7 个月时间，就完成了监管报批、招股书撰写、尽职调查、关联交易梳理、审计评估、市场推介等重要工作，并在短时间内通过香港交易所聆讯、启动全球发行、完成定价配售，最终实现了 9 月 28 日挂牌上市。

无数个日日夜夜的辛勤付出，终于换来丰硕的成果。在上市祝捷时，项目组很多人忍不住流下了激动的泪水。这既有成功的喜悦，更有对两年多时间高强度、高压力工作和高度紧张情绪的宣泄。现在回过头来看，我们当初的一系列决策是十分正确的。虽然上市过程艰辛，各级领导和项目组成员很苦、很累，但我们抓住了当时全球资本市场短暂和最有利的时间窗口。

讲好邮储故事，展现"自营＋代理"优势

在市场推介过程中，重中之重是打造出令人信服的差异化投资故事，特别是作为一家扎根本土、专注于服务"三农"、服务城乡居民、服务中小微企业的金融机构而言，外界对邮储银行还比较陌生。结合路演与投资人的多场交流，管理层反复讨论，最终提炼确立了邮储银行的三大特点和两大优势，即差异化的战略定位、独特的运营模式、雄厚的资金实力以及

资产质量优、成长潜力大——我们称为"3+2"差异化投资故事。

当时，监管机构和投资者最为关注的是邮银关系以及关联交易问题。"自营＋代理"的模式是政府和监管部门对邮储银行的特殊政策安排，它既是特色，也是优势。这一模式确保了邮储银行有一张覆盖城乡、统一完整的庞大网络以及强大的吸储能力。自营网点办理全功能商业银行业务，代理网点则根据银行授权办理存取款、结算、代收付及其他一些低风险中间业务。两者的运营成本和风险都是各自承担。代理网点吸收的存款由邮储银行统一运用，邮储银行向邮政企业支付代理费。代理费标准按市场化原则确定，其决策权在董事会。另外，在对代理网点管理上，与银行的自营网点一样，实行品牌、流程、规章、产品、服务标准、IT"六统一"。这一模式是邮储银行有别于其他大型商业银行的最大特色，得到了国家政策的长期支持，是邮储银行业务发展和邮政企业稳定的基石。正是由于邮银之间的紧密关系，双方之间的关联交易类别多、金额大，这些数据必须真实披露。由于直接关系到邮储银行经营的稳定性和投资者的切身利益，关联交易的定价安排及相关调整机制成为香港联交所和境内外投资者最为关注的问题。如何做好妥善安排，既涉及邮银双方长期的稳定发展，也关系到资本市场能否认可。

针对这个重点、难点问题，在集团公司党组、邮储银行党委的领导下，在引战阶段我们即成立了由邮政集团和邮储银行相关部门组成的关联交易定价小组。上市启动初期，我们与联交所积极沟通，特别就储蓄代理费一事争取认可，联交所理解了我行储蓄代理费的定价现状，但同时坚持要求建立定价调整机制，以保护中小股东的利益，这对我们来说又是一个全新的挑战。

在国内外没有先例可循的情况下，我们项目组在连续两个多月的时间内连轴转，白天拿出一版思路，晚上组织讨论。经过反复测算、推理和论证，项目组最终建立了一套各方都可接受和认可的费用调整机制和定价决策机制，以法务条款的形式写入代理框架协议和招股说明书，接受资本市场的检验。新的机制保护了集团公司、邮储银行以及未来投资者等多方的利益，满足了香港交易所的上市规则要求，攻克了上市进程中的又一大难题。

香港交易所对关联交易尤为关注，邮储银行多次赴港进行专题沟通。在这个过程中，还有一个小插曲——有一次，总行分管关联交易的姚红副行长带领项目组赶早班飞机从北京赴港沟通，却因为天气原因在机场滞留了5个小时之久，大家心急如焚，所幸有惊无险，经多方协调沟通，这班赴港飞机插队提前起飞，最终确保了在当天下午预定时间及时赶到，沟通达到了预期效果。

上市锣声响彻香江

邮储银行股票发行是在资本市场相对低迷情况下的一次大规模发行，股票销售工作是重点也是难点。此前两年香港市场鲜有超过百亿港元的新股发行，而邮储银行融资规模又是近600亿港元，这对整个市场的承受能力都提出了很高要求。

项目启动之初，我们就制订了一套行之有效的推介方案，管理层也是不分昼夜，高频次、大范围地与全球各类投资者接触。在正式路演前我们就进行了5轮非交易路演，与国际国内知名投资者进行了近300场一对一会议和数次多机构参加的团体会议，覆盖了超过500家投资者，为后续股票发行工作奠定了坚实基础。我记得，第一轮在美国华尔街见投资者时，有海外机构投资者就提出疑问："现在中国的银行股估值都打七折了，你们怎么还出来作路演？"当听完管理层讲的"邮储故事"后，他们的态度发生了转变。在紧凑、高效的管理层路演过程中，我们举办了6场大中型午餐会和近60场一对一会议，覆盖了全球284家主要的机构投资者。路演既考验智力，更考验体力，一天7～9场活动（早餐会、上午两场一对一会谈、午餐会、下午2～3场一对一，最后还有晚餐会，甚至晚餐后还要见一拨投资者），连续讲演与交流，令人极度疲惫，有的同事在桌旁坐着就睡着了。对于部分重要机构，我们更是采取"车轮战"，甚至先后面谈四五次。一路下来，对于各种核心问题和重要数据，不同的行领导几乎可以分毫不差地给出相同的解答，可谓做到了烂熟于心。除了管理层的不懈努力，我们还通过投行力量，向更多投资者推介邮储银行。功夫不负有心人，股票最终定价充分反映了投资者对我行投资故事的认可。我觉得，境外大牌机构投资者进来，是对中国未来的经济前景投的信任票、对中国银行业投的信任票，这对最终的股票定价起到积极作用。

簿记第一天，我们就收到了38亿美元的机构锚定订单。特别令人振奋的是，在我们一对一沟通的投资者中，超过74%的机构下了订单（其中的87%来自欧美地区），这是他们为邮储银行上市用真金白银投出的赞成票，而这在此前多年的大型金融股IPO中实属罕见。国际配售部分获得了近5倍的超额认购，同时，香港公开发售也获得了投资者的积极反馈，录得1.6倍超额认购，创下境内大型银行赴港上市新纪录。

确定发行价格的过程同样紧张、难忘。我清晰地记得，分析师全球预路演于9月5日启动，9月8日总行经营班子就连夜开会讨论，根据预路演反馈信息，最终确定了 4.6 ~ 5.18 港元的股票发行价格区间。管理层路演和全球发售结束后，根据簿记认购及资本市场情况，经过反复深入的论证，在资本市场大幅震荡的背景下，基于对市场和需求的精准判断，我们"分厘必争"，最终以每股 4.76 港元定价。看似定价于区间的低端，实则已属于近年来港股中估值最高的大型银行股。当时港股的中资银行股 PB 区间位于 0.66 ~ 0.83 倍，我们的定价相当于 1.02 倍 PB，溢价超过 25%，说明投资者对邮储银行独特价值、战略优势的充分认可和坚定信心，也意味着对中国经济长期发展潜力的认可。

邮储银行 H 股 IPO 募资总额达到 591.5 亿港元，创造了 2015 年至上市当时全球最大的 IPO，也是 2011 年至上市当时 H 股最大的 IPO、H 股历史上第七大 IPO。邮储银行这一国有大行上市的"收官"之作可谓十分亮丽！

9 月 28 日，金秋的香港和风习习，到处翠绿绽放。早晨 8：30，香港中环的香港交易所楼外马路上车水马龙，门前人头攒动。为见证一个重要的历史时刻，香港经济、金融界的重量级人士悉数到场，其中包括香港特别行政区财政司司长曾俊华、财经事务与库务局局长陈家强、证监会主席唐家成、港交所主席周松岗、联交所行政总裁李小加以及中央驻港机构的负责人、内地政府及监管机构负责人、战略投资者和基石投资者、中介机构代表，还有集团公司领导、邮储银行董监高主要成员等。香港交易所大厅洋溢着节日气氛。9 点 29 分 50 秒，随着司仪大声喊出"10，9，8，…3，2，1"倒计时后，9 点 30 分，锣声响起，港交所变成沸腾的海洋！

尽管邮储银行上市工作时间紧、任务重、挑战大，但最终能够顺利完成，打破了资本市场的一系列纪录，得益于国家和相关部委的关心和支持，得益于几代邮政人、邮储人的不懈努力奋斗，得益于邮储银行差异化的投资故事、优异的经营业绩和干净的资产负债表，还得益于项目团队出色的执行力。身在其中，我深切体会和感受到了邮储干部员工坚定不移的信念、众志成城的力量以及每个人的热血与活力、勤奋与缜密、敬业与奉献。

上市以来，邮储银行履行承诺，向投资者交出了满意的答卷。服务实体经济、服务国家战略、助力打赢"三大攻坚战"成绩卓著，2017 年和 2018 年上半年，营业收入、利润增长在上市银行中持续领先，特别是信贷资产不良率一直保持在同业 50% 左右的水平。

自 1986 年恢复开办至今，中国邮政储蓄已走过 32 年历程。三十多年来，邮政金融事业的孕育、发展、壮大，无不伴随着中国改革开放的进程，而邮储银行的改革路径和模式更是成为世界邮政金融改革的标杆。我作为一名邮储老兵，亲历其中，何其有幸！目前，在邮储银行党委和董事会的领导下，我们又启动了回归 A 股的进程。

展望未来，邮储银行已进入第二个十年，中国邮政集团公司新一届党组又吹响了深化改革的号角。站在新的历史起点，邮储人将不忘初心，牢记使命，更加紧密地团结在以习近平同志为核心的党中央周围，深入贯彻党的十九大精神，为把邮储银行建成一流大型零售商业银行的目标继续努力，为建设世界一流邮政企业作出新的贡献！

深化机构改革　打造"流程银行"
——《中国邮政报》访谈

按语：本文原载于 2013 年 5 月 16 日《中国邮政报》。邮储银行完成股份制改造后，于 2013 年进行了成立以来最大的一次机构、人员调整，并于 3 月初步完成总行机构改革工作，引起了广泛关注。挂牌六年后，面对新形势、新问题，邮储银行提早进行战略布局，着眼于向全功能商业银行转型发展，力求实现赶超和跨越。《中国邮政报》对作者进行了专访，访谈全面介绍了机构改革的基本情况。

今年 3 月，邮储银行初步完成总行机构改革工作，目前已平稳运行近两个月时间。这次改革涉及面广、力度大、意义深远，受到广泛关注。为此，记者采访了邮储银行副行长、董事会秘书徐学明，请其全面介绍改革的基本情况，以飨读者。

完善法人治理结构，调整优化机构设置，就是集团公司领导和邮储银行董事会下的一招"先手棋"

《中国邮政报》：作为邮储银行挂牌 6 周年的重要标志，总行完成了成立以来最大的一次机构、人员调整，引起了广泛关注。在此之前，董事会、监事会和经营管理层的人员补充调整工作相继完成，如此密集的调整对邮储银行来说，意味着什么？

徐学明：邮储银行在完成股份制改造工作后，相继成立了股东大会、董事会和监事会，今年年初，完成了董事会、监事会以及经营管理层人员的补充调整，补充人员呈现多元化的特点，更多来自监管和财政的人员进入到决策及管理层。随后，又开展了成立以来规模最大的一次总部机构和人员调整工作。这一系列改革的目的，一是进一步规范"三会一层"运作机制，完善公司治理；二是要打造一个强有力的总部，促进邮储银行建立起更加科学高效的决策、执行和监督机制；三是推进邮储银行由"部门银行"向"流程银行"转变；四是着眼于邮储银行向全功能商业银行转型发展，提早进行战略布局。

当前，邮储银行正面临着前所未有的内外部经营形势。经济增长将由两位数以上的高速增长向 6%~8% 的中速增长转变，转方式、调结构、城镇化等给邮储银行带来新的机遇与挑战。同时，利率市场化、金融脱媒、新资本管理办法实施、移动支付等因素，将促使银行走下高利润、高增长、高息差的"三高"发展轨道，且单纯依靠规模扩张的路子也不可持续了。面对新形势、新问题，作为刚刚组建六年的邮储银行，必须直面挑战，发挥优势，扬长补短，唯此，才能实现赶超和跨越。完善法人治理结构，调整优化机构设置，就是集团公司领导和邮储银行董事会下的一招"先手棋"。

《中国邮政报》：大家都很关心邮储银行的改革发展，特别是今年以来的机构、人员调整，请问这次调整的特点是什么？其中的关键变化在哪里？

徐学明：邮储银行有着独一无二的"自营＋代理"经营模式，拥有 3.9 万个网点，超过 5 万亿元资产，资产规模居全国银行业第七位。组建 6 年来，邮储银行通过深化改革，加快发展，不断拓展新的业务领域，全功能大型零售商业银行已初具雏形。为了适应新形势下邮储银行转型发展的需要，总行党委高瞻远瞩，明确提出要通过深化组织机构改革，实施"强总行"战略，构建"流程银行"格局，推进以客户为中心的经营模式落地生根。2012 年 7 月，正式启动全行组织机构改革工作，到今年 3 月，历经近9 个月时间，总部层面机构改革基本完成。

这次机构改革的总体思路：贯彻、推动大型零售商业银行战略，兼顾前瞻性和现实性，按照"精简高效"的原则，构建符合商业银行运行规律、体现邮储银行特色的组织架构；按照监管和内控要求，实行前中后台分离，健全完善风险管理体系；坚持"以客户为中心"，调整纵横机构间的功能定位和职责，优化业务流程，打造流程银行。在工作安排上做到统筹兼顾，整体规划，分步实施。

改革的主要内容是对组织结构进行完善、调整和优化，包括：完善"三会一层"的公司治理结构；增强各业务、职能板块的内部沟通、协调与决策能力，设立相关委员会；实施零售银行战略，坚持"强小抓大"；以客户为中心，充实营销及产品部门，提高业务营运能力；突出前、中、后台分离，体现部门制衡，增强风险管理能力。

其中的关键变化主要包括以下五个方面：

一是推进"强总部"战略。设立了董事会办公室、监事会办公室，以及董事会、监事会层面各相关委员会；高级管理层议事决策委员会也从原来的 3 个调整为 6 个。总行内设部门从 21 个调整为 29 个，同时下设 7 个二级部。

二是凸显邮储银行特色。这次调整，高级管理层增设了业务与产品创新管理委员会、"三农"金融服务管理委员会，加强了产品研发、创新职能；调整设立了小企业金融部、"三农"金融部（小额贷款业务部）、消费信贷部和电子银行部，突出我行坚持零售银行的业务发展战略。同时，新增设立了金融市场部和金融同业部，以积极应对利率市场化、金融脱媒、资金价格下行、综合化经营对邮储银行的影响，使总部集中运作的2.7万亿元资金，通过实施金融创新、加强同业合作实现"深加工""粗粮细作"，让来之不易的资金卖出好价钱，以体现我们这家银行"批发银行"的特点，支持服务"自营＋代理"独特经营模式，真正把特色变为优势。

三是立足于"以客户为中心"。这次机构调整中，在部门设置上，改变了过去根据业务种类设置部门的方式，分别按照"零售、公司、同业"三类客户条线来调整设置前台部门，以实现对客户的精细化服务，实现客户价值最大化。

四是实现部门间的有效制衡。我们将原来前台业务管理和中台风险管理职能存在交叉的部门进行拆分，并对相关职能进行整合优化。如原资金营运部拆分为资产负债部和相关金融市场及同业业务部门；原信贷管理部拆分为授信管理部和三个零售信贷业务管理部门。此外，还单独成立采购管理部，做到采用分离。

五是提升精细化管理水平。通过改革，确立了资产负债、人力资源、财务管理在银行发展中核心资源配置部门的定位；突出了科技支撑作用；强化了会计与营运部门纵向管理职能；通过设立战略发展部，着力提升战略研究和品牌管理水平；将原合署办公的风险管理、法律与合规、资产保全职能进行分设，进一步加强了风险管理、内控合规和资产保全等工作。

同时，总行党委经过慎重研究，决定结合这次机构调整，加大干部的轮岗交流力度，包括纵向交流以及横向的前中后台部门之间的交流。本次机构调整中涉及的总行部门领导正副职及省分行领导正副职人数达71人，其中总行部门副总经理以上干部，仅5人未作岗位调整，另从基层选调11位同志担任总行部门主要负责人。近一个时期以来，还对18个省市分行的"一把手"进行了轮岗交流。

分支行的改革，主要是进行局部调整和理顺，而且还要充分考虑东、中、西部以及省行与城市行之间的差异性。在深化机构改革的同时，省市分行还要加快推进中后台上收工作，加大集中管理力度

《中国邮政报》：从机构设置中我们看到了精细化与专业化，这种设置是否与当今主流的银行机构设置进行了对接？能否简要介绍一下决策过程？

徐学明：在这次机构改革方案的制订过程中，我们充分研究、借鉴了商业银行的机构发展历史和通行做法，并结合邮储银行的发展战略、发展阶段、人力资源现状等，明晰了邮储银行机构发展的目标和机构管理的思路。应该说，在机构改革的思路和具体方案设计上，做到了与当今主流商业银行的对接，包括确立以客户为中心，打造流程银行，实行前中后台分离，加强风控管理等理念；突出前台营销服务职能；理顺总行各部门间的职责关系；逐步实现"扁平化"管理等。

这次机构改革，充分体现了科学决策、民主决策、慎重决策的特点。从去年下半年开始，我们对总行原有21个部门的正副职，开展了两轮访谈；书面征求了9家一级分行对于机构改革的意见建议；李国华董事长于去年9月在西安、10月在长沙先后两次亲自组织并主持机构工作研讨会，听取了全国近半数省分行行长和部分省分行副行长、地市分行行长的意见和建议；11月，总行又聘请了专业咨询公司，开展机构改革咨询工作；春节后，初步出台的方案在总行部门层面又经历了"三上三下"征求意见的过程。

在工作推进过程中，吕家进行长先后 6 次组织召开行长办公会、座谈会、协调会，及时解决改革中出现的问题。应该说，最终出台的改革方案是集体智慧的结晶，是民主集中的成果，是科学精神的产物。

《中国邮政报》：对这次机构调整，期望达到什么效果？后续还要做哪些工作？

徐学明：这次机构改革，主要是为了进一步提高精细化管理水平，明晰部门之间的职责，增强风险管控能力，提升业务创新和服务客户能力。在改革过程中，我们坚持"实事求是、循序渐进"的原则，一步一个脚印，扎扎实实做好各项工作，以达到良好的预期效果。当前，总行已着手考虑机构改革优化调整阶段的工作，包括进一步明确总行各相关部门之间、总分行之间的事权关系和职责分工，建立健全部门之间的工作协调机制；按照适度从紧的原则，细化并分步实施部门内设处室调整工作；进一步梳理主要业务制度和流程，编制工作流程图；修订完善授权管理体系，以充分体现"有权必有责，责权相匹配"的原则；拟订各专门委员会的运行模式和议事规则；研究确定各部门中期编制规划等。

《中国邮政报》：总行机关的调整受到广泛关注，大家想知道，各地分行是否也要跟着对接？总行、分行的衔接将怎样进行？

徐学明：这次机构改革工作，总体原则是"统筹兼顾，整体规划，分步实施"。总行的改革是全行机构改革的重点，通过完善总行层面机构设置，达到"强总部"战略目标要求，提升总部对全网的支撑力、服务力和管控能力。这次改革先从总行层面开始破题，下一步还有一个细化、完善、优化的过程。目前，总行的改革已经基本到位，正在进行相关的调整和优化工作，接下来即将启动分支机构的调整，将按照"局部试点、全面推广"

的方式进行。在内设机构设置的考虑上，将继续按照"扁平化"和精简高效的原则来开展，上级行与下级行之间不要求部门设置一一对应。基层分支行主要工作就是开发市场，维护客户。越往基层，部门越应精简，调整的也会相对少一些。因此，这次分支行的改革，主要是进行局部调整和理顺，而且还要充分考虑东、中、西部以及省行与城市行之间的差异性。在深化机构改革的同时，省市分行还要加快推进中后台上收工作，加大集中管理力度。

定位于零售战略的邮储银行下一步能否保持优势，关键在于产品、技术、服务、客户的升级换代，我们要有效整合内部资源，推进交叉销售，要积极跟踪同业，加快产品创新步伐，力争通过零售业务升级，保持"领先半步"的优势

《中国邮政报》：今年是新管理层正式上任的第一年，面临着如何开好局、起好步的问题。调整机构、理顺组织管理体系是新管理层施政的第一步，下一步，邮储银行将重点向哪方面发力？

徐学明：关于2013年全年工作重心，在年初工作会上，总行已作出安排部署。如果要概括的话，将主要从以下几个方面发力。

要坚持"零售业务升级，公司业务拓展，金融市场业务创新，电子银行业务优先"的发展战略，实现健康发展。

定位决定成败。定位于零售战略的邮储银行，下一步能否保持优势，关键在于产品、技术、服务、客户的升级换代，我们要有效整合内部资源，推进交叉销售，要积极跟踪同业，加快产品创新步伐，力争通过零售业务升级，保持"领先半步"的优势。当前，尤其要在零售信贷创新和财富管理方面进行大胆探索。

公司业务是我们的短板，要以资金归集结算、现金管理、综合授信、债券承销、批零联动、本外币联动、全网联动等手段加快渗入步伐，不断提高为机构和企业客户服务的能力，拉长向成熟商业银行转型的"短板"。

在金融市场资金面持续宽松的环境下，作为资金批发大户，如何提高议价能力和精细化管理水平，是摆在我们面前的一个重要课题。要加大产品创新力度，不断深化同业合作模式，提高邮储银行在金融市场的话语权。要扩大对中小金融机构授信覆盖面，提高同业授信额度，今年要重点在受益权、资产管理计划、同业福费廷、信用债等方面发力，逐步实现资金运作模式由单一到多元、由简单到复杂的转变，通过适度调整风险容忍度，逐步提高资金运用收益水平。同时，要坚持总分联动，进一步提高分行层面参与金融市场的积极性和工作能力。

现在大家都在热议阿里金融的话题，的确，互联网正以其自身优势为传统产业带来一场革命性的影响，对此，我们必须积极应对，主动出击。

一是要不断提高电子银行对窗口业务的替代率，同时要积极跟踪互联网金融发展方向。

二是坚持勤俭办银行，走内涵式发展之路。银行业最好的日子已经过去了，需要我们有过紧日子，甚至苦日子的准备。依托庞大的网络和"自营＋代理"的特色，就要求我们必须转变发展方式，走低成本扩张、低资本消耗发展之路。坚持勤俭办银行，降低成本收入比，提高人均经济增加值和经济资本回报率，将是邮储银行今后一项长期策略。

三是有效管控风险。风控管理水平决定经营半径，我们要始终坚持审慎经营和"适度风险，适度回报"的理念，牢固树立风险意识，增强全行上下的风险管理能力，处理好发展速度与资产质量、规模扩张与资本约束、短期盈利与后期风险损失的关系，实现发展与风控的平衡匹配。近期，尤其要重点关注小贷信用风险，要切实防范区域性和系统性风险，严控发生重大案件。

四是推进代理金融转型发展。"自营＋代理"不仅是政府给予我们的一项特殊政策，也叠加了银行品牌和邮政网络优势，我们要继续毫不动摇地珍惜并维护好这一模式，加强邮银的协调配合，让网络优势真正得到全面发挥，把邮储银行打造成为一家有特色的零售商业银行。

积极推进资管业务转型
全力支持实体经济发展
——银保监会例行新闻发布会问答

按语：2018 年以来，资管新规、理财新规和理财子公司管理办法相继出台，对金融机构资产管理业务进行了顶层制度设计，开启了资产管理业务健康发展、服务实体经济的新时代。

2019 年 6 月 6 日，邮储银行以"积极推进资管业务转型，全力支持实体经济发展"为主题，依托银保监会例行新闻发布会平台，举办新闻发布会。作者作为发布人，在发布会上介绍了邮储银行通过理财业务服务实体经济、服务百姓的情况以及推进资管业务转型发展的计划，并回答了媒体记者的提问。

欢迎各位媒体记者朋友参加本次中国邮政储蓄银行新闻发布会。借此机会，我谨代表邮储银行，代表张金良董事长，对媒体朋友及社会各界长期以来对我行的关心支持表示衷心感谢！今天，我行发布的主题是"积极推进资管业务转型，全力支持实体经济发展"。

下面，我主要介绍两个方面的内容：

一、坚持"两个服务"，理财业务稳健发展

邮储银行定位于服务"三农"、城乡居民和中小企业，始终秉承普惠

金融理念，致力于为中国经济转型中最具活力的客户群体提供服务。目前，邮储银行正在加快推进转型发展步伐。张金良董事长强调，邮储银行要充分发挥自身资源禀赋优势，加大对实体经济支持力度，深入推进特色化、综合化、轻型化、智能化、集约化"五化"转型，要致力于打造成为一家有特色的大型零售商业银行。

资产管理机构是金融市场的重要组成部分，银行理财的作用举足轻重，在满足居民财富管理需求、支持实体经济发展、优化社会融资结构等方面发挥着重要作用。作为普惠金融的倡导者和积极践行者，邮储银行对这项业务高度重视。2007年，我行获准开办理财业务，2008年正式发行理财产品。12年来，经历债券市场、股票市场的周期波动，邮储银行理财业务的投资、产品、运营、风控等能力得到全面提升。截至2019年5月末，我行理财产品余额达8433亿元。

在理财业务经营实践中，邮储银行始终坚持"两个服务"：一是坚持服务实体经济。充分发挥理财业务直接融资功能，通过债权、股权等多种方式为企业提供全生命周期投融资服务，为国家重大战略和民生工程贡献力量，为战略性新兴产业注入新动能，激发民营企业活力，降低企业融资成本。近3年，我行理财资金支持民营企业累计投放超过1000亿元。二是坚持服务百姓大众。邮储银行拥有近4万个网点和5.87亿个人客户，70%以上的网点分布在县域地区，我们依托庞大的网络优势，积极践行普惠金融理念，为广大县域和农村地区客户增加财产性收入发挥了重要作用。

为做好"两个服务"，我们始终践行稳健经营理念，在产品端，坚持把合适的产品卖给合适的客户，为客户提供收益稳健的低风险理财产品，并充分做好信息披露；在资产端，把理财业务纳入全行统一风险管理体系，坚持资产轮动和分散投资理念，坚持稳健低波动的投资策略。我行两次荣获中国银行业协会颁发的"中国银行业理财机构最佳风控奖"。

经过十余年的探索实践，邮储银行理财业务呈现"三高"发展特点：一是零售客户占比高，体现出普惠特征。近 3 年，服务零售理财客户 2300 万户，年均复合增长率 28%；截至 2019 年 5 月末，零售客户理财规模达到 7840 亿元，占理财总规模的比重为 93%。二是县域地区客户占比高，体现出与其他国有大行的良好互补关系。2018 年，我行个人理财销量 1.63 万亿元，其中县域及以下地区占比 58%。三是标准化资产投资占比高，转型压力相对较小。截至 2019 年 5 月末，理财资金投向债券等标准化资产规模 7417 亿元，占比 84%。

二、加快推进转型，积极筹建理财子公司

2018 年以来，资管新规、理财新规和理财子公司管理办法相继出台。邮储银行充分认识到资管业务转型发展的重要意义，坚决落实党中央、国务院决策部署，积极按照监管要求推进转型发展各项工作。

一是加快推进业务转型。我行坚持规范先行、平稳过渡、严控风险的总体原则，狠抓产品转型、销售转型、存量非标资产化解和风险管理转型等重点、难点工作。同时，针对客户关注度高的打破刚性兑付和理财业务净值化趋势，综合运用多种途径开展投资者教育，强化投资者适当性管理，保护投资者合法权益。截至 5 月末，全行净值型产品占比已达 17.3%。

二是积极筹建理财子公司。我行按照理财子公司人员、业务、系统与母行分离的原则，着手开展筹建工作，重点聚焦系统建设和专业人才补充。特别是在系统建设方面，通过重塑业务流程、提升科技赋能、突出多场景

应用，力争将理财子公司IT系统打造为集产品管理、投资管理、销售管理、客户服务、嵌入式风控、智能运行于一体的国内领先的资管业务平台。同时，按市场化机制招聘近百名专业人才，近期将陆续到位。

近日，监管部门正式批复邮储银行理财子公司的筹建申请。我行对理财子公司未来发展寄予厚望。下一步，理财子公司将坚守"受人之托，代人理财"的发展本源，进一步助力邮储银行打造有特色的大型零售商业银行，为城市社区和县域地区广大客户提供收益稳健、风险可控的理财服务。我们将充分发挥机构投资人的专业优势，打通直接融资和间接融资两个通道，把客户投资需求与实体经济融资需求紧密联系在一起，推动理财资金与资本市场有效对接，助力多层次资本市场建设，服务金融供给侧结构性改革，为推动经济高质量发展、建设创新型国家贡献新的力量。

附：

< < < < < < <　　**媒体问答实录**　　> > > > > > >

《经济日报》记者：有一个问题给徐行长。现在六大行的理财子公司已经全部批筹，建行、工行已经正式开业。相比其他五大行，邮储银行起步相对较晚，您认为邮储银行的理财子公司有哪些优势？能否后来居上？

徐学明：的确，和其他五家大行相比，邮储银行成立的时间比较短，我们是2007年拿到的全功能商业银行牌照，开展理财业务、正式发行理财产品是2008年。但是，邮储银行在发展理财业务上，有独特的优势。这些年，回过头来看，我们搞理财业务这10多年的时间，发展速度快、成长空间大、后发优势明显。具体有以下几个特点：

一是邮储银行具有遍布城乡的网络和庞大的客户群体。现在邮储银行有近 4 万个网点，网点的总数超过中国银行业的六分之一。截至 5 月底，我们有 5.87 亿的个人客户，这是什么概念？超过中国人口的三分之一。目前，我们的 AUM（零售客户总资产）达到 9.91 万亿元，零售业务收入占比 62.6%。这个数据在中国银行业里面也是比较高的。一般来说，银行业有一个观点，得零售者得天下。我觉得邮储银行凭借强大的网络优势和客户资源优势，未来理财业务的发展潜力还是比较大的。

二是邮储银行客户价值的提升空间比较大。刚才我讲我们有近 4 万个网点，这 4 万个网点，给记者朋友报告一下，70% 都是分布在县域地区。大家知道在中国哪个地区最具活力？我觉得县域地区最具发展活力。相应地，县域地区客户的价值成长空间也是比较大的。我给大家算一组数据，是一组假设的数据：我们 5.87 亿的客户，如果说每人买 1000 元的理财产品，5.87 亿是个什么概念？就是 5870 亿元。如果一个人买 2000 元，就会超过 1 万亿元。实际上我个人的判断，作为普通客户来讲，拿出一两千块钱买理财产品，我觉得这不是太大的难题。从这个角度来看，我们的客户未来成长空间是比较大的。我看了一下同业的数据，一般大行的理财占个人储蓄存款规模的 20%~30%，有的股份制银行超过 50%，甚至超过 100%，我们是 10% 出头。下一步拓展客户拼什么？拼服务、拼产品，谁的服务好、谁的产品丰富，客户就会选择谁。从客户成长价值的角度来看，邮储银行这 5.87 亿的客户极具成长潜力。

三是邮政储蓄有百年的品牌积淀。刚才说，我们是一家年轻的银行，有 12 年的时间。但往前追溯，实际上我们有百年的历史，现在的邮储银行是脱胎于 1919 年的邮政储金。20 世纪 30 年代，邮政办理金融业务的部门叫作邮政储金汇业局，我的印象非常深，有四句话叫"人嫌细微，我宁繁琐；不争大利，但求稳妥"，当时提出这个理念和口号，我觉得和现在倡导的普惠金融理念是非常契合的。

四是邮储银行与战略投资者有非常好的协同优势。我们引进了10家战略投资者，其中，境外6家、境内4家。其中，境外这6家中有的既是投行又是商行，像JP摩根、瑞银、星展银行，它们在资产管理领域，在世界上都是领先的。国内的蚂蚁金服、腾讯也是我们的合作伙伴。这些机构对邮储银行成立理财子公司表现出了非常浓厚的兴趣。

五是邮储银行有良好的风控管理。大家知道邮储银行有一张非常干净的资产负债表。到2019年3月末，我们的不良贷款率是0.83%，拨备覆盖率是363.17%，不良率不到行业平均值的一半，拨备覆盖率远高于行业平均水平，我们的理财业务也是秉持了邮储银行这些比较好的风险管理理念，一直坚持稳健经营。从以上几个方面来看，邮储银行理财业务有后发优势，我觉得也不排除后来居上。

《中国保险报》记者：徐行长刚才提到了在理财业务经营实践中，理财业务发挥直接融资功能服务实体经济。我想请问一下邮储银行理财资金主要投向哪些领域？

徐学明：我一直有一个观点，我觉得理财是一手托两端，一方面是服务百姓大众，另一方面是支持实体经济。这些年来，我们很好地平衡处理好了两者之间的关系。可以说一直是坚持稳健经营的理念，形成了多样化的资产配置格局。邮储银行理财资金的配置投向主要体现为以下三个特点：

一是我们在大类资产配置上，债券类资产占比比较高，权益类资产占比相对来说比较低。这里给大家汇报一组数据，到目前为止，我们管理的资产中债券类资产占比 70%，非标债权资产占 11%，存款及其他可投资产占 5%，权益类占 4%，另外，流动性资产占 10%。这组数据中，债券类和权益类资产占比，一个是 70%，一个是 4%。银行做债权投资有天然的优势，这是我们的强项，今后我们依然会坚守这些优势，做好债权类投资。同时，我感觉下一步在权益类资产的配置上，我们也有比较大的提升空间。特别是可以投上市公司再融资、未上市企业的私募股权。另外，同基金券商合作，以 MOM（管理人的管理人基金）和 FOF（专门投资于其他证券投资基金的基金）的方式参与资本市场。我有一个观点，我觉得下一步理财参与资本市场可能会是一个渐进的过程。

二是为企业直接融资提供全方位的支持和服务。通过公司债、企业债、短融、中票、ABS（资产证券化）等多种融资工具给企业提供融资支持，我们给大量企业提供全方位的融资支持，服务的客户涵盖了 1800 多家企业，投资余额 3990 亿元。投资 ABS 等证券化类的资产 2230 亿元。

三是着力扶持战略性新兴产业和民营企业。这些年来，我们通过产业投资基金、并购基金、股权投资等创新形式，投资于新能源、高端装备制造、5G、生物医药等战略性新兴产业。近 3 年，我行理财资金支持民营企业累计投放超过 1000 亿元。

中央广播电视总台央广经济之声记者：徐行长，资管新规落地以后，银行理财和其他的资管公司同台竞技。您认为银行理财子公司未来的发展前景如何？

徐学明：第一，银行理财子公司前景广阔。我用一组数据来说明。一个是目前我们中等收入群体已经超过 4 亿人。未来，伴随着经济发展，中等收入群体的规模还会进一步扩大。但这些年，中国在大资管行业出现了一个矛盾，大众对于财富管理投资的渴求和机构管理能力之间是不相匹配的，或者说管理能力滞后于大众的投资需求。从这个角度来看，整个中国大资管行业未来的发展趋势可以说是持续向好的，是非常乐观的，未来的成长空间非常大，这将给银行、证券、保险、公募基金、信托等各类资管机构提供广阔的施展舞台。

还有一组数据，截至 2018 年，全球资产管理规模超过 80 万亿美元。在 80 万亿美元资产管理规模里面，排前 20 位的一半以上都是银行系的子公司。这是从国际数据来看。再从国内的数据来看，2018 年，中国个人可投资金融资产总额是 147 万亿元。我们大资管整个行业大体上的数据是 124 万亿元。剔除通道因素，也有 70 万亿元左右。在这里面，银行系是 32 万亿元，银行的表外是 22 万亿元。再看整个中国银行业的资产规模是多大呢？270 万亿元！270 万亿元对 32 万亿元，两者之间是什么概念呢？9∶1 的关系。我们回过头来看美国，美国的银行资产规模和它的资产管理规模，类似于我们的理财，几乎旗鼓相当。从这个角度来看，未来的市场空间非常广阔，下一步银行系理财子公司大有可为。

第二，我觉得银行的比较优势是较为明显的。相比其他系的资管子公司，银行的客户数量庞大，比如邮储银行零售客户数量是 5.87 亿户。我们渠道广泛，拿邮储银行来说，拥有近 4 万个网点。此外，我们板块之间可以协同，资管条线和个金条线、大零售条线和公司板块条线可以互动，可以做联动。

我想跟大家分享一个观点，中国银行业管理的存贷款做得很好。但是，我们银行系过往这些年的理财业务发展，至少规模上，跟银行管理资产规模是不太相匹配的，这意味着有比较大的提升空间。

我还有一个观点，现在中央提出来要加快推进金融供给侧结构性改革。这里有很多的目标诉求，我个人的理解，最重要的诉求之一就是要调整融资结构，降间接融资、降杠杆，提高直接融资占比。在金融供给侧结构性改革的进程中，作为商业银行，我们自己也在考虑如何抓住机遇，如何加快推进自身的转型发展，更好地服务实体经济？我觉得今后商业银行应该是"三驾马车"并驾齐驱，即"商行＋投行＋资管"。过去我们讲表内表外，现在对银行来说可以不用再讲表内表外了，将来要成立理财子公司了，是两个法人主体了。我觉得未来要推动金融供给侧结构性改革，增加直接融资占比，靠传统的存贷汇的路会越走越窄，所以未来一定是"三驾马车"并驾齐驱，就是"商行＋投行＋资管"的模式。

第三，银行系资管子公司将来的发展方向，我把它总结成"五化"。一是产品净值化，预期收益型向净值型转型。二是客户的差异化，将来要对客户进一步分层分级，我们把产品从PR1到PR5分成五级，客户也要分成五级，根据他的风险偏好和风险承受能力分成五级，这样把两者很好地匹配起来，真正做到把合适的产品卖给合适的客户。三是服务大众化。在过渡期，理财投资的门槛已经从5万元降到1万元，成立理财子公司以后会取消认购门槛，普通的老百姓，1元就可以参与理财投资。当然，也不是说完全没有门槛，风险比较高的还是有适当的门槛，风险低的几乎是没有门槛。四是投资证券化。将来理财投资对接的资产都是可估值、可交易的。可估值、可交易使得我们能够做到产品净值化管理，将来每月、每天都需要公布净值。五是科技智能化。理财业务未来的趋势应该是公募化、净值化，需要银行发挥数字科技在财富管理全价值链的分析与应用，强化客户画像与分析，运用自然语言识别、机器学习、大数据等智能技术，全面嵌入业务流程，打造规范化、自动化、标准化的高效运营体系。可以通过科技赋能，全面提升理财子公司的管理效率和风控水平。

我想跟大家分享一点思考，同大家一起来探讨。我觉得做大做强中国的资管行业，包括银行系将来的理财子公司，以及基金、保险、券商等各类机构，这是大家共同的责任，也是共同的愿景。在大资管行业统一监管的框架下，各类资管机构要充分发挥各自的比较优势。我个人理解，银行的比较优势在哪里？稳健，相对来说渠道广、客户数量多。从邮储银行的角度，我们未来依然会坚守稳健审慎的风险偏好。因为我们也得站在客户的角度来考虑。现在有些客户比较疑惑，成立理财子公司以后，是不是理财业务的风险大得不得了？实际上不是这么回事。上午，央视的采访，我也讲了这个观点。理财子公司也好，资管新规也好，带来的变化是产品净值化，打破刚兑。下一步，银行及理财子公司，要进一步加强精细化管理，坚持把合适的产品卖给合适的客户，对于客户而言，你有多大风险承受能力，就买什么风险等级的理财产品。今后，各类机构应该相互学习、相互借鉴、携手共进，共同打造一个百花齐放、百家争鸣、争奇斗艳的大资管市场。我相信，凭借强大的优势，未来银行系的理财子公司应该会很快崭露头角，其发展前景不可限量。

中国财富网记者： 在推动理财子公司和资本市场实现对接方面，邮储银行在这方面做了哪些工作？谢谢！

徐学明： 感谢您的问题。其实刚才我简单作了阐述，借此机会，再解释一下。中国经济的转型发展需要健康强大的资本市场作支撑。未来，银行系理财子公司成立后，可以扮演相对比较重要的角色。大家关注到了，理财子公司成立之后，可以发行公募产品直接对接资本市场。这可以给资本市场发展注入强大的源头活水，更好地助力多层次资本市场建设。我们初步计划从以下几个方面去做工作。

一是发挥银行系理财子公司的资金优势，可以参与长期的标准化债权以及含权类投资，比如可交债、可转债，还有 ABS（资产证券化）、类 REITs（房地产信托投资基金）产品。

二是未上市的股权投资，像 Pre-IPO（对有上市预期且上市条件成熟的企业进行的投资）、PE（私募股权投资）。实际上有很多好的企业，过去银行表内对于轻资产的企业是不好对接的，轻资产企业抵押品不足，传统的信贷支持有一定难度。有些客户希望博取高的收益，可以容忍承担一些风险，理财子公司搭建了很好的平台。

三是直接参与股票二级市场。从这个角度来看，将来可以分两步。初期，我们可以通过跟券商、基金公司等机构合作，通过 MOM（管理人的管理人基金）、FOF（专门投资于其他证券投资基金的基金）的方式参与二级市场。同时，加快培养理财子公司自身的投研能力，将来会不断扩大投资规模，直接开展二级市场股票投资。当然，这会有一个渐进的过程，因为长期以来，银行做债权投资是我们的长项和优势，这方面要坚持。可以预见，理财子公司成立后，会给理财资金参与资本市场打开一扇窗，这将为打造一个健康、有活力、有韧性的资本市场提供充沛的源头活水。

加快资管行业转型
为居民提供优质理财服务
——《金融时报》访谈

> **按语：** 本文原载于 2019 年 1 月 9 日《金融时报》头版。随着资管新规及其配套细则的出台，银行资管业务的转型更加清晰、明确，开启了理财健康发展的新纪元。作为普惠金融的倡导者和积极践行者，邮储银行有效满足了广大百姓的理财需求，全力支持实体经济发展，获得了社会的广泛认可。邮储银行资管业务有何特色经验？未来如何落实资管新规，推进转型发展？作者在接受《金融时报》记者专访时对此进行了阐述。

2018 年对于资管行业而言是意义非凡的一年，资管新规及其配套细则的出台使资管转型方向更加清晰、明确。在这一年里，银行资管业务也发生了许多积极的变化，例如，理财业务由高速增长向高质量发展转变、理财产品净值化转型提速、银行理财子公司加快筹建等。那么，银行机构将如何进一步落实资管新规对其回归服务实体经济本源的要求？未来银行理财市场转型路在何方？近日，中国邮政储蓄银行副行长徐学明在接受《金融时报》记者专访时对上述问题进行了详解。

《金融时报》记者： 邮储银行资管业务已历经 10 余年发展，请您介绍一下资管业务开展情况以及相关经验。

徐学明： 资产管理行业作为金融市场的重要组成部分，在满足居民财富管理需求、支持实体经济发展、优化社会融资结构等方面发挥着重要作用。邮储银行作为普惠金融的倡导者和积极践行者，在人民银行、银保监会等监管机构的正确领导下，10 年来，资产管理业务依托庞大的网络资源和零售客户资源优势，有效满足了广大百姓的理财投资需求，全力支持实体经济发展，与其他商业银行、资管机构形成了良好的互补关系，获得了社会的广泛认可。

自 2017 年资管新规征求意见稿发布以来，邮储银行提前谋划，按照"规范先行、平稳过渡、严控风险"的指导思想，制订了产品转型为主线、系统建设为重点、运营提升为支撑的转型方案，资管业务体现出如下几个特点：一是零售客户占比高。数据显示，2015 年至 2018 年，服务零售理财客户 2302 万户，年均复合增长率 27.9%；零售客户理财规模 7281 亿元，占总理财规模的比重为 92%，高于行业平均值 22.5 个百分点。二是理财产品结构好。开放式产品占比 80.2%，高于行业平均值 23 个百分点；保本产品仅占 0.44%，低于行业平均值 30 个百分点。资金来源稳定、周期波动小，是邮储银行理财业务的发展优势。三是大类资产配置种类全。坚持资产轮动和分散投资理念，大类资产配置涵盖固定收益、权益、另类投资领域，多策略投资覆盖了 QDII、港股通、定增、可交换债等大类产品。

《金融时报》记者：2018 年，资管新规的落地实施进一步引导银行资管业务回归服务实体经济本源，鼓励金融机构通过发行资管产品募集资金，以支持国家重点领域和重大工程建设、科技创新和战略性新兴产业。那么，邮储银行是如何通过资管业务服务实体经济的？

徐学明：为深入贯彻党中央、国务院关于服务实体经济、防控金融风险、深化金融改革的决策部署，邮储银行资管业务充分发挥自身专业能

145

力和资金优势，全力支持实体经济发展。

一是提供企业全生命周期投融资服务。通过债券投资、定向增发、可交换债券、可转换债券等多种直接融资工具为企业提供资金支持，为1800多家企业提供直接融资服务，投资余额达到3740亿元，累计投放ABS等结构化资产共计1820亿元。

二是培育和扶持战略性新兴产业。通过产业基金、并购基金等创新形式累计签约360亿元，助力行业资源整合，推动军民融合，为制造业注入新动能，投资领域涵盖新能源、高端装备制造、大数据、军民融合等七大国家战略性新兴产业。

三是重点支持基础设施与民生工程。截至2018年11月末，邮储银行理财投资民生工程项目49笔，合同金额626亿元，主要投向交通、基建、环保、棚改、水利、新型城镇化建设、旅游、高新技术等重大民生和公共服务领域。

四是股债并举服务民营企业。重点通过信用债、企业债以及股票质押等投资品种，支持企业日常经营融资。同时，以优先股、可转债、可交债、定向增发等股权投资形式，切实帮助企业降低杠杆率，优化融资结构，2015年以来，理财支持民营企业累计投资超过1000亿元。

《金融时报》记者： 资管新规对资管业务转型提出了明确的时间要求，目前邮储银行都采取了哪些举措推进落实转型工作？

徐学明： 在转型和发展布局上，邮储银行全面推进理财业务的净值化转型工作，制定了"一主三辅多策略"的发展布局，即以现金管理类产品为主，以定期开放式产品、封闭式产品、投资周期型产品为辅，以多策略产品为补充。经过近一年的努力，业务转型效果初显，净值型产品占比达到 10.2%。

在内控合规制度建设上，一是建立分工明确、相互衔接、协调运转的管理机制；二是明确风险标准、资本管理和限额管理要求；三是提升组合管理能力，强化流动性管理；四是提升重大风险自主应急能力。

在信息系统建设上，邮储银行坚持科技引领、创新驱动，聘请在资产管理行业具有丰富咨询经验的、全球一流的德勤咨询管理公司，规划设计新一代资管系统建设方案，按照"一体化、智能化、贯通式"建设原则，通过重塑业务流程、提升科技赋能、突出多场景应用，形成了 14 项提升方案，共计 41 项提升举措、2200 个功能点，力争打造集销售管理、产品管理、投资管理、嵌入式风控、智能运营于一体的国内领先的资管业务平台。

《金融时报》记者：据了解，银行资管业务转型的最大瓶颈在于打破刚兑和理财产品的净值化管理。您认为我国银行业理财市场转型方向在哪里？

徐学明：资管新规的颁布，对资管行业具有里程碑式的意义，短期看阵痛难免，但从长期看，则有利于银行理财业务健康规范发展，应该说，资管新规开启了一个银行理财业务健康发展的新纪元。未来，机构分化的趋势将更加明显，商业银行应该把握机遇，从以下五个方面进行转型。

一是产品净值化。按照资管新规的要求，现有银行业 22.6 万亿元的表外理财产品，到 2020 年末全部要转化为净值型产品，在此过程中投资者教育是一个难点，需要商业银行做扎实细致的工作。二是客户差异化。要打破刚兑、实现"合适的产品卖给合适的客户"这一目标，产品要进行风险等级分类，客户也要进行分层管理，需要基于客户的不同需求和风险承受能力，研发相匹配的不同类型的理财产品。三是服务大众化。理财新规将银行理财的起售金额从 5 万元下调至 1 万元，这将有助于银行理财产品的普惠化，覆盖更多的普通投资者。四是科技智能化。理财业务未来的趋势是公募化和净值化，需要银行将数字科技运用在财富管理全价值链的分析与应用当中，构建智能的客户分析与服务体系，通过科技赋能全面提升管理效率和风控水平。五是运营公司化。设立理财子公司将从资本、法人等方面与银行进行隔离，既能够有效防止理财业务风险向银行体系蔓延，又能够激发资管业务转型发展活力。

《金融时报》记者：随着理财子公司申筹工作的正式启动，银行理财正式步入"转轨"进程。理财子公司要想在与其他资管机构的竞争中脱颖而出，您认为应从哪几个方面做好顶层设计？

徐学明：与其他资管机构相比，银行理财子公司具有渠道、客户和资金等方面的优势，但作为新生机构，要想在与其他资管机构竞争中脱颖而出，应着重做好以下几个方面的顶层设计：一是明晰战略定位。从银行全局统筹思考客户端和资产端的业务布局与业务模式、转型升级的方向与节奏，实现与银行的双向、深度协同发展。二是设计发展模式。子公司需要根据自身，特别是母行在客户、产品、渠道等方面的资源禀赋，设计相应的组织架构、投研体系、风控体系和信息系统架构，形成差异化的市场竞争力。三是优化管理机制。银行理财子公司需要从投研能力、产品组合能力、风控能力等方面补足短板，建立市场化的激励约束机制，提升人才竞争力。

用工匠精神打造普惠金融服务品牌
——《新京报》访谈

> **按语：** 本文原载于2015年4月2日《新京报》。自2007年成立以来，邮储银行一直坚持发展普惠金融。但是普惠金融运营成本很高，小微企业贷款、小额信贷风险也比较高，普惠金融如何实现可持续发展？同时，随着互联网技术的普及，作为全国网点规模最大的商业银行，邮储银行如何应对？作者接受了《新京报》的专访，阐述了邮储银行建立全功能商业银行业务结构，支撑普惠金融可持续发展的实践经验，以及对于发展普惠金融的一些思考。

　　3月31日，中国邮政储蓄银行正式发布2014年度《普惠金融报告》和《社会责任报告》。这是邮储银行连续第二年发布《普惠金融报告》。报告显示，截至2014年末，邮储银行拥有营业网点近4万个，ATM 6.6万台，服务触角遍及广袤城乡。

　　自2007年成立以来，邮储银行一直坚持发展普惠金融。但是普惠金融运营成本很高，小微企业贷款、小额信贷风险也比较高，邮储银行普惠金融如何可持续发展成为摆在眼前的问题。同时，随着互联网技术的普及，实体网点的作用会逐渐弱化，作为全国网点规模最大的商业银行应如何应对？对于这些问题，记者专访了邮储银行副行长、董事会秘书徐学明。

普惠金融不是一句简单口号

记者：去年，邮储银行发布了中国银行业首份《普惠金融报告》。日前，你们再次发布这样一个报告，请问邮储银行发布《普惠金融报告》是出于什么考虑？

徐学明：我们的考虑主要基于以下两点：一是贯彻落实党的十八届三中全会改革决定中关于"发展普惠金融"的要求；二是在全社会倡导普惠金融理念，让弱势群体享受到基本金融服务。另外，作为普惠金融的倡导者和实践者，我们也希望借助这样一个载体，宣传邮储银行一直以来践行普惠金融所取得的成绩。

邮政金融提供普惠服务有着悠久的历史。如果上溯到1898年大清邮政开办汇兑业务，邮政部门办金融已有上百年了。100多年来，邮政金融一直走的是普惠道路，比如，1919年成立的邮政储金汇业局，除办理储金、汇兑业务外，还办理保险、经营股票，抵押贷款等业务，当时储金局确立的宗旨就是"人嫌细微，我宁繁琐；不争大利，但求稳妥"。1986年恢复开办邮政储蓄业务，主要是为了方便百姓存款、取款。

2007年，中国邮政储蓄银行正式成立，成立伊始，我们就确立了服务"三农"、服务中小企业、服务城乡居民的战略定位，自觉承担"普之城乡，惠之于民"的社会责任。八年来，我们充分发挥自身网络优势，累计发放小额贷款9700多亿元、小微企业贷款2.35万亿元，有效解决了800多万农户和1200万户小微企业经营资金短缺的困难。可以说，我们用实际行动诠释了邮储银行的普惠金融样板。

记者：现在普惠金融已经成为一个热词了，从大银行到小银行，从银行到非银机构，从实体网点到网上众筹，很多机构都在强调要发展普惠金融，对这一现象，您怎么看？

徐学明：这是一件好事！我们希望有更多的机构加入普惠金融队伍。但是，普惠金融可不是一句简单的口号，它应该是一份沉甸甸的承诺，是一种不能寄希望于赚大钱、赚快钱的商业模式，是一个需要精耕细作、厚积薄发才能实现的长远战略。我觉得，践行普惠金融，不能急功近利，必须用工匠精神，经过艰辛付出、千锤百炼，才能打造出普惠金融的服务品牌。

比如像邮储银行，我们放出去的小额贷款平均单笔仅 6.46 万元，没有抵质押品，一个信贷员最多能管二百六七十个客户，平均不到 200 个客户，贷前调查、贷后管理劳人费马，运营成本很高，如果急功近利，静不下心来，这种业务是做不好的。

金融服务离不开"最后一公里"

记者：有人认为，随着互联网技术的普及，今后普惠金融完全可以通过互联网来实现，实体网点的作用会逐渐丧失，作为拥有 4 万个网点的邮储银行，你们将如何应对？

徐学明：的确，互联网正在改变我们的生活、学习、工作乃至思维方式，网络可以打破时空，可以提高效率、整合资源、降低成本。但是我认为，互联网只是一种工具，它不是万能的。互联网可以促进传统行业升级换代，但它不可能完全颠覆替代传统行业。P2P 网贷平台最早于 2005 年起源于英国，之后在美国发展稍快一些，但是近十年来，它并没有改变美国银行业的基本运行模式，且规模也还不是很大。这些年来，美国的银行实体网点也没有明显减少。例如富国银行，它在过去三年保持了 6200 家实体网点的规模，没有发生大的变化。

其实，客户需求的多样性决定了银行服务渠道的多元化，实体网点、自助机具、网银、手机银行等，都是银行和客户联系的渠道。未来的发展趋势是，金融业务特别是银行业务会根据产品的复杂程度及可获得的便利性、客户的年龄结构、体验要求等诸多因素在不同渠道分流。在这一进程中，智能移动终端，也就是手机银行的发展速度应该会更快一些。互联网金融的本质还是金融，既然是金融，就要坚持以风险管理为本，而且由于受到资本金的严格限制，互联网金融企业不可能把资产规模做得太大，它的优势更多的还是体现在通道和平台上，主要适合销售相对简单的、标准化的产品。另外，还有最重要的一点，那就是金融服务一定离不开"最后一公里"。邮储银行拥有4万个网点，遍布城乡，特别是有71%的网点分布在农村，可以说离老百姓最近，这是我们最大的优势。

拥有庞大物理网络的邮储银行，也在加快互联网金融布局。这几年，我行电子银行业务发展速度很快，目前，在全行4.7亿客户中，电子银行客户已达1.15亿户。作为中国客户规模最大的银行，我们高度重视互联网金融，邮储银行要想实现"弯道超车"，必须加大互联网金融发展力度。为此，我行经过近一年努力拿出了新一轮IT规划，这个规划很重要的一个发力点就是积极布局互联网金融，下一步，我行要搞云平台、大数据平台，要发挥中国邮政实物流、信息流、资金流"三流合一"优势，与股东邮政集团共同打造农村电商平台。为积极应对挑战，提高全员思想认识，加强各级管理者对移动互联时代银行转型的重视。

从长远来看，我们的目标是把邮储银行打造成为一家线下网点数量最多、线上功能丰富的银行，构建起一个O2O的立体化金融服务网络。

可持续发展讲求规模效应

记者：正如您此前讲的，普惠金融运营成本很高，而且据我了解，相对而言，小微企业贷款、小额信贷风险也比较高，那么在这种情况下，普惠金融能实现可持续发展吗？

徐学明：您问了一个非常好的问题，同时，可能这也是一个世界性难题。我就结合邮储银行的实践来谈一下看法。

要实现普惠金融可持续发展，我认为首先需要讲求规模效应，否则你的成本是降不下来的，那结果可能是解决了融资难，但无法解决融资贵，或者说是"普而不惠"。要做大规模，需要有良好的资源禀赋，比如网络规模足够大、客户数量足够多。所以，我觉得，大型机构更适合做普惠金融。

其次，大型机构做普惠金融，必须得有一个合理的全功能商业银行业务结构作支撑。像邮储银行，我们根据自身情况确定要建设一家有特色的大型零售商业银行，要做普惠金融的楷模。但是在专注做零售的同时，我们也必须要把公司金融和金融市场业务做好，否则"金鸡独立"是难以支撑普惠金融的风险和运营成本的。对于这三块业务，我们把它比作"一体两翼"，零售是机体，公司和金融市场是"两翼"。近年来，我行信贷业务持续快速发展，已连续多年增幅排名行业第一位。特别是去年以来，在经济下行期，为加大服务"三农"、中小企业、战略性新兴产业以及基础设施建设的力度，我行持续加大信贷投放，今年1月，新增贷款投放规模首次跃居同业第一，当月统计数据出来之后，我们自己都吃了一惊。由于信贷业务的快速发展，加之这两年互联网金融的冲击，存款增长已难以完全满足信贷发展的需要，过去大家都认为邮储银行的资金最富余，但现在的情况是，"地主家也没有余粮了"。为此，我行加大盘活存量的力度，比如去年搞了中国银行业 7 年来首单"个人住房抵押贷款支持证券"，盘活存量房贷 68 亿元，我们还积极拓展同业投资、投行、资产管理、债券借贷等新业务，通过有效盘活存量、加大创新力度来提高收益，支持、支撑普惠金融可持续发展。

最后，要有效控制风险，压降成本。去年底，邮储银行不良贷款率为 0.64%，是中国银行业平均水平的 50%。我们的经验是始终坚持审慎的经营策略，不急躁冒进；主动向德国技术合作公司（GTZ）、印度尼西亚人民银行（BRI）以及世界银行等国际机构学习，打造一流的小贷技术；注重贷前调查，严把入口关，加强贷后管理，及时化解风险；拓宽抵质押品范围，引入融资性担保公司，给客户增信；为客户提供"一条龙"式的交易银行服务，化解信用风险。在降低成本方面，建设流程银行，推行"信贷工厂"模式，等等。

以上是从银行内部来看，最后也提两点建议：一是建议政府及监管部门要加大扶持普惠金融发展力度，比如给予财政贴息、税收优惠等政府支持；实施信贷规模、风险权重、不良贷款容忍度、坏账核销等方面的差异化监管政策等。二是建议全社会要共同努力，培育良好的金融生态环境，让"好借好还、再借不难"的诚信文化成为社会的风尚和共识。

发展普惠金融　服务实体经济

——《参考消息·北京参考》文章

> **按语：** 本文原载于 2013 年 12 月 30 日《参考消息·北京参考》。2013 年 12 月 23 日，作者在中国银行业协会举办的"2013 年度银行家调查报告发布暨银行业改革发展研讨会"上发表主题演讲，阐述了邮储银行发展普惠金融、惠及广大客户和经济社会发展的实践以及本人的一些思考。

党的十八届三中全会通过的《中共中央关于全面深化改革若干重大问题的决定》明确提出，要"发展普惠金融"。

一、对普惠金融的理解

普惠金融是联合国在"2005 年国际小额信贷年"提出的概念，是指一个能有效为社会所有阶层和群体提供服务的金融体系。诺贝尔和平奖获得者、格莱珉银行创始人尤努斯教授认为，金融权利也是人权的重要组成部分，他还强调，每个人都享有获得信贷的权利。

目前在我国，由于大中型企业和富裕人群已经拥有了金融服务的机会，所以，发展普惠金融的主要任务就是要让那些被排斥在正式金融体系之外的客户能够获得金融服务，从而让现代金融服务更多地惠及广大客户和经济社会发展的薄弱环节。

我认为，普惠金融至少应包含以下四层含义。

一是服务对象的包容性。普惠金融强调客户的广覆盖，像中小微企业、社区居民、农户等低收入群体都应当纳入服务对象。

二是服务方式的便捷性。要通过深入城乡的物理网点（支行、社区银行、自助银行），以及网银、手机银行等电子渠道，还有方兴未艾的互联网金融，为客户提供方便、快捷、高效的金融服务。

三是服务产品的全面性。普惠金融不仅要向客户提供基础的存款、结算服务，还应包括理财、保险、便民缴费、代发养老金甚至贷款等一揽子金融服务。

四是经营模式的商业化和可持续性。一个好的制度安排应该能够照顾到方方面面的利益，"剃头挑子一头热"是长久不了的，也是不可持续的。发展普惠金融必须研究探索商业可持续的经营模式。今年9月26日，邮储银行承办了世界储蓄与零售银行协会邮政储蓄银行论坛，这次会议探讨的主题就是"商业可持续的普惠金融"。

二、邮储银行在普惠金融方面的实践

我简要介绍一下邮储银行的基本情况。有人把邮储银行形象地称为"新""老""大"。"新"是"新银行"，指2007年才由邮政储蓄机构组建为全功能商业银行。"老"是"老机构"，大清时期开办邮政汇兑；民国时期，邮政金融机构"储金汇业局"成为政府七大金融机构"四行两局一库"的重要组成部分；新中国成立初期，邮政储蓄业务停办，邮政继续办理汇兑业务；到1986年4月1日，邮政储蓄正式恢复开办，2007年组建了银行。"大"是"大网络"，目前邮储银行网点数量多、零售客户多，均居中国银行业第一位，同时，资产规模居全国银行业第七位、个人本外币存款余额居全国银行业第四位。

自 2007 年 3 月 20 日挂牌成立以来，邮储银行便坚持"普之城乡，惠之于民"的宗旨，积极倡导并践行普惠金融理念，认真履行社会责任，努力做好"三个服务"工作，即专心、专业、专注服务"三农"、服务城乡居民、服务中小企业。可以说，邮储银行是为普惠金融而生。

六年多来，在服务"三农"方面，邮储银行依托 3.9 万多个网点的庞大网络优势，累计发放小额贷款 1300 多万笔、金额达 8000 多亿元，笔均贷款金额约 6 万元，解决了众多农村家庭的融资问题。我们还积极参与新农保、新农合金融服务工作。在服务社区方面，仅举一个例子，邮储银行代发养老金占比超过四分之一，像北京达到了 51%，可以说，邮储银行是名副其实的社区银行。在服务中小微企业方面，邮储银行发挥了"主力军"的作用，六年多来，累计发放贷款 1500 多万笔，金额超过 1.8 万亿元，帮助大量个体工商户和私营企业解决了融资难题。2010—2013 年，邮储银行连续四年举办创富大赛活动，为个人创业者和小微企业提供"产品展示、商业模式交流、融资支持和品牌推广"四位一体的综合平台。活动注重将"融资"和"融智"有机结合，一方面为广大小微企业主提供融资支持，解燃眉之急，另一方面还融智，通过创富大赛这一平台，让小微企业主和专家、学者、企业家零距离、面对面接触。应该说，这项活动是邮储银行积极响应发展普惠金融、服务实体经济的创新实践，是支持百姓实现"创富梦"的有力举措。据统计，在前三年创富大赛活动期间，邮储银行共计为小微企业提供贷款 4700 多亿元，为推动经济转型升级和城乡统筹发展作出了积极贡献。

以上这些数字，都充分诠释了邮储银行践行普惠金融所取得的丰硕成果。

同时，在公司金融方面，我们依托覆盖城乡的网络优势，主动为大型网络企业提供资金归集结算服务，尤其是在县域地区和边远地区，发挥了不可替代的作用。近年来，我们还不断加大创新力度，积极参与金融市场业务。

目前，邮储银行已初步形成了以零售金融、普惠金融为主体，以公司金融和金融市场业务为"两翼"的"一体两翼"的全功能商业银行的经营格局。

三、针对发展普惠金融的几点思考

党的十八届三中全会首次提出"发展普惠金融"，可以说，我们备受鼓舞。邮储银行要继续高举普惠金融大旗，主动担当起普惠金融的践行者、推动者和引领者。

着眼于落实党的十八届三中全会精神，加快发展普惠金融，下面，我谈几点思考，也是几点建议。

一是商业银行要放下架子、扑下身子服务实体经济。实体经济兴，则银行兴。银行业不可能脱离实体经济而"一花独放"。服务实体经济，不应只关注"高富帅"和"白富美"，而要照顾到社会的各个群体。在当前和今后一个时期，银行业尤其要关注弱势群体和经济工作薄弱环节金融服务、金融产品的可获得性。

二是商业银行应坚持差异化经营策略，着眼于打造特色银行。改革开放三十多年来，尤其是近十年来，伴随着经济发展的大潮，我国银行业得以快速发展，已初步形成一个立体化的服务格局，包括政策性银行、国有商业银行、股份制商业银行、外资银行、城商行、农商行、农信社、村镇银行，接下来还要发展民营银行。我觉得，尽管中国的银行很多，但是同质化趋势严重，大都缺少特色。要发展普惠金融，就需要一大批各具特色的银行。百花齐放春满园，建议商业银行通过差异化经营策略，下沉客户，打造自身特色，主动寻找蓝海。

三是坚持内涵发展策略，推进银行业转型升级。一要降低资本消耗，不再走"摊大饼"式发展的老路。二要坚持盘活存量，用好增量，防止资金空转，进一步加大支持"三农"、小微，发展绿色信贷，促进经济转型升级。三要主动迎接互联网金融的挑战，降低金融服务门槛，让客户都享受到更加便捷的金融服务。四要坚持勤俭办银行，主动降低运营成本，学会过紧日子。党的十八届三中全会强调对内对外开放，将会有更多竞争主体进入银行业务领域，在利率市场化改革不断推进和金融脱媒不断深化的大背景下，银行业的市场竞争加剧已不可避免。激烈的市场竞争将压缩银行的利润空间。所以，强化成本管控就显得尤为紧迫。

四是优化政策环境，构建普惠金融服务的长效机制。一要发挥政策性、商业性和合作性金融的作用，进一步深化农村中小金融机构改革，构建多层次、多样化、适度竞争的普惠金融服务体系；二要健全风险分散、补偿和转移机制，引导金融资源流向普惠金融体系；三要通过"宽严相济"的差异化监管，如适度降低最低注册资本、存款准备金率等监管要求，适当放宽服务对象的担保要求和抵押品范围，鼓励和引导各类金融机构主动提供普惠金融服务；四要充分发挥政府主导作用，完善区域信用评价体系，努力推进社会信用建设，构建普惠金融良好的生态环境。

践行普惠金融　履行社会责任

——邮储银行普惠金融报告发布会发言

按语： 2013年，党的十八届三中全会提出"发展普惠金融"，标志着普惠金融上升为国家战略。普惠金融的历史沿革是怎样的？作为我国普惠金融的倡导者和先行者，中国邮政储蓄银行在履行社会责任、发展普惠金融方面的理念、举措、成效以及发展方向是什么？2015年3月31日，作者在邮储银行2014年度普惠金融报告暨社会责任报告新闻发布会上，对此进行了阐述。本文根据作者在发布会上的讲话整理而成。

好雨知时节，当春乃发生。今天我们盼来了北京的第一场春雨，也迎来了中国邮政储蓄银行2015年的第一场发布会——发布2014年度普惠金融报告和社会责任报告，在阳春三月共同见证和感受邮储银行普惠金融的及时雨、感受普惠金融发展的春天、见证邮储银行践行社会责任的足迹。

2014年，邮储银行发布了中国银行业首份普惠金融报告。今天我们将第二次发布普惠金融报告，同时发布邮储银行社会责任报告。我将从四个方面来向大家介绍邮储银行践行普惠金融、履行社会责任的实践：一是普惠金融的历史沿革，二是邮储银行的普惠金融观，三是邮储银行践行普惠金融的具体做法以及取得的成效，四是邮储银行的几点承诺。

一、普惠金融的历史沿革

普惠金融是联合国在"2005 年国际小额信贷年"提出来的一个概念。而在这之前普惠金融就已经有了实践，最早起源于19 世纪初的欧洲。当时，欧洲国家借助邮政的网络，在农村地区推出小额储蓄、小额支付。这些年来，普惠金融在亚洲国家迅速发展起来。1947 年，日本成立了农业协同组织，确定了农协的特殊地位，日本的普惠金融体系就是以农协为核心。再到 20 世纪 80 年代，印度尼西亚人民银行推出的小额信贷，已经成为一面旗帜。大家最耳熟能详的就是孟加拉国的穆罕默德·尤努斯及其创建的孟加拉乡村银行，其在孟加拉国推行贫困农户小额信贷，并因此获得了诺贝尔和平奖。再后来是南美国家，1992 年成立的南美玻利维亚的阳光银行，在南美地区发展普惠金融，推行小微企业贷款，做得也很好。以上就是普惠金融发展大致的历程。

普惠金融在中国的发展中，标志性的事件是 2013 年 11 月 12 日党的十八届三中全会明确提出"发展普惠金融"。这是中国普惠金融的里程碑，标志着中国普惠金融的春天到来了。去年，政府工作报告再次强调要大力发展普惠金融。今年，银监会专门成立了普惠金融部，从监管层面高度重视普惠金融发展。今年政府工作报告里首次提出了"互联网＋"的概念，除了实体网点之外，互联网新型企业开始从网络的层面关注普惠金融的服务。

事实上，中国的普惠金融实践一直在不断探索中前行。邮储银行一直积极践行普惠金融，是中国银行业普惠金融的积极倡导者、先行者和见证者。

邮政金融提供普惠服务有着悠久的历史。如果上溯到 1898 年大清邮政开办汇兑业务，邮政部门办金融已有上百年了。100 多年来，邮政金融一直走的是普惠道路，比如，1919 年成立的邮政储金汇业局，除办理储金、汇兑业务外，还办理保险、经营股票、抵押贷款等业务，当时储金局确立的宗旨就是"人嫌细微，我宁繁琐；不争大利，但求稳妥"。1986 年恢复开办邮政储蓄业务，一方面是为国家筹集建设资金，另一方面是为了方便百姓存款、取款。

2007 年，中国邮政储蓄银行正式成立，成立伊始，我们就确立了服务"三农"、服务中小企业、服务城乡居民的战略定位，自觉承担"普之城乡，惠之于民"的社会责任。为了进一步普及普惠金融理念、推进普惠金融发展，邮储银行和世界储蓄与零售银行协会于 2013 年 9 月 26—27 日在北京联合举办了主题为"商业可持续的普惠金融"的论坛，来自世界储蓄与零售银行协会、世界银行扶贫协商小组等国际性组织以及 20 多个国家和地区的金融机构代表就此展开探讨。去年，邮储银行在中国银行业发布了首份普惠金融报告。

二、邮储银行的普惠金融观

我结合邮储银行的实践，谈谈对普惠金融的几点看法。

第一，普惠金融应具备广泛的包容性。发展普惠金融，不仅要关注服务农村地区的农民，还要关注服务城市社区的居民以及服务中小微企业。

第二，普惠金融应具有商业可持续性。过去亚洲、欧洲、非洲等国家的无数实践证明，要发展普惠金融不能是"一锤子买卖"、完全大包大揽、没有商业性，按照政策性机构的路子发展普惠金融，走不长久、不可持续。

普惠金融不是慈善性金融，不是政策性金融，一定要走商业可持续的路子，这样才能走得久远。

第三，普惠金融应具备供给的多样性。国有大型商业银行、股份制银行、村镇银行、小贷公司都可以发展普惠金融，这样才能形成百花齐放的局面，引起全社会的关注和支持，普惠金融才能迸发出生命力。

第四，普惠金融发展要有创新性。发展普惠金融要创新产品、创新服务渠道，还要创新服务方式。

三、邮储银行的普惠金融实践

作为全国网点规模最大、服务客户数量最多的商业银行，邮储银行拥有营业网点近 4 万个，其中 71% 以上分布在县及县以下地区，服务客户超过 4.7 亿人，服务触角遍及广袤城乡。我们一直专心、专注服务"三农"、服务小微企业、服务社区，构建了"延伸城乡金融服务最后一公里"的服务体系。

党的十八届三中全会特别提出，要激活农村金融市场，增加农村地区有效金融供给。在服务"三农"领域，邮储银行主要从以下几方面发力。

一是在做好传统存取款业务的同时，积极推进新农保、新农合业务。2014 年全年，邮储银行累计代收"新农保"交易笔数 1949 万笔，交易金额 40.5 亿元，累计代发"新农保"交易笔数 2.6 亿笔，交易金额 224.4 亿元。

二是积极开展"三权"抵押贷款试点。其中，土地承包经营权抵押贷款已在黑龙江、辽宁等 6 家分行开展；林权抵押贷款也在江西、福建等 17 个分行开办了业务，累计放款超过 13 亿元。

三是在农村地区推广手机支付。现在智能手机在农村地区的普及速度非常快。在中国的农村地区，金融服务机构网点不足，邮储银行在发挥网点遍布城乡优势的同时，也在积极发展手机银行业务。

四是加强资金支持。截至 2014 年末，邮储银行涉农贷款余额达 5902 亿元，累计发放小额贷款达 9700 亿元，惠及的农户超过 800 万户。以小额贷款产品来说，笔均贷款金额是 6 万余元，体现了额度低、分布广的普惠金融特点。

在服务小微企业方面，政府高度关注，大力推进解决中小企业融资难的问题。邮储银行依托自身得天独厚的网络优势，作了积极尝试和探索，取得了良好的成效。截至 2014 年末，邮储银行小微贷款余额达 5574 亿元，占全行各项贷款余额的 34.57%，户均年贷款不足百万元，很好地践行了普惠金融理念。

我们通过打造"银政、银担、银企"合作平台，丰富小微企业营销渠道，扩大服务范围；创新"特色支行 + 产业链"的新型小微服务模式，为海洋渔业、中药材等八大重点产业以及科技型企业提供集约化服务；完善产品序列。全行小微贷款专属产品接近 60 个，通过引入"政府增信""行业自律""产学研联动"系列机制，实现对涉农产业链的"大小联动，链式开发"。

邮储银行还积极响应国家鼓励大众创业、万众创新的号召，在支持创业创新方面也走在银行业前列。自 2010 年起，邮储银行连续五年举办"创富大赛"，帮助创业者和小微企业融资、融智。2014 年，更是将融资支持向涉农产业和县域小微企业倾斜，全面升级为"邮储银行青年涉农产业创业创富大赛"，为城乡中小微企业搭建起"资金支持、品牌传播、技术指导、商业模式交流"四位一体的综合助力平台。

在服务社区方面，邮储银行切实发挥网点优势，在全国近 4 万个网点布放了 6.6 万台 ATM，同时加快推广手机银行、网上银行、微信银行以及电话银行。目前，邮储银行客户数量是 4.78 亿户，其中电子银行客户达 1.15 亿户。老百姓认为邮储银行网点多，与社区联系紧密，非常方便。比如，邮储银行北京分行的社区代发养老金业务市场占有份额超过了 50%，上海分行在当地市场的占有率也超过了 30%。据统计，邮储银行目前累计代发养老金覆盖的客户接近 1 亿人，2014 年代发养老金 6.4 亿笔、交易金额 5870 多亿元。这足以说明邮储银行是名副其实的社区银行，是老百姓身边的银行。下一步，我们要加快手机银行和网银的发展，进一步提升电子银行替代率，让客户享受更加便捷的金融服务。

此外，邮储银行积极助力国家经济结构调整和产业转型升级，特别是加大基础设施方面的贷款支持力度。例如，截至 2014 年底，电力行业贷款余额超过 1000 亿元、铁路行业贷款余额超过 2500 亿元、公路行业贷款余额超过 500 亿元、城市轨道交通行业的贷款余额超过 200 亿元。同时，我们还大力支持发展绿色信贷，截至去年底绿色信贷的余额达 548 亿元，比年初增加 150 亿元，增幅约 38%。

值得一提的是，我们在践行普惠金融、履行社会责任的同时，有效控制了风险。截至去年底，邮储银行不良贷款率仅 0.64%。而有效的风险管理也会助推普惠金融的商业可持续发展。

四、邮储银行的几点承诺

下一步，邮储银行将进一步加大资源配置力度，积极践行社会责任，持续推进普惠金融发展。

一是坚守金融服务的"最后一公里"。中国的现代化一定要有农业的现代化。邮储银行4万个网点，71%分布在县及以下地区，我们要勇于担当，进一步加大在"三农"领域的信贷投放力度，在此基础上不断创新服务模式，强化对"三农"和小微企业的扶持力度，同时大力推进小微企业服务平台建设和普惠金融的创新，积极探索普惠金融的商业可持续发展之路。现在，有些人担心邮储银行深化商业化改革之后，会不会从农村地区撤出来，在这里，我们郑重承诺，邮储银行不会从农村撤网点，我们一定会坚守金融服务的"最后一公里"，充分发挥我们的网络优势，体现大行担当，主动承担社会责任。

二是积极推动普惠金融商业可持续发展。一方面，要强化网络格局，零售金融是邮储银行的根本，成本相对较高，如果仅仅搞普惠金融没有侧翼支撑，风险是很大的，所以我们要在存量方面积极探索，发展金融市场业务，在侧翼上支持普惠金融商业可持续。另一方面，我们要进一步加强风险控制，从文化建设、信贷技术、人员管理、系统支撑、社会金融生态环境的建设等方面，全面控制好风险，搭建良好的环境。

最后一点，我们要积极拥抱"互联网＋"。邮储银行经过一年的努力，已经制定了新一轮五年IT总体规划，这一轮IT规划非常大的看点是，我们要抓住互联网金融的历史机遇，加快互联网金融产品和服务创新，全力推进云平台、大数据平台建设，与中国邮政共同打造农村电商平台。应该说，互联网金融和实体网点是不矛盾的。有人讲，互联网金融来了之后，实体网点是不是就没有存在的必要了？我认为，互联网不是一种产品，它是一项技术、一种工具。"互联网＋"使传统行业创造更大的价值，是传统行业实现升级换代的一种工具，它可以提高效率、提高覆盖面、改善客户体验，加强风险控制。将来，邮储银行的实体网点不会消灭，但是我们会积极拥抱"互联网"。实际上，互联网金融技术在国内十几年发展并没有导致网点的大量消失。因此，互联网金融和传统金融不是替代的关系，它们整合在一起能够助力邮储银行打造成为一家线下网点数量最多、线上功能丰富、有特色的大型零售银行，构建起一个O2O的立体化金融服务网络。

今天，很开心借此机会与大家探讨关于普惠金融商业可持续发展的邮储银行实践以及一些思路、想法。谢谢大家！

邮储银行践行普惠金融
服务实体经济
——银监会例行新闻发布会发言

按语：本文是作者于 2015 年 7 月 23 日在银监会银行业例行新闻发布会上的发言。在发布会上，作者以"践行普惠金融，服务实体经济"为主题，对邮储银行作为国有大型商业银行，主动承担"普之城乡，惠之于民"的普惠金融责任，不断加大对实体经济支持力度的举措、成效和下一步工作重点进行了分享。

今天，我们在这里举行中国邮政储蓄银行服务实体经济新闻发布会。感谢银监会给我们提供这样一个难得的机会，和新闻媒体的朋友进行沟通交流。借此机会，我谨代表中国邮政储蓄银行，向出席今天新闻发布会的各位媒体朋友表示欢迎，向一直以来关心、支持邮储银行发展的人民银行、银监会、财政部、新闻媒体以及社会各界表示衷心的感谢！

2007 年 3 月，根据国务院金融体制改革的总体安排，经银监会批准，中国邮政储蓄银行在改革原有邮政储蓄管理体制基础上正式成立。当时，国务院和监管部门对邮政储蓄银行的定位，确定了两点核心要求：一是要坚持商业化发展道路，把邮储银行办成一家全功能商业银行；二是充分发挥邮储银行网络优势，重点做好服务"三农"、服务中小企业、服务城乡居民工作，与其他商业银行形成良好互补。8 年来，我们始终牢记党和国家赋予的重托，在人民银行、银监会的帮助和支持下，主动承担"普之城乡，惠之于民"的普惠金融责任，特别是在"三农"和小微金融服务方面，积极尝试，大胆探索，走出了一条差异化、特色化发展之路。

截至今年6月末，邮储银行拥有营业网点超过4万个，居国内银行业首位，也是世界单一法人金融机构中网络规模最大的银行；服务个人客户4.88亿户、公司客户58万户，是全国服务客户数量最多的银行；资产规模6.5万亿元，在7月1日最新公布的英国《银行家》杂志"2015年全球银行1000强排名"榜单上，邮储银行按总资产位居第23位，按一级资本排名第54位。

作为一家国有大型商业银行，邮储银行自成立以来，始终牢记"金融服务实体经济的本质要求"，认真贯彻落实党中央、国务院和监管部门的部署，不断加大对实体经济的支持力度，积极承担起促进金融平衡发展和实体经济均衡发展的社会责任。主要做法和成效体现在以下四个特点。

第一，加大信贷投放力度，实现"增量保质"。过去8年，邮储银行信贷业务快速发展，年平均增速达到45.3%。尤其是近两年来，围绕经济转型升级的国家战略，邮储银行充分发挥存贷比空间大的优势，主动调整信贷策略，不断加大投放力度，重点服务经济薄弱环节和战略性新兴行业。2014年，贷款余额增加4428亿元，同比增长38%。今年上半年，各项贷款余额比年初增加3729亿元，新增额居商业银行第五位，增速为23%，在大型商业银行中是最高的，其中，1月信贷新增1274亿元，单月投放首次位居同业第一。上半年全行新增存贷比达到149%，整体存贷比已达38.9%，在2014年提升了4个百分点的基础上，今年上半年又提高了6.5个百分点。与此同时，全行资产质量持续保持较好水平，去年底信贷资产不良率为 0.64%，今年 6 月底为 0.76%，不良率始终处于同业平均水平的 50% 左右；拨备覆盖率达到 297.2%，好于银行业平均水平。

这些年来，我行采取有效措施，不断降低客户融资成本。2014 年，我行新发放企业贷款利率在基准利率以下的金额占比达到 72.9%，高于国有商业银行 47.7% 的平均水平。今年 6 月，新发放贷款平均利率为 5.83%，较去年末下降 55 个基点，较去年同期下降 113 个基点；新发放个人贷款平均利率为 7.53%，较去年末下降 83 个基点，较去年同期下降 149 个基点。同时，我行金融服务一直坚持"阳光作业"的基本理念，在贷款方面只收"贷款利息"，不收手续费、安排费、额度占用费等其他任何费用。去年以来，积极响应国家让利实体经济要求，又进一步减费让利。2014 年，我行减免了手机银行转账汇款手续费等，全年让利 15.6 亿元；2015 年，我行已确定减免养老、务工等特殊客户群体异地交易手续费。

第二，抓实"三农"金融服务，当好金融支农的主力军。农业现代化是国家现代化的基础和支撑，也是当前"四化同步"发展战略中的短板。年初，中央一号文件明确指示"鼓励邮政储蓄银行拓展农村金融业务"，这已是邮储连续十次被中央一号文件提到支持"三农"。今年，我们落实中央部署，进一步加大了服务"三农"力度，截至 6 月末，全行涉农贷款余额达到 6958 亿元，同比增长 41%，其中农户贷款余额 5539 亿元，占全部涉农贷款的比重近 80%，切实做到了普惠；今年 1—6 月，涉农贷款增加 1056 亿元，占新增贷款的 28%；我行已连续五年完成"两个不低于"目标，年均增幅近 69%。

在具体做法上，我们主要着眼于"三个创新"。

一是创新金融产品。顺应农村经济主体多元化以及农村产权改革的趋势，我行加快创新涉农产品体系。在信贷产品上，目前已形成农户贷款、涉农商户贷款、新型农业经营主体贷款、县域涉农小微企业贷款、农业"龙头"企业贷款等五条产品线，实现了对涉农经营主体的全覆盖。在产品要素上，因地制宜地调整抵质押物、期限和利率。有 21 家分行开办了林权抵押贷款，14 家分行开办了农村土地承包经营权抵押贷款，"三权"抵押贷款实现突破。贷款期限短期可到月，长期可达八年；利率依据客户信用风险进行灵活定价。在产品管理上，深入开展"一行一品、一县一业"工程，推动各地分支机构以地方产业特色研发产品，在现代农业示范区建设特色支行，开辟信贷审批绿色通道。

二是创新服务方式。针对农村信贷金额小、服务半径大、客户分布广的特点，我行将新技术运用到涉农信贷工作，依靠科技降低成本。自 2014 年 7 月以来，已先后在福建、河北等多地开展移动智能终端金融服务试点。信贷员仅需一台智能终端（PAD），就可以在客户家中或田间地头完成现场调查、实地拍照、征信查询等信息采集录入工作，后台实时在线审批，实现当日申请、次日放款，紧急情况下可当天放款，下一步将加快在全国推广。

三是创新风险控制手段。针对"三农"普遍面临的有效抵押担保物匮乏问题，我行创新"银政、银协、银企、银担、银保"五大合作平台，引入多方力量共同破解抵押担保难。例如，引入政府增信机制，去年 10 月，邮储银行在江西推出了"财政惠农信贷通"产品。由江西各级地方政府按比例筹集风险补偿资金，我行按照保证金 8 倍放大贷款规模，不需要提供抵押担保，贷款手续简便快捷，短短 9 个月时间，支持新型农业经营主体超过 2000 户、贷款金额近 13 亿元。再如，与中国科协、农技协、扶贫办等开展战略合作，依托合作平台筛选优质信用客户，加强风险控制。目前，有 17 家省级分行与 22 家科技协会开展了业务合作，支持扶贫办做好集中连片困难地区的金融服务。此外，我们还通过与担保公司、保险公司合作，多方分担风险损失；通过与农业核心企业合作，利用产业链优势，控制客户信用风险。

第三，深化小微金融服务，助力大众创业。小微企业是国民经济发展的生力军，在推动经济增长、吸纳社会就业、激发创新创业方面正在发挥着日益重要的作用。我行遍布城乡的网络，与小微企业在数量和分布上的特点非常契合，做好小微企业金融服务既是我们的责任所在，也是我们的优势所在。成立 8 年来，我行累计发放小微企业贷款超过 2.3 万亿元，有效解决了 1200 万户小微企业的经营资金短缺困难。截至今年 6 月末，全行小微企业贷款余额 6237 亿元，1—6 月新增贷款 664 亿元。我们的主要做法是：

一是丰富小微金融产品体系。针对小微企业特点，推动产品创新工作，形成了"强抵押""弱担保""纯信用"相结合的全产品体系。特别是去年以来，我行通过加强与地方政府的合作，配套推出了助保贷、"政银担"、政府事后代偿模式等金融产品或方案，重点支持符合地方经济发展战略要求的小微客户。截至 6 月末，我行与地方政府达成合作意向 3025 个，与超过 500 家县级以上政府和省市级担保机构签订合作协议。全行各类银政意向合作额度突破千亿元。

例如，我行在安徽试行"政银担"合作模式，即担保公司、再担保集团、邮储银行、地市财政按照"4321"比例进行风险分摊，开办 5 个多月来，准入担保机构 69 家，业务覆盖全省 16 个地市，授信 231 户，贷款余额 8.96

亿元。

二是深化"特色支行 + 产业链"模式。县域是我行服务小微企业的主战场。为提高服务效率和质量，我们改变"自下而上"做小微的思维定式，立足网点优势，在对县域特色产业集群和商圈统一规划的基础上，通过专业化机构打阵地战。建设了 578 家专业化的小企业特色支行，覆盖全部 36 家一级分行，为高新科技、电子商务等 222 个细分行业提供专业服务。截至 6 月末，全行重点产业链小企业授信业务余额达 570 亿元。

三是搭建小微企业综合服务平台。自 2010 年以来，我行连续六年举办"创富大赛"活动，与地方经信委、人民银行、银监局等共同组织，为个人创业者和小微企业搭建"一个联盟，四大平台"为基础的创富综合平台。"一个联盟"，是建设以支持中小企业客户发展为目的、提供综合性金融服务为支撑点的创富联盟；"四大平台"分别包括资金支持平台、品牌传播平台、技术指导平台、商业模式交流平台。几年来，创富大赛吸引了数十万人咨询、报名，官方微博粉丝数量超过 30 万，报名参赛项目几乎覆盖各个行业，形成了"帮扶小微企业、助力百姓创业创富"的良好氛围。去年开始，我行与团中央在创富大赛、助力青年创业方面开展深入合作。7 月初，第二届"创青春"中国青年创新创业大赛在北京举行了启动仪式，希望大家关注和支持。

四是推出小微企业运行指数。今年 5 月，我行联合《经济日报》共同推出了"经济日报—中国邮政储蓄银行小微企业运行指数"。在这一指数当中，集合了全国 75% 县市、2500 户以上小微企业样本的月度运行情况，全面考虑了小微企业采购、生产、绩效、信心、融资、成本各个环节，重点关注小微企业运行中融资、成本、风险问题。我行发布这一指数，填补了国内小微企业现行统计指数的周期性空白，为小微企业确定自身发展路径、政府宏观决策、政策导向、社会机构健全小微企业服务等方面，提供了有力支撑。目前指数已发布三期，社会反响积极。

第四，创新融资模式，提高服务实体经济能力。当前，社会融资结构正在发生巨大变化，社融股权化趋势越来越明显，银行传统的存贷汇服务模式已无法满足客户的需要了。为此，我行积极创新融资模式，走"投贷债"联动发展的路子，积极拓展 PPP、产业投资基金、并购基金、政府债务重组等融资方式。6 月，我行在全国首个地方高铁 PPP 项目——济青高铁（潍坊段）项目中成功中标，预计投放资金 43 亿元，我们与地方政府合作，争取这个项目申请财政部 PPP 示范项目。据了解，政府正在加大力度引导和鼓励地方融资平台存量项目转型为 PPP 项目，可以预见，其前景广阔，对此我们已做好了准备。再如兰州轨道交通项目，我行将作为战略投资者，参与投资由三家大型央企联合发起的产业基金，联合产业资本，发挥金融机构优势，支持交通运输基础设施建设，目前基金已储备拟投资项目规模达 1000 亿元。未来，我们将加大对城市轨道建设发展专项投资基金、地下综合管廊建设投资基金、充电站和充电桩建设投资基金，以及现代物流投资基金等方向的投资，力争三年投资总量达到 3000 亿元。

面对利率市场化和互联网金融的冲击，近年来，银行存款增速出现下滑趋势，为此，我行主动盘活存量，2014 年成功发行了 7 年来银行业首单个人住房贷款支持证券 RMBS，并且采取延期变更抵押手续，创造了业内"两个第一"，盘活存量资金 68 亿元。目前，新一期个人住房贷款证券化产品即将发售，并将首次引入 RQFII。

最后，我再介绍一下邮储银行进一步加强服务实体经济的安排。

一是坚守"差异化"经营定位，助力普惠金融。我行将继续按照"差异化、特色化"的思路，充分发挥覆盖城乡的网络优势，打通农村金融服务"最后一公里"。同时，加快推动零售金融业务升级，努力建设有特色的大型零售商业银行，全面提升服务"三农"、小微和社区的水平。

二是突出加强对"三农"、小微企业和消费领域的金融支持。紧密围绕国家支持"大众创业，万众创新"，以及推动四化同步的战略部署，计划未来五年内在"三农"、小微企业和消费金融领域累计投放信贷5万亿元。

在服务"三农"方面：加快推动三农金融事业部制改革，力争在9月底前完成改革方案。围绕国家现代农业示范区，在年内建成500家现代农业示范区特色支行，重点支持新型农业经营主体、农业产业化、农业生产流通服务业的融资需求。同时，积极拓展地方债发行承销、融资租赁等"非贷"融资业务，打造全功能的"三农"金融服务升级版。

在服务小微企业方面：进一步落实"四个单独"和"三个不低于"，通过单列信贷计划、单独配置人力和财务资源、单独客户认定与信贷评审以及单独会计核算等方式，不断加大对小微企业资源配置力度。通过与工信部、商务部、科技部等国家部委合作，强化对工业园区、高新园区、产业聚集区等重点园区的信贷投放，全面扶持创新型科技企业、电商及健康医疗小微企业的发展。与团中央、中国银行业协会合作，办好2015年"创新创业创富"大赛，为广大创业者打造"创富"融资服务平台，推动大众创业，万众创新，青年创富。

在促消费、扩内需方面：助推消费产业向三四线城市、乡镇区域拓展和下沉，加快发展农村消费贷款，将消费信贷业务领域扩展至助学金融、养老产业、绿色消费等领域。同时加快中邮消费金融公司开业筹备工作。

三是拥抱"互联网+"，打造"O2O"的立体化金融服务体系。年初，政府工作报告首次提出了"互联网+"行动计划。前几天，十部委联合发布了《关于促进互联网金融健康发展的指导意见》。对银行业金融机构而言，"互联网+"是创造新商业模式、实现银行业务转型升级的重大机遇。目前，我行的电子银行客户已达 1.34 亿户，电子银行交易替代率接近 70%。下一步，我们要抓住互联网金融的历史机遇，加快互联网金融产品和服务创新，全力推进云平台、大数据平台建设，与中国邮政共同打造农村电商平台。在我行今年开始实施的新一轮 IT 规划中，积极布局互联网金融是我们的重要发力点。我们的长远目标是把邮储银行打造成为一家线下网点数量最多、线上功能丰富、有特色的大型零售银行，构建起一个 O2O 的立体化金融服务网络。

各位来宾、新闻媒体的朋友们，"实体经济兴则银行兴"。作为一家国有商业银行，我们将牢牢坚守服务实体经济这一宗旨，充分发挥自身网络优势，不断加大服务"三农"、服务中小企业、服务城乡居民的力度，助力中国经济转型升级，把邮储银行打造成为一家有特色的大型零售商业银行。

新挑战　新伙伴　新征程

——汽车产业链金融发展论坛演讲

> **按语：** 2019 年 12 月 18 日，由中国邮政储蓄银行主办的首届"汽车产业链金融发展论坛"在大连国际金融会议中心召开，来自中国汽车流通协会、乘用车联合会等行业协会，上汽、一汽、北汽等整车企业，以及广汇、中升经销商专家和代表出席了此次论坛。本文是作者出席论坛的发言讲稿，分析了汽车产业面临新的形势和挑战，并从网络优势、组织架构、科技支撑、产业协同等角度阐述了邮储银行参与汽车产业链金融的优势。

今天，我们非常荣幸地邀请到了一汽集团、北汽集团、上汽金融、吉利集团、宝马中国、沃尔沃中国、捷豹路虎、长城、奇瑞、江淮、江铃、重汽等海内外知名汽车企业，以及广汇、中升、正通、广物汽贸等大型经销商集团的领导。本次论坛可谓高朋满座，大咖云集！

首先，我代表邮储银行欢迎各位嘉宾拨冗参加本次汽车产业链金融发展论坛，并对大家长期以来对邮储银行的信任与支持表示衷心的感谢！感谢大家百忙之中莅临此次会议。

上周闭幕的中央经济工作会议指出，要"深化金融供给侧结构性改革，疏通货币政策传导机制，增加制造业中长期融资，更好缓解民营和中小微企业融资难融资贵问题"。

汽车行业具有产业链条长、关联度高、参与者多、综合性强、附加值大等特点。数据显示，2018 年，汽车制造业总营业收入超过 8 万亿元，占 GDP 的比重已经达到 8.9%，直接相关产业的从业人员占全国城镇就业人数比重超过 12%，行业税收占比约 13%，在国民经济中占据着举足轻重的地位。汽车产业是先进制造业的代表，行业中汇集了大量优质的民营和中小微企业，还与民生改善、消费升级紧密关联，是银行等金融机构必须重点支持的行业领域。从汽车金融的角度来看，2018 年规模以上汽车制造企业带息负债规模超过 1.5 万亿元，汽车经销商融资规模超过 1 万亿元，汽车消费信贷规模也突破了 8000 亿元。可以说，汽车产业链中蕴含了多个"万亿"级的金融市场。

邮储银行是这个行业的新进入者。今年 10 月，我到大连拜访了广汇集团北区总部，会上我们商量，想要在年底前举办一次汽车产业链金融的活动，一方面向大家介绍邮储银行的产品和服务，介绍邮储银行服务汽车产业的想法和思路，另一方面向各位行业内的领导和专家请教，我们怎样才能做好汽车金融业务。这次我们邀请了 36 家分行的行领导和部门负责人一起参会，就是想抓住这次机会，让大家都来深入学习汽车行业的先进理念。下一步更好地为企业、经销商乃至汽车产业提供金融支撑。

借此机会，我就抛砖引玉，先谈几点不成熟的思考。

一、汽车产业面临新的形势和挑战

我国汽车行业经历了近二十年的高速增长。自 2018 年以来，在宏观经济波动、产业政策调整和贸易摩擦加剧多重因素叠加的背景下，国内汽车销售开始负增长，竞争加剧、分化加速，这次调整的深度和广度都超出过往。但在这次调整中，我们也能够越来越清晰地看到，新的增长力量正在孕育，新的市场趋势也逐步形成。从我们的角度来看，当前国内汽车市场有三大特点：

（一）产业进入成熟期，增量红利逐步消退，存量市场大有可为

21世纪前十年，国内汽车销售维持两位数高增长态势，年销量从两百万辆快速增长至近两千万辆，2010年以来，产销增速开始回落，进入个位数增长期。虽然与发达国家的汽车保有量水平对比，国内汽车市场还有很大的增长空间，但增量红利确实逐步消退，行业集中度也在逐步提升。统计数据显示，今年前十个月，销量排名前十位的汽车集团销量占比提升1.2个百分点至90.1%，也有部分车企退出了市场，或遭遇了极大的经营困难。未来，马太效应会进一步凸显，行业兼并重组、优胜劣汰的阶段已经到来。与此同时，汽车存量市场保持较快增长。上半年，我国汽车保有量超过2.5亿辆，同比增速10%左右，预计未来仍可维持较高的增速水平，存量领域的汽车维修保养、汽车金融及二手车交易等细分市场存在巨大的发展空间。

（二）以"电动化、智能化、网联化和共享化"为核心的汽车"新四化"发展趋势已经确立

电动化方面：以2009年的"十城千辆"为开端，国内新能源汽车经历近十年的发展，年销量已经超过百万辆。根据近期发布的最新产业规划，2025年新能源销量占比将提升至25%左右，预计2019—2025年复合增速将超过30%，高增长的确定性极强。智能化、网联化方面：整车企业、零部件公司和互联网公司积极参与其中，国家战略和产业资本推动 ADAS（高级驾驶辅助系统）进入加速发展期，短期 L1 及 L2 级别（自动驾驶级别分 L0 至 L5 六个级别，L0 为人工驾驶，L5 为完全自动驾驶）自动驾驶功能的大规模应用对产业链形成显著的拉动效应。随着 5G 网络的推动，车联网数据传输速度和容量得以大幅提升，智能化和车联网将实现完美结合。共享化方面：随着企业、居民对出行服务的需求增长，各家车企和互联网公司积极合作，成立各类出行服务公司，积极布局该领域，寻求新的增长点，未来以"产品＋服务"的双优势占领市场成为车企竞争的焦点。以"新四化"为代表的技术革新带来了商业模式、市场格局的深刻变化，正在重塑汽车上下游产业链，也创造了更多的市场机会。

（三）行业迎来全面开放，双向国际化步伐全面加快

最近一个阶段，大家高度关注中美贸易谈判第一阶段成果，中美贸易战实际上是高新技术战，汽车产业首当其冲。随着车企外资股比限制放开等政策出台，行业迎来全面开放。自主车企面临更多全球汽车巨头的竞争，如何稳住阵脚并向上突破成为核心课题。我们相信，凭借优秀的供应链体系，在电动智能技术变革下，开放的态势会进一步推动优势的自主品牌真正崛起，实现中国汽车工业的由大到强。并且，国内市场也在加速与国际接轨，国内车企积极布局海外市场，零部件公司也凭借价格优势和技术水平的提高，逐步走出国门，进入海外优质车企的全球供应链体系。

总体来看，我们对汽车产业始终充满信心，我国经济稳中向好、长期向好的基本趋势没有变，以此为依托，辅以行之有效的产业政策和消费促进政策，汽车产业必将迎来下一个阶段的稳定增长。

金融是现代经济的血液。血脉通，增长才有动力。汽车产业的重装再出发，迫切需要汽车金融提供充沛的动力，尤其是需要我们围绕汽车产业的新趋势、新动能，在新零售、新能源、共享出行等领域，推陈出新、打破传统，整合资源、倾斜政策，提供重点支持，推动中国汽车产业从大到强，推动"中国智造"走向世界。

二、邮储银行具有发展汽车产业链金融的良好条件

在这个转型升级的关键节点，中国邮政集团围绕汽车行业提出了协同发展战略，集团旗下邮政、物流、金融等各板块共同发力，为汽车产业提供全功能综合服务，邮储银行是其中重要的组成部分。而我们也认为，邮储银行具有发展汽车产业链金融的良好条件。

我们习惯向投资者介绍邮储银行为"新老大"：新银行、老机构、大网络。2007 年挂牌成立，在国内大行包括股份制银行里，我们是最年轻的，同时我们拥有百年历史，可以追溯到 1919 年开办的邮政储金业务，我们还拥有约 4 万个网点，这相当于工行、农行之和，放眼世界，邮储银行也是全世界范围内单一法人下网点规模最大的一家银行。

邮储银行在成立之初，国务院就要求我们要"服务'三农'、服务城乡居民、服务中小企业"，我们率先倡导了普惠金融服务，并确定了建设一家大型零售商业银行的战略定位。多年来，我们坚持"一大一小"的经营策略，倾心服务实体经济。12 年来，走出了一条差异化、特色化发展之路。

一是拥有庞大的资产规模和广泛的零售客户基础。截至今年第三季度末，我行的资产总额 10.1 万亿元，已位居商业银行第五位，其中储蓄存款

居行业第四位。凭借独特的"自营＋代理"运营模式，我们拥有近4万个营业网点，覆盖中国99%的县（市），服务个人客户近6亿人。这就决定了，我行拥有更广泛、更深入的网络覆盖，能够提供更综合化、更专业化的产品和服务。

二是具有优异的盈利能力和良好的成长性。今年第三季度末，我行ROE为15.69%；存贷比53%，远低于五大行75%左右的存贷比水平；自在香港上市以来，投资者一直很认可我们，股价表现良好，PB水平始终高于五大行平均水平，今年股价上涨跑赢国有大行平均水平30个百分点；净息差为2.52%，持续保持行业领先水平。

三是一直保持稳健快速的发展势头。前三个季度，我行营业收入同比增长7.14%；净利润同比增长16.33%，预计全年利润增速在16%~18%，这一水平在国有大行和主要股份行中几乎是最高的。

四是坚持稳健审慎的经营策略，风控全面有效。截至今年第三季度末，我行不良贷款率为0.83%，远低于银行业不良贷款率1.86%的平均水平，若加上关注类贷款，我们不到同业平均水平的三分之一；拨备覆盖率近400%，是行业平均水平的2倍。

另外，也向各位来宾汇报，邮储银行上周二在上交所成功上市，募资金额在"绿鞋"前达284亿元，若"绿鞋"金额执行，将达到327亿元，这是国有大型商业银行A+H股上市的收官之作，也是十年来A股规模最大的IPO。从上市后的交易情况来看，我们的A股股价保持稳定，昨天曾一度涨停，A股、H股的良好表现，充分体现了国内外投资者对我们的高度认可。这次募集资金将全部用来补充资本金，随着A股融资渠道的打通，我们的信贷投放能力也会更有保障。

三、邮储银行要以交易银行理念打造汽车产业链金融服务

前不久，邮储银行完成了总行层面的机构改革，整合现金管理、银企直联、票证函等结算业务和贸易融资、供应链融资、跨境融资等信贷业务，成立了交易银行部。下一步，在省分行和地市分行层面也要成立交易银行部。

我个人有个观点，在金融供给侧结构性改革的形势下，商业银行公司金融业务的发展趋势将会呈现"交易银行＋投资银行"的双驱动模式。其中，交易银行将替代商业银行传统的存贷汇经营模式，更进一步以客户为中心，满足其在日常生产经营过程中各类交易场景下的金融需求。

在汽车行业中，交易银行服务可以是"点状"的，在客户的交易场景中只提供一个 API 接口，例如在支付环节提供一个账户查询服务或是支付渠道，帮助交易顺利完成即可。交易银行服务也可以是"线状"的，例如从汽车行业的原材料采购到供应商的订单融资，从整车企业的现金管理、票据管理到经销商的购车融资，从消费者的购车贷款到日常用车需要的ETC、信用卡服务，为全产业链提供综合化的解决方案。交易银行服务还可以是"网状"的，在汽车行业的各类交易场景中，链接买方、卖方以及物流监管公司、大数据科技公司等第三方，还有保险公司、租赁公司、消费金融公司等其他合作机构。银行参与其中，可以围绕汽车产业打造金融生态，保证各个交易环节都能便捷、通畅。

汽车行业的交易场景丰富，产业链运行高效成熟，可以做的文章很多。当前，我们把汽车产业链金融作为交易银行部的核心业务之一，就是要把交易银行的理念贯彻到汽车金融业务中去，既要善于化整为零，灵活高效；

又要善于化零为整，贯通全链；还要保持开放的心态，善用外力、广结朋友。这对我们的人员队伍、经营管理、产品设计、系统开发都提出了更高的要求，总行和在座的 36 家分行都会按照这个思路去贯彻执行。当然，也离不开在座各位嘉宾的鼎力支持。

四、邮储银行要以信息技术手段提升汽车产业链金融服务质量

我曾经参观过国内外一些一流整车企业的生产车间，在发动机铸造、电动机转子线圈缠绕、玻璃安装、车身喷漆等生产环节，都能看到机械手上下翻飞、自主运行，在现场物流配送环节也大量应用了大数据和机器人技术，部分企业还给工人配备了 AR（增强现实）眼镜，指导他们完成下一步的手工装配工序。可以说，汽车产业的信息化水平日新月异，在制造业中居于领先地位。但是，与之相比，汽车产业链金融服务的信息化水平总体还不高，各家机构都在积极探索，但受到成本、风险、行业惯例等因素的制约，新技术的运用困难重重。

邮储银行高度重视金融科技的研发和运用，我们决定将把每年营业收入的 3% 左右投入信息科技领域，对科技人才实行单独的激励政策；在总行设立科技创新基金，引导和鼓励领先性的科技创新项目，支持互联网、云计算、大数据、人工智能、区块链、物联网等新技术的研究和应用；同时加大科技领域人力资源投入，2019 年总行信息科技队伍规模已翻一番，2020 年末全行信息科技队伍规模将再翻一番。

在大数据应用方面，邮储银行早在 2013 年就开始布局大数据技术的研究和应用，2015 年大数据平台上线，数据总容量超过 2PB，在国内金融业处于领先水平。在人工智能领域，目前邮储银行已经将智能客服系统应

用在客服领域，同时将机器人应用于营业大厅等前台场景，直接用智能技术服务客户。在区块链领域，我行在 2016 年底将区块链技术应用于资产托管业务，成为第一个把区块链应用到主要业务领域的银行。2018 年，我行福费廷区块链交易平台成功上线，目前正在向跨境金融、供应链金融领域延伸。

在汽车金融领域，邮储银行将发挥后发优势，总结、吸取各家金融机构的经验教训，积极推进新技术手段的运用。在业务系统方面，我们最近上线的汽车供应链金融系统，可以支持经销商库存融资业务全在线办理，两小时出票，能够通过银企直连实时传入核心企业、第三方机构提供的发货、库存和销售信息，也为自动审批、自动放款做好了技术上的充分准备。我们的现金管理系统居于业内领先水平，能够为汽车行业内的大型企业集团提供高效、便捷的结算和账户管理服务。在物联网技术方面，我们最近与科技公司合作，将推动研发车辆 OBD 及合格证、钥匙联合监管技术，改变驻店监管、人工盘库的传统模式。在大数据应用方面，我们把行内成熟的客户画像模型、评级统计模型引入汽车行业，推动零售客户授信自动审批比率逐年提升，未来将真正实现"秒批""秒贷"。

我们希望，通过这些新技术的应用，可以提升邮储银行汽车金融业务的整体服务能力，解决部分汽车金融业务的"痛点"，在风险可控的前提下，为产业链的整体运行提高效率、降低成本。

五、邮储银行要发挥协同优势和渠道优势，打造汽车产业链生态

产业链金融的核心是物流、资金流和信息流，而中国邮政既是国内领

先的物流企业，又是银行、保险、证券混业经营的金融控股集团。天然地能够在系统内实现"三流合一"，为客户提供一体化解决方案。例如我们为整车企业提供的零配件物流服务，可以结合银行提供的应收账款和动产融资产品，帮助供应商提前回笼资金；我们为经销商提供的预付款融资，可以依托邮政速递提供的物流服务和库存监管；我们的授信审批，也能借助邮政体系的物流信息大数据；我们为消费者提供的车贷产品，可以借助邮政"警邮通"平台，实现车辆上牌、抵押登记、交管业务的一站式办理。另外，我们有电商平台"邮乐网"可以作为汽车新零售的渠道，还有邮政集团覆盖县域地区核心地段的网点资源，能够成为车辆展示、销售引流的重要接入点。这都是邮储银行开展汽车产业链金融业务的协同优势。

此外，随着国内县乡居民消费能力逐步提升，县域市场成为汽车销量增长的重要支撑，各大车企普遍实施"渠道网络下沉"战略，着力开辟县域市场。但金融机构的网点布局通常无法满足其全面服务需求，部分业务必须回到城市网点办理，便利性较差。我行拥有全球第一的网点数量，在县域市场拥有较强的影响力，有能力为汽车企业的县域渠道网络提供"贴身服务"，为其提供方便快捷的对公结算、企业融资、消费信贷、信用卡等全方位服务，体现差异化竞争优势。这就是邮储银行开展汽车产业链金融业务的渠道优势。

无论是协同优势还是渠道优势，我们都是在充分利用现有的资源，搭建一个广泛合作的网络，在这个网络中为客户赋能、为产业赋能，当越来越多的人认识到这个网络的价值，愿意接入这个网络，那么它就能形成一个可持续发展的产业生态。我们看到，在购物领域，有淘宝、京东、拼多多等头部企业打造的生态；在餐饮娱乐领域，有美团、大众点评等企业打造的生态；在社交领域，有腾讯、推特、脸书等企业打造的生态。我们期望，围绕汽车产业链，也能够产生一个将购车、用车、养车、修车、学车、停车、检车以及出行服务融为一体的产业生态。邮储银行愿与诸位一起，合力打造这个极具价值、高效运行的汽车产业生态圈！

第三部分

SHOUZHENGCHUANGXI

工 作 履 职 与 调 研 体 悟

资金资管业务转型发展及风险控制

之一：中邮理财公司的定位与使命
——在中邮理财公司成立动员会上的发言

按语： 成立理财子公司，是邮储银行贯彻落实中央深化金融供给侧结构性改革、防范化解金融风险的重要举措，也是加快自身转型发展的一个重要抓手。2019 年 11 月 26 日，在中邮理财成立前夕，邮储银行召开中邮理财公司筹备动员会，作者向资产管理条线全体员工介绍了邮储银行的发展历程，分析了理财业务当前面临的机遇与挑战。作者指出，一方面要抓好理财业务的转型发展，另一方面要从加强子公司队伍建设、对标行业先进机构、加强风险管理等维度抓好理财公司开业运营工作。

理财子公司筹建是今年邮储银行改革发展的一件大事，邮政集团公司党组和总行党委高度重视，政府、监管机构、媒体、金融同业和客户都高度关注。

今年初，我们资产管理部才 50 多人，现在已达到 153 人的规模，可谓兵强马壮了，借此机会，欢迎新加盟的同事，也感谢老同事长期以来为邮储银行资管业务发展作出的贡献。今天我到会，一方面，代表张金良董事长，代表总行党委来看望大家；另一方面，也想利用这个机会讲三方面内容。

一、邮储银行基本情况

今天参会的有很多是新加入资管部的同事，首先简要介绍一下邮储银行的基本情况，希望大家能深入了解邮政金融发展历史和一脉相承的邮储文化，尽快融入邮储银行和中邮理财大家庭。

（一）邮储银行具有悠久的发展历史

中国邮政办理金融业务可以追溯到 1919 年开办的邮政储金业务，今年刚好一百周年。再往前追溯，1898 年大清邮政就已经开始办理汇兑业务。民国时期金融有四行两局一库，"四行"指中央银行、中国银行、交通银行、中国农民银行，"两局"指中央信托局、邮政储金汇业局，"一库"指合作金库。邮政储金汇业局当时能办理的业务门类齐全，包含储金业务、汇款业务、保险业务和股票业务等。其办局宗旨是"人嫌细微，我宁繁琐；不争大利，但求稳妥"，至今令人印象深刻，这四句话很精辟，邮储银行成立以来能取得很好业绩，得益于我们传承了良好的普惠基因和稳健的风险文化。

1953 年，央行实行统收统支"大一统"，邮政储金停办。1986 年邮政部门恢复开办储蓄业务，当时是只存不贷。2007 年我们拿到一张全功能的商业银行牌照，2012 年完成股份制改造，2015 年引入了 10 家战略投资机构，这 10 家战略投资者包括 6 家国际知名金融机构：瑞银集团、摩根大通、星展银行、加拿大养老基金投资公司、淡马锡、国际金融公司（IFC）；两家大型国有企业：中国人寿、中国电信；两家互联网企业：蚂蚁金服、腾讯。这可谓中国商业银行引战史上最豪华的阵容。之后我们一鼓作气，于 2016 年 9 月 28 日完成港股上市。今年 10 月 25 日，我行公开发行 A 股获中国证监会审核通过，12 月 10 日，将正式登陆 A 股市场，这也意味着我们即将圆满完成国务院确立的"股改—引战—上市"三步走改革要求，全面实现国有大型商业银行"A+H"股两地上市收官。

（二）邮储银行是一家有特色的大型零售商业银行

中国不缺银行，但缺有特色的银行。我习惯跟投资者介绍我行为"新老大"：新银行、老机构、大网络。2007 年挂牌成立，在国内大行包括股份制银行里，我们是最年轻的，同时我们拥有百年历史，以及约 4 万个网点，这相当于工行、农行网点数量之和，放眼世界，邮储银行也是全世界范围内单一法人下网点规模最大的一家银行。

邮储银行在成立之初，国务院就要求我们要"服务'三农'、服务城乡居民、服务中小企业"，我们率先倡导了普惠金融服务，并确定了建设一家大型零售商业银行的战略定位。多年来，我们坚持"一大一小"的经营策略，倾心服务实体经济，12 年来，走出了一条差异化、特色化发展之路。一是拥有庞大的资产规模和广泛的零售客户基础。截至今年第三季度末，我行的资产总额 10.1 万亿元，已超过交通银行居商业银行第五位，其中储蓄存款超过了中国银行居行业第四位。凭借独特的"自营 + 代理"运营模式，4 万个营业网点覆盖中国 99% 的县（市），服务个人客户近 6 亿人。相比其他全国性商业银行，我行拥有更广泛、更深入的网络覆盖；相比农村金融机构，我行能够提供更综合化、更专业化的产品和服务。二是具有优异的盈利能力和良好的成长性。今年第三季度末，我行 ROE 为 15.69%；居 A 股上市银行首位；存贷比 53%，远低于五大行存贷比水平；自香港上市以来，投资者一直很认可我们，股价表现良好，PB 水平始终高于五大行平均水平，今年股价上涨跑赢国有大行平均水平 30 个百分点；净息差为 2.52%，持续保持行业领先水平。三是一直保持稳健快速的发展势头，前三个季度，我行营业收入同比增长 7.14%；净利润同比增长 16.33%，预计全年利润增速在 16%~18%，这一水平在国有大行和主要股份制银行中几乎是最高的。四是坚持稳健审慎的经营策略，风控全面有效，截至今年第三季度末，我行不良贷款率为 0.83%，远低于银行业不良贷款率 1.81% 的平均水平，若加上关注类贷款，我们不到同业平均水平的三分之一；拨备覆盖率近 400%，是行业平均水平的 2 倍。这些优势特点，都为我们发展资产管理业务带来了天然的优势和基础。

（三）当前面临的挑战

从资产端来看，利率市场化加快推进，LPR 引导利率持续下行，并且这种趋势难以逆转；同时负债端利率快速攀升。在两端挤压、息差收窄情况下，我行上半年的净息差为 2.55%，第三季度是 2.52%，仍然可以保持领先同业 30~40 个基点。但未来能不能持续领先，对我们来说是一个考验。另外资产不良贷款率攀升的压力较大。虽然我们的不良水平较低，但随着经济下行，公司类贷款已开始暴露风险，大客户违约给我们带来较大压力。可以说，前期积累的风险逐渐显现，企业信用债暴雷此起彼伏，整个银行业的资产质量将会持续承压。

另一个挑战就是互联网金融。互联网金融对于传统商业银行的冲击越发明显，Bank4.0 的作者布莱特·金说，"金融无处不在，就是不在银行网点"，集团公司刘爱力董事长多次用这句话提示我们，要更加积极主动地应对互联网金融的挑战。暂且不说我们的银行网点，现在 ATM 的交易量也直线下滑。微信支付、支付宝等支付方式对银行造成了巨大的压力。互联网金融对理财业务销售也提出了挑战。我们线上销售的比例还是相当高的，达到了 95%。目前主要依靠母行的手机银行 APP 进行理财销售，未来理财子公司要尽快开发自己的 APP。

（四）转型发展方向

对于邮储银行的转型发展方向，概括为以下三点：一是零售转型升级，二是要抓公司和金融市场"两翼"，三是做好线上线下融合。

张金良董事长要求我们加快零售转型升级，一是推进网点转型，我们聘请外部咨询机构协助推进转型，通过大数据进行客户精准画像，以便更好地为客户配置资产，增强客户黏性，我们要利用大数据的强大功能加快推进零售转型升级的步伐。二是未来我们要打造邮储银行的财富管理体系及私人银行，对客户实行分层服务和管理。财富管理最重要的抓手就是理财业务，未来母行零售转型后对理财的需求会非常大。理财子公司能否跟上母行转型的步伐？我们一直在强调 AUM，客户的综合金融资产到底有多少配置在邮储银行？储蓄、理财、基金、保险、贵金属、信托等这些产品分别有多少配置？这些都是我们需要思考的问题。

在推抓零售转型的同时，也要抓好公司和金融市场两翼。最后我们要做好线上线下融合，要通过场景赋能打造我们的生态圈。没有场景赋能，银行就没有立锥之地，所有场景背后都有金融的支持。在张金良董事长的倡导和积极推动下，我们开发了开放式缴费平台，今年 7 月 10 日已正式上线，日后通过邮储银行的开放式缴费平台，可以用微信和支付宝来缴纳包括煤、水、电气费等所有费用。有场景支撑，金融才有生存的价值，否则我们就会被边缘化，所以未来的转型要做好线上线下融合。

二、邮储银行理财业务发展情况

银行理财业务大发展是从 2012 年开始的，这期间同步快速发展的还有信托、证券、基金子公司等资管机构。大资管行业规模从 2012 年的 27 万亿元达到了 2017 年的 120 万亿元，但到 2017 年底资管新规征求意见稿出台之后，整个行业理财规模开始处于徘徊状态了，有许多行出现了下滑，大干快上的时代已经过去了。

回头看这些年我国银行业理财业务，有以下几点突出问题：一是刚性兑付，二是多层嵌套，三是制度缺失。面对这个情况，监管部门出手，资管新规、理财新规以及理财子公司管理办法陆续出台。

从邮储银行理财业务的特点看：一是业务发展快，但整体规模不太大。截至今年 10 月，我行产品的日均余额是 8430 亿元，过去五年的平均增速在 30% 以上，但是这 8430 亿元日均余额和我行 8 万亿元的储蓄存款相比，380 万理财客户与我行 6 亿个人客户体量相比，还有较大差距，未来提升的空间是比较大的。二是业务结构为"三高一低"，转型的包袱比较轻。我们开放式产品占比高，日日升、月月升、鑫鑫向荣 A、鑫鑫向荣 B 四款开放式产品占 90%；资产中债券占比高，达 70%；我行零售产品占 96%，占比非常高，不是说零售越高越好，但是相对而言比较稳定。另外非标占比 11%，同业大概为 17%。三是经营风格相对比较稳健。打开资产负债表看，资产端债券的投资额为 6200 亿元，非标为 944 亿元，同业及货币为 897 亿元，权益为 412 亿元，其他为 511 亿元，共计大约 8980 亿元。我认为，后续在资产配置上，可以进一步挖内涵、扩外延，找资产将会考验我们的硬实力。邮储理财的不良率在同业里相对较低，而且秉承审慎原则计提了接近 40 亿元的风险准备金。四是转型期保持了平稳发展。据了解，同业有几家银行理财规模出现大幅度回撤，而我们今年还小幅上涨，整个资产是 8900 多亿元，产品是 8540 亿元，这是难能可贵的。

从形势和挑战看。理财业务未来发展的有利因素：一是可以依托母行的强大优势。和市场化程度较高的其他类机构相比，银行系理财子公司拥有母行的强大依托，有渠道、客户以及庞大的零售负债资源，这是其他机构所不具备的优势。二是市场空间广阔。现在中国14亿人口有4亿中产，过去的P2P经历暴雷之后，很多人血本无归，因此，正规渠道的理财在未来大有可为。目前经济下行、利率下降，各类风险频发，对于理财机构风险管理能力是严峻考验，老百姓选机构要看管理风险能力，能不能为客户创造价值是关键。同时，我们拿到的是一张全功能资管牌照，相比公募基金等其他机构，我们能做的更多。经营机制方面，相对母行来说更加灵活，总行下定决心要在理财子公司这块试验田按照市场化机制运作，这在国有金融体系里也是难能可贵的优势。除此之外，我们还有人才聚集的优势，全公司153人，93%以上是硕士、博士，还有相当一部分CFA持证人。

从挑战来看，经济下行问题不再展开讲，主要谈谈严监管。现在进入强监管严监管周期，而且是重处罚，对于期限错配资金池有非常严格的规范要求。我们转型压力尽管相对较轻，但实际上难度也非常大。针对老产品如何转型的问题，客户对新产品认知不够深，拿不出较高的业绩比较基准，客户就会犹豫。另外资产配置压力比较大，经济下行期间的资产荒等对我们来说都是考验。可以说我行理财业务转型发展，子公司开张营业任重道远，所以在看到机遇的同时，我们也一定要看到挑战。应对挑战要未雨绸缪，提早谋篇布局。

三、下一步工作任务

概括地讲，近期重点工作就是坚持"两手抓"：一手抓理财业务的转型发展，一手抓理财公司开业运营。

首先是理财业务产品转型。从转型上来看，无论是从行业发展规律，经济增长的阶段，还是从监管要求来看，理财业务转型都势在必行。从产品端看，要做好老产品转型规划，现在净值化率是不到 30% 的水平，比行业平均水平要高一些，下一步要细化转型方案。目前开放式产品转了一款，其他的产品怎么转，2020 年底之前我们能转到什么程度，要做好规划。推进转型，要加强方方面面的沟通工作，对内要加强与前台部门的沟通，特别是个金条线，对外要和监管部门做好沟通汇报，还要做好投资者教育，针对可能存在的客户投诉要做好预案。希望你们在产品转型方面提早谋篇布局，抢占先机，占领高地，打造中邮理财品牌。从投资端看，既要配合好产品的转型节奏，又要加快"强优势、补短板、填空白"工作，对标市场同业先进机构，提升全市场大类资产配置能力。尤其要抓好固收类资产的机会，"固收 +" 可能会是我们的杀手锏，是我们的压舱石。同时要紧跟资本市场发展的大好时机，加强委外合作，通过 FOF、MOM 等方式弥补自身的短板。要逐步加大权益市场的投资，加快指数类产品的投资，探索新的另类投资模式，布局衍生及海外投资方向。银行系理财子公司一定要着眼于未来金融供给侧结构性改革给我们带来的机遇，现在中国非金融企业杠杆率已经高达 170%，要降杠杆，就要提升直接融资占比，建设健康有活力有韧性的资本市场，未来资本市场一定会迎来美好发展的明天，这是我个人的判断。昨天我们搞了一个同业论坛，请了近 70 家保险公司、基金公司高层领导参会，会上天风证券首席刘煜辉认为，未来资本市场应该会有机会。固收是我们的优势，下一步权益类特别是二级市场这一块，我们怎么去谋篇布局，怎么去补齐这方面的短板？大家要认真研究。

第二方面是针对理财子公司筹建运营，要重点抓好以下七项工作。

（一）要全力做好子公司开业各项准备工作

总行计划中邮理财在 12 月 5 日开业。当前已进入子公司开业筹备的倒计时，可以说，这是资管条线当前的头等大事，要全力以赴抓好筹备工作。大家前期做了大量扎实有效的准备，应该说是万事俱备了。今天晚上我们开这个会，还有一层意思，就是新公司开业动员。希望全公司能够进一步提高政治站位，以更加强烈的责任感和紧迫感，有条不紊、扎实有序、严谨细致地推进开业前各项准备工作，为邮储银行回归 A 股上市打好前站。要进一步细化、优化工作方案，加强统筹协调，将场地设施、接待联络、文字准备、媒体宣传等各项部署措施落实到位、落实到人，确保开业仪式圆满成功。

（二）把握资产管理机构核心竞争能力，抓好子公司队伍建设

资产管理是智力密集型行业，人才资源是核心竞争力。打造一支有战斗力的团队，对中邮理财的健康快速发展至关重要。总行党委高度重视理财子公司队伍建设，在外部人才引进、内部人员划转以及干部竞聘、选拔等方面都对中邮理财给予了大力支持。

首先是在公司治理层面高标准配备管理干部。前期，在集团公司刘爱力董事长和邮储银行张金良董事长的亲自关心下，我们面向市场公开招聘中邮理财董事长，在市场上引起强烈反响，这充分体现了集团公司党组、总行党委对中邮理财未来市场化运行的期望和坚定决心。经过多轮选聘，最终，来自方正证券的吴姚东同志成为中邮理财公司的董事长，原资产管理部步艳红同志任公司总经理，来自资管部的彭琨同志和来自银保监会的刘丽娜同志任公司副总经理，原上海分行行长敬宗泉同志任监事长。同时，我们还配备了专业能力强、管理经验丰富的董事、监事。为确保子公司独立性以及与母行的风险隔离，将来还要适时选配独立董事和外部监事。

从一个业务部门到一家独立法人的公司，可不是简单翻个牌就行了。实际上，我们的资产规模已近万亿元，相当于一家大中型城商行了，有完整的资产负债表，有独立的前中后台，分灶吃饭要考虑成本利润，要明确与母行的关系、独立应对监管、工商、税务、城管，要考虑人吃马喂、带好队伍，要健全完善党政工团组织，等等，这对班子的驾驭力是一个考验。谋战略、抓班子、带队伍、铸文化是摆在董监高面前的一项重要任务！班子建设贵在团结，贵在有凝聚力、向心力、战斗力。目前，专职董监高成员共 5 人，大家来自四个单位，每个人都有不同的阅历和履职经验，对事物的看法也不可能完全一致，那么如何形成合力？我看，最重要的是凡事要处以公心、提高站位，要相互理解、相互信任、相互包容，君子贵在和而不同！大家是为了一个共同目标走到一起的，这个目标就是紧抓时代机遇，依托邮储银行强大优势，打造一家品牌卓著、行业领先的理财公司，为自己的职业生涯填写浓墨重彩的一笔！希望班子成员提高站位，讲大局、讲团结、讲奉献，切实抓好制度建设，尽快熟悉情况，提高工作的前瞻性、预判性和主动性，早日撑起子公司运营管理职责。

中层干部承上启下，16 个部门负责人是子公司的中坚力量。这其中，一部分是从银行成立起就一直做资管业务的"老人"，一部分是过去几年陆续从同业引进的优秀人才，一部分是从其他部门和分行抽调的核心骨干，更多的则是刚走上管理岗位的新人。如何带好队伍、抓好部门建设，是摆在大家面前的一项重要任务。希望大家谦虚谨慎、戒骄戒躁、身体力行、做事不做官，团结带领员工扎实做好打基础、利长远的工作。大家一定要意识到，走上一个新岗位，并不代表你已经具备这个岗位应有的专业水准和管理能力了，是改革发展的洪流把我们推上这个岗位的，大家一定要懂得珍惜。如何珍惜？我看，最重要的是不翘尾巴、如履如临，要积极主动地向实践学习、向同业学习、向身边的同志学习。基层干部，特别要身先士卒、率先垂范、专业过硬、本领高强，唯此，才能赢得大家的尊重，才能增强感召力，提高领导力。

此外，我们还通过社招、校招及内部划转，下大力气引进了不少专业人才，组建了一支年轻有活力的员工队伍，平均年龄 32 岁，93% 都是硕士研究生，可以说是一支高素质的团队。大家来自五湖四海、四面八方，融合员工队伍，培育团队文化是一项软课题，但却是硬任务。实现高效管理是公司管理层、中层乃至全体员工面临的一道必答题，只有所有人心往一处想，劲儿往一处使，才能奏出一曲子公司顺畅运营的华美乐章。

邮储银行资管业务人少、事多、压力大，经过几年的发展，取得了不俗的业绩。成绩的取得，离不开大家的同心协力和拼搏奉献，在此，我代表总行党委向大家表示衷心感谢！同时，也要借此机会，感谢银保监会大行部、创新部一直以来对我行的关心、指导、帮助！感谢总行各相关部门、各分行对理财业务和子公司筹建工作给予的支持！

关于大家比较关心的子公司员工和总行是什么关系问题，同志们应该知道，中邮理财是总行乃至邮政集团市场化改革的试验田，总部对此充满期待，市场也拭目以待，可以说对总行很多同志来说，中邮理财是个香饽饽，想来的人很多。大家能成为中邮理财的创始人员是幸运的，我们要加快培养职业化素养，提升专业化能力。未来，中邮理财要走市场化发展的路子，大的原则是按市场化的规则去管理，建立"能者上、庸者下、平者让"的激励约束机制，让优秀员工能够脱颖而出。具体来讲，公司员工从高管到普通员工，都要直接和子公司签订劳动合同，这是总行党委确定的基本原则。

（三）理财子公司要对标行业先进机构，搭建高质量发展的资管业务平台

理财子公司要抓住资管行业转型发展的历史机遇，加快战略研究，规划好自身的使命愿景和发展目标。要主动对标行业先进，推进市场化管理机制、人才机制和运行机制，扎实做好子公司发展规划。今天上午，吴姚东董事长在与分析师沟通会上提出，希望未来三到五年能进入行业前五，未来十年能打造国内一流、国际先进的资管公司，希望大家朝着这个目标奋力前行。

我有个不成熟的观点，在金融供给侧结构性改革的形势下，现代化商业银行应该是"商行＋投行＋资管"的业务架构与经营模式，其中，资产管理将利用其联通客户、产品、投资与融资的天然优势，打通直接融资和间接融资的牌照优势，协同商行、投行，共同支撑银行转型发展。未来，中邮理财公司要全面对标行业先进，产品转型向公募基金学习，行业研究向券商学习，大类资产配置向保险资管学习，另类投资向信托机构学习。当然，我们向同行学习，也不能邯郸学步，要始终保持银行系理财稳健的风格。具体来说：一要打造优秀的投研能力。要打造具有前瞻性、高水准的投研体系，完善投资决策流程，拓展投资边界，全面覆盖宏观、行业、策略等层面的大类资产研究。二要构建多元的产品体系。我行存量理财产品净值化率接近30%，后续要继续丰富各类净值型产品线，不仅要为个人客户提供丰富的零售产品，也要为同业机构、企事业单位供给各类机构产品；不仅要开发稳定收益的固收类产品，也要为各类风险等级的客户提供多层次的债券型、项目融资型、混合型、股票型、QDII 型等产品。三要推行客户精细化管理，要将银行理财在渠道与客户方面的天然优势进一步深化，通过深入研究理财客户的多元化需求，细分引流，设计相匹配的产品，进行多元化投资，满足客户各类需求。四要运用先进的金融科技。资管科技已经成为驱动行业进化的新动能，产品端、资产端、销售端、运营端、风控端都需要先进的 IT 系统支撑，要顺应市场趋势的变革，积极拥抱资管科技，提升核心竞争力。五要设计完善的管理制度。风险管理制度、人员薪酬机制、投资研究制度、日常管理制度等，子公司都需要进行深入研究，对标国内外先进资管机构，以健全完善的制度体系为高质量发展保驾护航。六要建立高素质的人才体系，坚持内部培养与外部引进并重，不断优化人才结构，努力打造一支专业素质高、业务能力好、合规意识强的高素质、专业化、富有创造力的人才队伍。

（四）作为母行的重要业务板块，中邮理财要发挥引领作用，助力母行零售业务转型升级

银行理财子公司由商业银行母体独立而来，天然带有母行基因，对母行传统业务、中间业务有重要的协同作用。华为任正非曾讲，"小胜靠机遇、中胜靠人才、大胜靠平台、常胜靠生态"。中邮理财的发展，要抓住机遇，练好内功，但要走向卓越，一定要建立自身与外部的合作生态圈，其中最为重要和基础的就是背靠母行，建立和谐共荣的发展生态圈。在客户服务上，要基于客户群体特征，要依托 4 万个网点、6 亿客户，特别是 3100 万 VIP 客户资源，同时加强与邮储食堂客群和未来的直销银行客群联动，优化产品创设，丰富产品供给，共同维护和挖掘客户价值，助推母行新零售战略发展。在资产合作上，要发挥资产管理业务投资领域广泛、多市场跨界的牌照资源优势，支持母行服务实体经济，拓展子公司资产来源，走与母行协同的投贷债托联动的路子。在渠道赋能上，要让小网点发挥大作用，老渠道焕发新生机。要丰富网点功能价值，通过对理财经理的培训提升，让营业场所和财富管理中心成为贴近高端客户、专业化服务的主战场；通过体验优化，让电子渠道成为广大零售客户的财富投资首选。生态圈形成的基础是需要提升自身价值，理财子公司要实现与母行的风险隔离，实现错位经营、补位发展，充分发挥好自身独立法人的优势，充分参与市场竞争，为母行客户提供差异化的高质量的资管服务，进一步提升母行综合竞争力，助力邮储银行打造有特色的大型零售商业银行。

这里，我要特别强调一下，希望中邮理财切实增强服务意识，自觉主动服务母行零售转型，自觉主动服务个金、公司、小企业、金融同业、托管等前台业务部门，自觉主动服务分支机构。大家一定要意识到，我们是一家市场化的理财公司，同时，也脱胎于邮储银行，将来只有紧紧地依托邮储银行庞大的分销网络渠道和6亿客户优势，才能发展壮大，这一点，是中邮理财的生存之基、制胜之宝。

另外，下一步，老产品的管理要尽快跟总行签订委托协议，过渡期总行也将保留专门的资产管理部，做好衔接工作，过渡期结束后部门自动撤销。

（五）要坚持服务实体经济的初心，坚持客户为本的服务宗旨

邮储银行作为国有大行，需要履行大行责任担当和历史使命。中邮理财作为邮储银行的子公司，要践行母行的基本定位和战略目标，定位服务实体经济，通过理财投资促进实体经济发展。要紧密跟踪和服务"一带一路"、京津冀协同发展、长江经济带、雄安新区、粤港澳大湾区等国家重大发展战略，主动对接重点领域、基础设施、新一代信息技术、新能源、新材料、高端装备制造、生物医药、大健康、养老等实体经济领域，全力提升服务国家战略能力，全方位满足实体经济的多元融资需求。要积极参与股权和债权等资本市场的投资和交易。要发挥好商品、衍生交易、海外投资等全牌照功能，发挥资产管理联通国内和国外市场、直接和间接融资、普惠和高端客户的优势资源，更好地支持实体经济发展，服务大众客户，践行普惠金融。

从服务客户的角度来看，应当把握以下四个关键点：其一是要坚持把合适的产品卖给合适的客户；其二是及时、充分的信息披露；其三是投资者教育，要与母行协同抓好这项工作；四是关注消费者权益保护。

（六）切实加强风险管理

当前，我国正处于经济结构调整和转型的关键时期，经济面临着下行的巨大压力，风险快速暴露，债券市场黑天鹅事件频发。我们一方面要加强存量投资的管理，做好风险排查和化解工作，另一方面也要加强对新增投资的准入管理，防止"病从口入"。经济下行压力下，同时伴随资产荒的出现，如何在满足投资需求的前提下，做好风险管控，对理财子公司提出了更高的要求，防范化解金融风险任重而道远！我希望，大家要重点加强形势分析和研判，要建立适应理财子公司运行发展的风险管理体系架构，实现从业务部门守土有责管理，到风险中台有效计量评估管控，再到审计监察独立评判监督的三级风险防控体系；要从单一资产风险管理向多资产组合风险管理转变，从重额度审批向重准入管理转变，从资产风险管理向产品风险管理转变；要在加强信用风险管理的基础上，加大对流动性风险、市场风险、合规风险和操作风险的全面风险管理能力建设；要充分利用金融科技优势，加强系统建设，实行嵌入式风控、全流程监控的技术运用，打牢防范风险的基础。

（七）抓好企业文化建设和党风廉政建设

一要立足长远，塑造良好的企业文化。子公司要在进一步挖掘、提升邮储文化的基础上，深化"进步，与您同步"这一核心价值观的内涵和外延，在实践中不断创新、总结体现中邮理财公司特点的企业文化理念，构建公司企业文化体系。全体员工要积极参与企业文化建设，以主人翁的意识，以实践者的角色，总结提炼中邮理财公司新思想、新理念，并在工作中运用这些理念指导工作。要在全公司树立"管理就是服务"的理念，树立"诚实守信"的职业道德，树立"合规经营"的企业文化，打造"科学决策，执行有力，有效监督"的闭环管理模式。我们要以先进的企业文化凝聚人、感召人，为改革发展提供软环境、硬支撑，共同营造公平公正、合规经营、团结和谐、关爱员工、快乐工作的氛围，要让员工个人发展与企业发展同步，分享改革发展成果，充分调动员工干事创业的激情，增强子公司的发展动力。

二要加强党建引领工作，培育风清气正的干事创业环境，切实抓好党风廉政建设。中邮理财公司要加强党的建设工作，通过深入学习贯彻习近平新时代中国特色社会主义思想和党的十九大精神，增强"四个意识"，坚定"四个自信"，做到"两个维护"，自觉在思想上政治上行动上同以习近平同志为核心的党中央保持高度一致。大家掌握着大量的资金资源，容易成为市场机构"围猎"的对象，所以，我们一定要强化党风廉政建设，筑牢思想防线，加强党性教育，要算好"经济账""事业账""家庭账""人生账"，不断提升守法合规意识，守住风险底线。对重点领域和关键岗位人员，要制定有效的监督管理机制，切断利益勾结和关系纽带，严防道德风险和权力寻租，在全公司营造风清气正的干事创业环境。

资金资管业务转型发展及风险控制

之二：完善公司治理　提升管理能力
——在中邮理财公司干部调整任职大会上的发言

> **按语：** 银行系理财公司是一个新生事物，2019 年以来，六大国有商业银行及部分股份制银行相继成立理财子公司。中邮理财公司于 2019 年 12 月 5 日挂牌成立，公司运营 9 个月后，如何推进转型、加快发展、加强管理？作者于 2020 年 9 月 9 日在中邮理财公司干部调整任职大会上作了讲话，对理财公司加强管理工作提出要求。

今天召开中邮理财公司全体干部员工大会，宣布总行党委对中邮理财领导班子调整充实的决定。刚才两位新任职的同志分别作了表态发言，公司董监高三长也都作了讲话，我想借此机会讲几点意见。

一、充分肯定子公司成立以来取得的成绩

在公司组建初期，总行党委给中邮理财确定的工作方略是"稳增长、促转型、控风险，积极稳妥推进改革"。子公司挂牌成立以来，领导班子带领全体干部员工认真贯彻落实总行部署，结合子公司实际，扎实有序推进各项工作，公司成立 9 个多月来，工作卓有成效，主要表现在以下几个方面：

一是业务规模稳步增长。到 8 月，子公司资产管理规模已突破 1 万亿元，增速超过 15%，产品规模 9400 多亿元，增速 24%，增量和增速都在同业保持领先地位。

二是经营效益初步显现。已挂牌成立的理财子公司中，今年上半年利润排名第一是招银理财，第二是农银理财，中邮理财排在第三位，公司成立初期，能实现盈利难能可贵。

三是产品体系初步搭建。子公司确定了"普惠＋财富＋养老"的产品体系，扎实有序地推进新产品创设，共推出 28 只新产品。万事开头难，已经有了良好开端，例如境外与摩根大通合作挂钩境外指数的产品；国内与中信证券合作大类资产配置指数的产品，都取得了不错反响；养老产品方面结合自身研究课题，也有突破创新。

四是投资成绩可圈可点。聚焦"固收＋"，聚焦大类资产配置，取得了比较明显的成效。特别是与资本市场相关投资新增 150 多亿元，对提升产品收益水平发挥了重要作用，抓住了本轮资本市场结构性投资机会，效果很好。

五是基本摸清风险资产底数。对万亿资产开展了扎实细致的梳理摸排，借鉴表内资产风险管控模式进行梳理分类，工作做得很细，从摸排结果来看，实质性不良总体可控。近年来我们还提取了 41 亿元风险准备金。相比同业，这张资产负债表还是清清爽爽的。

六是按照既定目标推进转型。到 8 月底，净值化率 38%。如果到 10 月份月月升能够移植过来，就达到 50%，基本可以完成年初总行下达的转型目标，和同业水平大体相当。

七是扎实推进人才队伍建设。公司组建以来，在人力资源管理、人才引进方面做了大量工作，取得了比较明显的成效。最近在紧锣密鼓推进社会招聘，我看了部分资深岗位人员履历，整体水平还是很不错的，理财子公司现在急需补充人才，应该以开放的心胸加快人才队伍建设。

八是公司治理逐步规范。 前期组织总行诊断组对提升子公司治理水平提出了意见建议，目前来看整改效果明显，"两会一层"有序运转，效率明显提升。

上述成绩的取得，得益于子公司党委正确领导，得益于在座中层骨干精心组织，更得益于全公司一百六十余名干部员工的共同努力。在此我代表集团公司刘爱力董事长，总行张金良董事长、郭新双行长，代表总行领导班子，向大家表示祝贺和感谢！

二、正确认识发展机遇与挑战

挑战方面，从内部看，子公司产品转型步入攻坚期，越往后难度越大，鑫鑫向荣A、B转型面临挑战。近半年来，理财销售在行内非储蓄存款的AUM占比在下降，要引起关注重视。目前总行在大力推进财富管理体系建设，一年来，基金、信托、保险销售快速增长，尤其是公募基金销售呈几何倍数增长，在大资管格局下，我行客户资产配置理财产品占比面临严峻挑战。总行正在给6.13亿客户画像，资产配置超过1万元的1.2亿户左右，超过10万元的近3400万户，针对这些高净值客户，中邮理财到底扮演何种角色？这是摆在大家面前的重要课题。

从外部看，经济下行，特别是受疫情影响，实体经济受到严重冲击，世界经济格局为近半个多世纪最艰难阶段，可谓是百年未有之大变局，第四季度后发展态势还很难预测。中国最早控制住疫情，但其他国家形势仍非常严峻，对实体经济的冲击远没有见底，这对风险管控工作带来巨大压力，也增加了不良资产处置的难度。同时，我国资本市场高歌猛进，政府和监管提出建制度、不干预，打造健康、有活力、有韧性的资本市场，这是国家发展到今天的一个重要使命和必然选择，中邮理财要思考如何抓住机遇加快发展。

同时，国家在大力推进构建新发展格局，核心是科技要强起来，这就必须有资本市场作支撑，我们已经看到了，科创板和创业板注册制等一系列改革措施相继推出。在此大格局下，公募基金今年增速非常快，而传统商业银行可施展空间不多，母行要靠中邮理财这个平台打通储蓄和投资，连接投资者和融资者。当然在这一进程中，需要子公司有效地把控风险。

挑战之外更有机遇。从行业经验看，在欧美发达国家大类资产管理机构中，银行系资管公司在前 20 名里占半壁江山，子公司是打通母行参与直接融资的重要渠道，同时可以助力母行打造财富管理体系。从子公司自身优势看，作为新机构可以建立全新机制，通过体制机制创新推动公司发展，同时子公司储备了大量优秀人才，目前公司 90% 以上都是研究生，平均年龄 32 岁，接下来还会通过社招、校招持续引入优秀人才，这都是优质资源。同时，中邮理财背靠母行 4 万个网点、6 亿客户，潜力巨大。因此，大家要正确认识面临的形势机遇，坚定发展信心。

三、几点希望

第一，举全公司之力制订完善转型整改方案。监管对国有大行理财子公司转型提出明确要求，各行要在 9 月 25 日之前将经过董事会审议的转型方案上报银保监会和人民银行。这个转型整改方案将是未来几年子公司转型的纲领性文件，要包括规划、整改措施、时间进度安排等；要明确总行与子公司职责分工；要从产品端到资产端，逐笔业务建立台账，个案处理事项要有具体原因和内容；要对转型整改做影响评估，制订风险应对预案等等。

邮储银行理财业务和同业相比虽然具有"三高一低"的特点，即零售占比高、开放式产品占比高、债券投资占比高，非标投资占比低。但我们也不能盲目乐观，在非标资产、资本补充工具和长期限低收益标准化债权资产整改方面我们都有一定难度。因此，制订整改方案是子公司当前工作的重中之重，还有不到两周时间，任务非常紧迫，期间要跟总行相关部门沟通，要向总行主要领导汇报，还要提交行办会、党委会和董事会审议。因此，方案要在本周日前具备汇报条件，请大家紧锣密鼓把这项工作搞好。另外，转型整改方案定下来之后就不能朝令夕改了，所以大家一定要严肃对待。

第二，切实抓好公司经营管理工作。一是推进净值化转型，近期当务之急是积极稳妥推进1400亿元月月升转型移植。二是提高投资收益，投资收益高，产品收益就好，在客户端才更具吸引力和竞争力。资本市场瞬息万变，如何做好资产配置，有效运用杠杆，同时又控制好风险，对投资提出较高要求。我们的"固收＋"，要加上大类资产配置、权益指数等；要发挥邮储银行在一些长期限项目上的比较优势，大力拓展新业务领域；要主动向公募基金、保险资管学习，同时发挥银行理财传统优势，充分调动、释放分行积极性。三是在产品创新上，要打出几款拳头产品，认真规划全产品布局。通过几款爆款产品把理财规模撑起来，满足客户需求。四是在销售上，过去银行理财期限绝大部分都在一年以下，但在净值化转型情况下，必须大力发行长期限产品，要思考如何做好投资者教育，开展窗口销售培训，让理财经理做好转型销售工作。当前销售主要还是依靠母行，要加强市场研判，强化母子协同。另外，也希望你们充实销售力量，筹划打造自身销售营运平台，积极拓展对外机构客户市场。

第三，加快能力建设。这里重点包括投研、运营、科技、风控、薪酬绩效、场地等。希望你们在这些方面都扎实有序地推进。在投研方面，要打造具有前瞻性、高水准的投研体系，提高投资能力，完善投资决策流程，拓展投资边界；在运营和科技方面，要打牢基础，做好产品端、资产端、销售端、运营端、风控端的 IT 系统支撑，积极拥抱金融科技；在风控和薪酬绩效等方面，要进一步设计完善风险管理制度、人员薪酬机制，要以健全的制度体系和先进的机制为高质量发展保驾护航；在场地上，一方面，要考虑当前的燃眉之急，另一方面，更重要的是要加快新场地的装修改造进度，这个事情大家要只争朝夕，不能再拖了，一天30万元的租金，拖就是浪费！

第四，加强队伍建设。队伍建设包括领导班子、中层干部以及员工队伍。中邮理财班子成员来自四面八方，目前在同业中算是实力比较强的，今天，又有两位新同志进入班子，进一步充实了子公司领导班子力量。这两天大家要抓紧时间研究班子分工，分工情况要尽快向总行党委组织部报备，后续要按照分工积极开展工作。

这次总行中层副职竞聘，中邮理财人才辈出。在我的印象中，在总行各部门、各单位里，中邮理财脱颖而出的人才数量排在第二位，子公司一次能输送出三个干部非常难得。接下来，子公司一些部门中层需要补位，我跟班子也说了要抓紧，总行在组织处级人才库建设，子公司也要加快推进这项工作。

子公司要建立市场化用人机制，希望公司党委认真研究员工职业发展通道，建立职级能上能下、人员能进能出、薪酬能高能低的市场化机制体制，搭建万马奔腾、让员工能够充分施展抱负的舞台，使员工在中邮理财事业大发展进程中成长成才。这里不一定都是千军万马过行政职务的独木桥，希望你们尽快启动专业序列职级体系建设，总行已经拿出了办法，希望子公司在此基础上尽快拿出自己的方案。实际上公募基金、券商公司薪酬水平高的往往不是部门负责人，而是基金经理、投研人员。将来子公司最优秀的投资经理、交易员也可以享受部门总待遇。当然银行系理财子公司要适当考虑前中后台平衡性，但是总的趋势肯定是要向市场化小步快走，加快步伐。

再说一下招聘工作，最近大家很辛苦，紧锣密鼓地组织面试，招聘工作要尽快落地，后续还要做好背景调查，希望你们把握宁缺毋滥的大原则，招最优秀的人才，只有这样大家才会心服口服。当然，同等条件下，肯定要优先使用内部人才。另外，社招工作要循序渐进。

第五，加快推进合资子公司筹建。要尽快推动与相关境外机构高层见面，合作内容可以谈得更细一些。同时对于其他有意向的外资资管公司，也可以以开放心态接洽。总之要抓住当前政策时间窗口，尽快推动合资子公司组建。

第六，切实加强党风廉政建设。要进一步加强党建引领工作，培育风清气正的干事创业环境。切实抓好党风廉政建设，筑牢思想防线，要引导全体干部员工算好"经济账""事业账""家庭账""人生账"，不断提升守法合规意识，守住风险底线。希望全体干部员工要和公司共同成长进步，不要掉队，不要因小失大，切实做到守规矩、有底线，不能因为蝇头小利葬送自己的职业生涯。要做到慎初慎微，每一名员工都不能越雷池、不能碰红线。在对外合作中，大家要放低姿态，着眼于与同业实现互利双赢，不要总是抱着甲方思维，要守住底线，清清爽爽、干干净净地和同业机构沟通交流与合作。公司层面要建章立制，对重点领域和关键岗位人员制定有效监督制约机制，严防利益寻租，守住道德风险底线，要在全公司营造风清气正的干事创业环境和廉洁从业的企业文化氛围。

第七，进一步完善公司治理。首先是董事会、党委会层面，要谋战略、抓大事、带队伍，把几项重点工作做起来。金良董事长在各种会议上反复强调，这几年邮储银行强总部的几件大事，最重要的是人才队伍建设和 IT 支撑。对这两项工作，董事长亲自抓，我们大家都切身感受到了这两年总部能力建设取得的卓著成效。希望子公司党委也要切实做好把方向、管大局、保落实工作，董事长也是党委负责人，要善于抓大事，抓难事，很多工作是一点突破就能带动全局。高管层要在授权体系框架下，各司其职、各负其责。高管层要对经营管理工作负主责，高管层"一把手"要做好对经营班子成员的督导、协调、支撑服务，哪个方面弱，要赶紧强化，哪一块不足，要赶紧查漏补缺。一级抓一级，一级对一级负责，"一把手"抓副职，副职抓部门总，部门总抓员工，层层加强，这是行之有效的管理方法。副职在授权范围内要大胆开展工作，同时发挥好专委会作用。一直以来，我们在总行倡导一个观点，不是说副职不分管某个部门，就对这个部门没有管理职责，任何副职召开专题会议，定的事项和达成的共识，各部门都必须坚决执行，不能打折扣，只有这样工作才能顺利往前推。另外，监事会也要做好监督和把关。

四、几点管理工作体会

最后，结合当前理财子公司发展所处阶段，我谈谈对管理工作的几点体会和建议，谨供同志们参考。

一是聚焦。子公司作为独立法人，工作千头万绪，前中后台16个部门，如何做好统筹工作？我看重要的是要做到形散神不散，既要照顾到面，奏好交响乐，更要有主题、有重点。公司党委一定要清楚一个时期需要重点关注的大事，针对这些问题一定要聚焦，要紧抓、狠抓，直到抓出成效。

二是决策。我有个切身体会，管理就是决策。说白了管理就是党委经过慎重研究之后，决定往东走还是往西走，往南走还是往北走。副职、部门提出来的重大疑难问题，办不办？怎么办？如何配置资源？党委会要及时作出决策，该支撑的支撑，该督导的督导，该鞭策的鞭策，这样工作才能扎实有序地尽快往前推进。及时、高效、果断决策的前提，是会前要做充分的调研论证工作，重大事项会前要做好沟通，达成共识，这样决策前才能做到心中有数。

各层级管理者也需要有担当意识。作为市场化公司要有适当的容错机制，在不越雷池、不违法、不违规违纪的前提下，要大胆突破，有所创新。从董事长到总经理，再到副总和部门都要有担当，要敢于决策，善于决策，只要有利于公司发展，大家认可，有共识，就要尽快拍板，千万不能前怕狼后怕虎。同时，公司要划清部门的职责边界，明确授权，各部门要在职责边界内大胆开展工作，不推不拖。

三是执行。一个行动胜过一打纲领，一分部署、九分执行，没有执行，一切都是空谈，抓而不紧等于不抓。执行过程不可能是一帆风顺的，有的工作可能会碰壁，有问题不可怕，可以再研究、再讨论、再决策。只有这样企业才能加快脚步，才能跟上市场前进的步伐。

四是监督。综合管理部门要做好督办，审计、纪检部门可以组织一些效能监察，督促重点工作推进。

科学决策、执行有力、有效监督，才能形成闭环管理。在座各位中层干部，很多刚刚走上管理岗位，过去没有经验，可能很多人都是以"摸着石头过河"的模式在抓管理，希望公司将来也可以请一些管理咨询公司来做培训。昨天听一个分行行长介绍，他们在人力资源管理上做了一些工作，成效很明显。分行请咨询公司做了一个 30 人的青年干部训练营，管理咨询专家通过跟班形式系统观察干部日常工作和管理，以专家视角评价学员的优缺点，帮助分析不足，及时提出修正意见，促进干部管理能力提升。

管理工作很重要的一点，是在把握住方向和大局的基础上，调动员工积极性。但我发现，我们子公司有的同志专业能力不错，但管理水平亟待提高，有的同志带队伍带散了，把员工带没了，没人愿意跟他干，这样怎么能做好工作呢？管理者是需要有潜质的，同时管理能力可以后天培养。你们是一个新的市场化公司，在中国金融领域里是最具潜力、最有活力的。希望公司党委在人才队伍建设上有一些新思路，做一些新尝试，特别要加强管理能力方面的培训。在座各位干部也要加强学习，勤于实践，不断提升管理能力，带好队伍。

集团公司党组和总行党委高度重视中邮理财发展，对大家寄予厚望。你们是一支充满朝气和活力的年轻队伍，市场化程度比较高，人才来自五湖四海、四面八方。在下一步邮储银行转型发展进程中，在打造全行财富管理体系工作中，希望中邮理财能够充分发挥先遣队作用，为全行转型发展作出更大贡献。

资金资管业务转型发展及风险控制

之三：资金资管业务要重整行装再出发

——在 2020 年资金资管板块工作会上的发言

按语： 邮储银行作为一家资金大行，资金资管板块是全行收入的重要来源以及"一体两翼"业务布局的重要一极。当前，受经济下行压力加大、市场流动性宽松并叠加新冠肺炎疫情的影响，资金资管条线面临优质资产难寻、非信贷投资收益率快速下行的现实困难。与此同时，随着监管政策和市场的调整变化，省分行在金融同业条线也出现了关键人才流失、业务发展空间萎缩、市场竞争力下降等不利局面。2020 年 2 月 20 日，邮储银行通过电视电话会议形式召开了资金资管板块工作会议，本文是作者在会议上的讲话，重点阐述了邮储银行资金资管板块机构改革完成后，省分行资金资管条线到底该做些什么以及如何做，进而实现业务的高质量发展，为全行收入增长作出贡献。

为积极应对疫情影响，切实抓好经营工作，春节后一上班，张金良董事长就主持召开三个业务板块专题会议，研究部署业务发展和金融支持抗疫工作。为贯彻落实年初总行工作会议精神和节后专题会精神，推动资金资管板块各项业务实现高质量发展，今天我们以视频加电话方式召开条线专业工作会议，安排部署全年工作。

根据监管部门工作指引和要求，资金资管业务由总部专营，我行执行得比较严格。2017年以来，随着影子银行治理和银行乱象治理的深入推进，同业投资业务大幅萎缩，业务规模已从2016年年底的1.29万亿元高点回落至目前的2000亿元左右，加之票交所开始运营及电票普及，这几年，省分行层面金融市场条线越发觉得没事可做了。面对新的监管要求和同业发展格局，下一步，省分行在资金资管业务上到底如何谋篇布局，今天利用这个机会，我谈一些思考。下面我的发言，重点谈谈省分行资金资管条线到底该做些什么和如何做。

一、进一步深化资金资管业务管理体制改革

去年，总行对资金资管板块管理架构作了调整。原金融市场部分设为金融同业部和金融市场部，同时金融同业部承接了原公司部的票据直贴业务，实现了票据直转合并。改革后，金融同业部的主要业务包括同业融资、同业投资、票据业务和三方存管等，管理的资产规模大约为1.25万亿元；金融市场部则侧重本外币交易、债券交易、债券投资、贵金属、衍生品等线上资金交易和投资管理，管理的资产规模大约为4.3万亿元，同时协助资产负债部做流动性管理。金融同业部作为资金资管板块的牵头部门，肩负全行同业客户管理、资金资管条线人才队伍建设以及信息系统建设管理等重要职责。两部门在产品差异化的基础上，有利于各自加强精细化管理。

资管业务方面，也有大动作。去年12月5日，中邮理财公司获准开业，迈出了资管公司化、市场化发展的第一步。在过渡期内，中邮理财接受总行委托，负责未划转理财业务的运营。同时，中邮理财按照监管要求，发行符合要求的新产品。资产管理部负责统筹协调理财业务管理工作。近期，

资金资管板块各部门认真把握总行党委对机构改革的目标要求，平稳推进业务发展和管理工作。总体来看，衔接有序，运行顺畅，为构建协同高效、充满活力的工作体系奠定了基础。

下一步，总行将发挥资金资管委员会的作用，强化顶层设计。委员会要坚持系统性和整体性原则，优化板块内资源配置，要切实达到深化协同发展、凝聚板块合力的效果。

在基本完成总行机构改革的基础上，分行层面要加快推进机构完善优化工作。根据全行分支行机构改革的总体方案，针对资金资管条线的队伍建设和票据业务的管理体制，总行将发文予以指导和规范，推进机构改革工作落地，实现机构和职能配置科学合理、权责一致，为资金资管板块进一步发挥优势、释放改革红利奠定基础。

在人力资源分布上，与同业相比，我行呈现"两高三低"的状态，即零售业务、风险板块人员占比高，科技条线、公司板块、资金资管板块人员占比低，其中，资金板块人员占比仅为 0.41%，约为同业平均的三分之一。下一步，总行层面要逐步充实人员，分行层面也要适当加大力度。

另外，中邮理财公司要尽快完善公司治理，切实抓好制度建设，确保公司开好局、起好步。同时，要积极稳妥推进经营发展，助力母行实现零售升级。

二、在当前形势下，资金资管板块要为全行作出更大贡献

受经济下行压力加大、市场流动性宽松并叠加新冠肺炎疫情的影响，零售板块、公司板块资产负债业务双向承压。2 月 20 日，一年期 LPR 下调至 4.05%，预计 2020 年邮储银行净息差将会进一步收窄，全行收入增长

面临严峻挑战。邮储银行是一家资金大行，资金资管条线是全行收入的重要来源，是我行"一体两翼"业务格局的重要组成，也是我行资金优势的集中体现，这个板块具有"投放规模大、运作成本小、资本耗用少"等业务特点，一直发挥着"稳定器"和"压舱石"的作用，可以说是牵一发而动全身。同时，长期以来，我行金融市场业务在市场上也颇具影响力。集团公司、邮储银行上下都对我们寄予厚望。

当前，资金资管条线面临优质资产难寻、非信贷投资收益率快速下行等诸多挑战，但我们也要看到一些有利的发展因素，主动化危为机。一是从市场环境看，随着融资结构调整，直接融资占比将进一步提高，这有利于资金资管业务拓展投资品种，优化资产配置。近期，在资本市场方面，针对新型冠状肺炎疫情冲击影响，监管部门审时度势、及时应对，春节后出台一系列政策措施以稳定市场情绪，A股指数已回升到节前水平。当前，我国非金融企业杠杆率水平在170%~190%，全社会杠杆率水平在250%~260%，从全球比较来看，已经处于高位，可以说间接融资已到天花板，未来中国必将进入股权融资时代。二是从我们自身能力看，通过前几年的"影子银行和交叉金融"专项治理，全面摸清了业务风险底数，优化了业务结构，夯实了发展基础。去年我们又将几笔不良非信贷资产交由授信管理部统一管理，下一步可以轻装上阵了。三是从改革红利来看，总部板块组织架构调整后，理顺了部门职责，加强了客户统一管理，夯实了各项业务联动发展的基础。四是从政策配套支持来看，为支持业务发展，近期相关部门正在按照张金良董事长和郭新双行长指示要求，在授信政策、利率管理机制、业务授权等方面加速优化完善。这些因素都为我们资金资管板块转型发展创造了有利条件。

三、加强省分行金融同业条线能力建设

近些年，受监管政策影响和资金资管业务转型发展需要，分行层面的业务发展空间出现萎缩，市场竞争力下降。特别是前几年培养起来的很多业务骨干，或轮岗其他条线，或离职。有些分行甚至陷入了"业务少了，人走了""人少了，做不了业务"的循环。这既有行业转型发展的客观因素，也有总分行职责定位不清、转型发展步伐不快、市场拓展能力不足、客户服务不细、业务管理粗放、团队建设薄弱等因素的影响。

（一）转变思想认识

当前资金资管业务的发展模式，已由早期的"大干快上"转入现阶段的"精耕细作"，这对条线上下的业务能力、专业能力要求更高，更需要全行上下分工协作、相互配合、联动发展。这里，我再强调一下：业务由总部专营，不是总行越大越集中越好，总部再强也不能包打天下。分行具有贴近市场、贴近客户的优势，在需求挖掘、业务办理、客户关系维系、属地业务风险管理等方面具有重要作用，完全可以大有作为。总分行要各司其职，总行是大脑、分行是手脚，总行抓产品、抓流程，分行抓客户、抓项目。总分行在客户维护、项目拓展和风险管控上要深度联动，实现双拓展、双把关。

各分行要增强总分联动的全局意识，提升市场信息收集能力，规范作业流程，有效承担业务询价、尽职调查、投后管理、客户维护等作业环节的职能作用。特别要强调的是，各分行要做实投前调查和投后管理。投前调查要结合地区经济、金融与产业结构情况，对区域内的重点客户进行深入研究，哪些客户应该进，哪些应该退，何时进，何时退，这都是风险管

理中重要的决策参考，是影响资产质量的最关键因素。投后管理要善于捕捉"微弱信号"和"蛛丝马迹"，预事要早，行动要快，及时化解潜在风险。在这方面，我们过去吃过亏，是有深刻教训的。比如，对于一些业务，有些分行经过认真尽调后认为有风险不能做，但有些分行尽调敷衍不认真，把关不严，最后给总行传递了错误的信息，这种情况不在少数。再比如，有些同业客户的实质性风险已经显现，其他同业金融机构都已经开始撤出，而我们还在继续开展业务，成为"接盘侠"。

在此，还要强调一点，托管业务不是总部专营业务，相反，它是一项市场竞争激烈的乙方业务，更需要分行发挥渠道和客户资源优势，加大市场拓展力度，树立托管业务全行办的思维理念。

（二）提升专业能力和业务拓展能力

打铁还需自身硬。资金资管业务是邮储银行与同业短兵相接的业务，市场化程度高，专业性要求强。我们的分行与同业机构相比还存在对产品了解不透、说不清客户需求，甚至不了解属地客户的情况。部分机构和人员，由于自身专业能力不足，不敢走出去营销和交流，关起门来办银行。各级行领导要带头持续加强学习，从宏观经济形势、货币政策走向，到产行业政策和外部监管规定，再到业务产品内涵、同业产品动态和我行业务流程，真正做到了解你的产品、了解你的客户，了解你的队伍，为走出去营销和办好每一笔业务打下坚实基础。

分行处在市场拓展一线，要树立拼搏精神，培养"狼性文化"，要积极把我们的产品与客户需求进行有效对接，从每笔业务上挖掘综合收益。客户普遍重视访客级别，强调对等营销。各级行领导要发挥"首席营销员"作用，主动对接客户、开拓市场，到市场上寻找"源头活水"。要靠前指挥，因地制宜，周密部署、全程督导，把发展资金资管业务的责任扛起来。

（三）加强队伍建设

大家都有切身体会，分管行长强，则分管条线强；分管领导也有体会，部门老总强，则条线业务过硬。资金资管业务能否做好，关键在于人才队伍建设。各分行要加强资金资管条线人员引进，通过内招、社招、校招等渠道充实队伍，优化岗位人员配置，解决好一人多岗等突出问题；要加强各类业务培训，采用以岗代训、轮训、上下交流等多种方式，提升分行员工专业能力；针对资金资管条线人才市场化程度高、流动性强的特点，要对标市场、对标行业，建立市场化的考核激励机制，有效激发员工积极性和创造性。

关于队伍建设，我再强调一下。巧妇难为无米之炊。人员配置不到位、人员过度多岗兼职将导致一系列问题，风险隐患极大，这都是有前车之鉴的，有惨痛教训！希望各分行高度重视，加大资金资管条线相关岗位人员选配工作力度。将来，如果再因为人员配备不到位产生风险等问题，分行行领导是要承担相应责任的。

四、充分发挥省分行在金融同业领域的作用

（一）配合总行布局，做好业务储备

金融同业业务方面，各分行要按照总行的资产投放策略，积极开展客户营销和项目储备。同业融资业务，要积极做好属地银行客户同业存单和线上化同业存款的营销工作；发力拓展与汽车金融和消费金融公司的同业借款业务。同业投资业务，要继续挖掘公募基金、收益凭证、资产证券化三类标准化程度较高的优质资产，同时积极围绕我行授信客户开展企业信

用类非标债权业务，全面扩大银行、保险、证券、信托、基金各类客户覆盖面。

金融市场业务方面，要深耕信用债白名单客户，做好名单内客户基础授信工作，逐步通过行业细分提升信用债投资团队的专业能力，拓展客户覆盖面。要严格执行总行的风险偏好和业务策略，积极做好投债客户的综合业务拓展，发挥债券业务的撬动作用。

资管业务方面，在负债端，各分行要重视"零售"，做好分支机构新产品营销推广组织工作，拓展同业客户代销子公司的理财产品。同时，用好理财顾问和咨询服务牌照，与子公司共同营销中小金融机构的委托投资业务，积极做大理财业务规模，提升中间业务收入。在资产端，要利用好理财子公司的牌照优势，积极推荐与表内业务差异化的另类投资和权益投资业务，通过直接融资更好地开发和维护公司客户。

（二）总分联动，做强做优票据业务

票据业务是我们的传统基础业务，也是这次经营管理架构改革的重点之一。票据直转合并后，总分行要树立票据业务一体化经营理念，强化业务联动发展。总行票据业务中心要打破针对单个产品的管理思维，细化统一管理措施，保证直转统一业务策略、统一资源配置、统一风险管理，真正实现一体化经营。各分行金融同业部要尽快完成管理架构调整，完善团队岗位配置，切实履行好经营管理职责，千万不能任由基层"放羊"式发展，要做到发展好、管理好。票据直转合一后，分行分管行领导要切实负起责任，分行金融同业部的负责人更要加强学习，亲自上手操作，要一个环节一个环节地了解业务办理情况，把业务处理流程弄明白，把业务操作过程中的风险点搞清楚。

贴现业务要优化资源使用方式，既要做好配置，也要做好流转，运用有限资源更多地服务实体经济，切实承担为中小企业、民营企业提供融资支持的社会责任。同时要加强与其他公司金融业务的联动，加大企业客户营销拓展力度，抢抓票源。

转贴现业务要加大交易力度，做大交易规模，提高收益。一方面要盘活存量，加大对贴现入库票据的交易流转力度，增加利差收入；充分运用分行库存转贴现票据，配合总行开展主动负债业务，为全行流动性管理和获取低成本投资资金提供支持。另一方面要做好增量，加强市场研判，抢抓交易机会开展波段交易业务，弥补低利率市场环境下的收入缺口。目前，我们的交易类客户基础还比较薄弱，各分行要立足本地，以辖内中小城商行、农商行为营销重点，完善票据卖断、主动负债的客户体系建设，配合总行做好投资标准化票据等新产品的营销工作。

同时，还要扎实做好票据业务的风险防控工作。实行票据直转统一管理后，业务覆盖面更宽了，各分行要高度关注业务风险，防止病从口入，守住合规底线。一是要提高信用风险敏感度，针对承兑行资质进行差异定价、捕捉信用利差，要做好名单制管理，部分资质较差的中小银行、票据市场上"网红"银行的业务还是要审慎办理。二是要加强贴现客户准入和管理，强化贸易背景真实性审查和贴现资金流向监控，这是监管关注重点，一定要重视。三是要加强对基层行授权的精细化管理，要摸清分支机构的经营管理能力，进行差异化转授权，并扎实开展机构年检工作。前几年，省分行在票据授权管理这块做得不够扎实，出了一些问题，希望省分行今后要加强管理，切实履行好职责。四是要加强员工行为管控，严禁机构和员工参与各类票据中介和资金掮客活动。

（三）转变思路，协助总行做好主动负债

近些年，随着全行信贷业务的快速发展和传统储蓄业务增长放缓，我行可供投放资金逐步趋向紧平衡，资金资管板块可用的增量资金越来越少。在当前流动性宽松的市场环境下，择机择时开展主动负债，能够充分发挥我行的流动性优势和国有大行信用，提升整体经营收益。

各分行要积极响应这一经营思路的转变，做好资产—负债的双向营销和客户管理。要加强同业存单、票据正回购等各类负债工具的营销力度，大力发展再贴现业务，全面提升对主动负债的驾驭能力。要积极落实全行关于发展非存存款、优化负债结构的工作目标和要求，做好总分联动，继续扩展资金存管、托管等业务资质，为增加非存存款提供抓手；要加大对证券、保险和基金公司等客户的综合营销力度，扩大在我行的活期存放规模。

（四）强化联动，提升综合收益

对外要整合同业客户资源，对内要整合条线资源，以绩效考核等方式强化零售金融、公司金融、资金资管条线的协同发展意识，提升资金资管板块的综合收益。

一是托管业务要以条线联动带动公募基金、保险、银行理财等重点托管业务的发展。加强以"销售＋托管""投资＋托管"的产品组合服务客户的能力。各分行要通过以销促托、以投促托、拼单营销等，做大公募基金托管规模；要继续加大重点银保客户的托管营销，推进保险资金托管规模增长与代销实力相匹配；要在做好理财子公司产品转型服务的基础上，做强银行理财托管；要把握发展机遇，积极培育资产证券化、政府产业基金等托管业务增长点，点面结合，扩大托管规模。

二是各分行要充分发挥债券投资的敲门砖作用，扩大地方债引存率。

总行将加强对引存效果的评估，并据此作资源配置，各分行要加强对债券投资联动效果的定量评价，算清账、算细账，实现全行收益最大化。

（五）贯彻"五统一"要求，切实履行客户管理职责

各分行要基于属地管理，切实履行好"统一发起"和"统一投后管理"的要求，在总行的统一指导下，推进业务发展从"以产品为中心"向"以客户为中心"转变。

一是充分发挥市场触角作用，深耕市场和客户一线，做好客户画像，采用主动授信和一般授信相结合的方式扩展授信覆盖面，特别是要做好各类业务白名单客户的深度维护。

二是切实承担起营销项目和客户管理责任。做实投前尽调，并持续跟踪融资人经营和财务状况变化，真正做到"客户管得好，产品配得巧，风险把得牢"。

五、切实做好风险管理

（一）坚决夯实一道防线责任

各分行要切实发挥一道防线的关键作用。与总行相比，分行更贴近客户，贴近市场，是第一道防线的前沿阵地，要切实承担起风险防控的首要责任。同时，各分行要进一步完善风险管理架构，把握和识别关键环节风险，优化风险管理流程。在各业务环节上，要做到人员到位、职责清晰、权责分明。五家托管运营分行要严格执行岗位互控、严守操作规程。

（二）提高信用风险管控能力，加大存量风险化解和新业务风险把控力度

要高度关注经济下行期叠加疫情影响对资金资管业务带来的挑战。在

发起营销非标、信用债投资等业务时，做好收益与风险的平衡和预判。要对资产质量进行全面系统梳理，对显性和隐性不良情况了然于胸，要尽快建立"早发现、早报告、早处置"的工作机制，提早化解风险，特别是中邮理财，要对6000多亿元债券进行系统梳理排摸，尽快完善快速发现机制。对已发生实质风险的移交项目，各分行要积极作为，落实行领导负责制，与总行保全部门和业务部门建立高效的联动工作机制，形成风险资产处置合力。

（三）坚守合规底线，提升内控有效性

各分行要高度重视合规管理，积极落实内控要求，不打折扣，筑牢合规底线。张金良董事长提到"人是最大的资源，也是最大的风险"。在当前我们大力强化人才队伍建设，提升专业能力的同时，各分行要做好干部员工的合规管理。上周，中国人民银行因为反洗钱等问题对相关金融机构的多位中层干部进行了处罚，也为我们敲响了警钟。各分行要努力铸就稳健经营、守法合规、精益管理的文化，压实案件防控责任，严肃问责机制，提升内控水平，牢牢守住合规底线。

（四）紧盯重点业务领域和关键岗位，防范道德风险

金融同业、金融市场、资管业务在市场上属于甲方，手握资金资源，容易被利益集团"围猎"。大家要遵规守矩，不越雷池、不碰红线，要警钟长鸣。在工作上，要形成互控、制约和监督的机制。各级管理者既要管事也要管人，确保员工不掉队。

六、强化总行对省分行的支撑服务

（一）逐步扩展分行的客户管理权限

要对现有同业客户分类分级管理模式进行优化，对一些战略客户和重点客户，逐步将客户管理权限下放给分行。在企业客户方面，要逐步扩大信用债投资白名单，指导分行精准营销。

（二）加强对分行营销的产品支撑

为进一步丰富产品种类，今年总行将重启自营资金投资非标业务，推出线上贴现产品，理财业务也将重点突破权益、指数类产品和另类产品，增加分行与客户合作的切入点，提高产品策略的灵活性，丰富分行挖掘客户价值的产品抓手。同时，总行要加强专业化产品研究，结合客户的投融资需求，及时更新完善产品包，切实提升营销指引的可操作性。

今年总行还要继续抓北上广深、浙江、江苏等重点区域同业客户群建设，支持分行打开平台建设的突破口，逐步从简单的流动性支持向多业务品种、多层次业务合作转变。

（三）提升总分行沟通和运营效率

一是建立联动平台，做好双向沟通。一方面，总行层面要定期发布业务策略、业务标准和风控要求，提高分行营销精准性；另一方面，要建立分行向上信息报送机制，便于分行将联动开发情况和获取的同业信息及时反馈总行。同时，在总行层面，部门间、板块间要充分共享分行上报信息，及时做好沟通反馈，共同为分行的客户开发和维护做好支撑。

二是优化流程管控，提升业务效率。总行要明确各类业务审批的时限管理要求，强化分行的预期管理，避免因内部流程冗长而错失投标机遇，切实提高对客户需求的响应速度。在风险可控的前提下，要适当放宽部分业务的报送时效要求，提高分行的业务参与度。

三是加强系统建设，做好运营支撑。进一步加快资新一代资金业务平台综合子系统建设，提高业务流程的线上化水平，提升业务效率。有效解决票据系统与公贷系统对接后出现的系统不稳定问题。完善理财业务系统，增强产品营销时信息可视化水平。加快新一代托管系统建设工作，补足部分产品托管需求短板，提高系统直通率，降低操作风险，提升客户体验。加快新一代资管业务平台的功能完善。

（四）优化收入分配，激发分行活力

总行将进一步完善体制机制，发挥好收入分配的指挥棒作用。在综合考虑工作复杂程度、分行实质承担风险以及业务导向的基础上，由财会部牵头，相关业务部门配合，合理确定收入分配标准；逐步强化以客户为中心的收入分配模式，不断增强收入分配与管理导向的契合度。托管业务对占用全行网络渠道或资金资源营销的托管产品，合理确定收入分配标准，鼓励分行联动营销托管业务。理财业务要尽快明确收入分配办法，构建总分协同发展的良好格局。

同志们，邮储银行有一张差异化的资产负债表，最主要特征之一就是资金资管业务占比高。资金资管板块的同志们，一定要进一步增强责任感、使命感，要充分发挥资金体量大和客户分布广的优势，加大业务模式和产品创新力度，在加强总部能力建设的同时，充分调动分行积极性，积极开拓市场，拓展客户。同时要严守合规底线，精细管理，防控风险，推进资金资管业务实现又好又快发展！

资金资管业务转型发展及风险控制

之四：变局中的危与机

——在 2019 年资金资管板块工作会议上的发言

按语： 当前，资金资管业务发展面临复杂的内外部形势，但仍处于大有可为的战略机遇期，变局中危和机同生并存，随着金融供给侧结构性改革深入推进，横跨货币、信贷、资本、债券业务几大市场的资金资管业务将迎来新的发展机遇。资金资管业务是邮储银行经营发展的重要支撑。作者在 2019 年邮储银行资金资管条线工作会议上，总结了 2018 年取得的成绩，分析了面临的内外部形势，并对 2019 年重点工作进行了部署，要求资金资管工作不断深化业务转型，持续加强能力建设，突出抓好投研体系、客户基础、风险管理、协同联动、队伍建设五项重点工作，加快转型发展，进一步巩固和增强对全行经营发展的支撑作用。

这次会议的主要任务是：全面贯彻落实邮政集团公司刘爱力董事长、邮储银行张金良书记在集团公司工作会、邮储银行工作会和邮政金融风险内控工作会议上的讲话精神，贯彻落实张学文副行长在邮储银行 2019 年工作会议上的部署要求，全面总结 2018 年资金资管业务工作，分析当前形势，部署 2019 年重点任务，主动担当、加快转型，为全行实现高质量发展贡献更大力量。

下面，我讲三方面的意见。

一、充分肯定 2018 年资金资管业务取得的成绩

（一）经营业绩稳中向好

金融市场业务收入再创新高。截至 2018 年底，金融市场类业务资产余额 4.25 万亿元，占全行 9.52 万亿元总资产的 40% 以上。其中，总行金融市场部运营资产 3.1 万亿元（扣除 1500 亿元货币市场融入资金，运营资产为 2.95 万亿元），规模基本保持稳定，实现业务收入 1286 亿元，完成预算目标的 122%，创历史最好水平。全年市场交易规模超过 77 万亿元，在大型商业银行中综合排名第一。

资产管理业务稳中有进。理财产品日均保有量 8204 亿元，完成计划目标的 105%；零售理财日均规模较上年新增 1209 亿元；管理资产规模 8145 亿元，标准化资产占比达到 82%，高于行业平均水平 12 个百分点；实现收入 51.7 亿元。

托管业务稳健发展。托管业务规模稳定在 4 万亿元，年度贡献活期存款余额近 300 亿元，同比增幅 31%。实现收入 17.6 亿元，其中手续费收入 8.7 亿元。

（二）业务转型稳步推进

金融市场业务坚持回归本源。着力推进标准化转型，合理调整久期，优化资产组合结构。在去年前三个季度的利率高点，有效布局长期债券资产 6644 亿元，平均久期 4.84 年，加权利率 4.24%，使年末债券资产组合收益率提升 11 个基点，为利率下行期储备了一批高收益资产，大家可以看到，今年再找 4% 以上的同业资产已经非常困难了。深化票据业务改革，

平稳布局同业融资，有序推进同业投资，年末标准化资产占比达 89%。得益于前期调整结构，降低同业投资比重，实现了资本节约 297 亿元，税负节约 205 亿元。江苏、浙江、山东、安徽、重庆等分行深挖客户合作潜力，紧抓发展机会，议价能力增强；上海、黑龙江等分行强化客户服务，加强市场营销，对全行票据资产配置起到了很好的支撑作用。

资产管理业务平稳转型。围绕资管新规，以净值化转型为主线，不断优化业务结构。净值型理财产品余额达到 849 亿元，占比由年初不足 1% 提升至 11%，2019 年 2 月已提高到 13%；开放式产品占比超过 80%，高于行业平均水平 23 个百分点；成功发行两期封闭式私募理财产品，募集金额 6.84 亿元；推进现金管理类、定开型产品发售。

托管业务向主动管理类转型。聚焦公募基金、保险资金及资产证券化等主动管理型业务领域，主动管理型规模占比较年初提升 5 个百分点，达到 45%。托管新成立公募基金 10 只，规模 136 亿元；保险资金类产品托管规模新增 200 亿元；引进上线 18 只资产证券化产品，规模达 477 亿元。

（三）专项治理成效显著

全面深入开展专项治理。2018 年，全行继续开展资金资管业务专项治理工作，对 494 笔同业业务和 2072 笔理财业务开展总分行"一对一"现场沟通和投后管理下沉，对 17 个省市开展年度现场检查。加强与监管部门沟通汇报，密切配合银保监会"影子银行和交叉金融"现场检查，坚持"即查即改、立行立改"，得到检查组的充分肯定。截至 2018 年末，同业投资余额降至 3219 亿元，较年初压降 3740 亿元，较 2016 年最高时点压降近 1 万亿元，其中，累计提前清收 365 亿元，暂停放款 94 亿元，缩短合同期限业务 126 亿元；产业基金后续出资问题基本得到化解。理财非标业务整改规模达 245 亿元,减持和回售风险债券 518 亿元,压缩委外资产 1171 亿元,降幅达 72%。

内控制度逐步完善。资金资管条线增补修订制度 28 项,废止制度和手册 20 项,制订 3 项内控方案;完善授权管理,健全审议机制,移交放款审核,严格规范资金投向,优化托管运营流程,实现内控合规的全程管控,进一步夯实"第一道防线"的风控责任。

（四）基础管理得到加强

客户管理体系初步建立。完善合作机构名单制及客户管理分类分层分级管理制度,以综合贡献度为核心指标对客户开展评价,引导差异化客户服务与资源配置。截至 2019 年 2 月底,中资金融机构授信客户 454 家,托管业务合作客户 603 家,纳入分类、分层、分级评估的客户 1117 家。推进信息系统升级改造。完成"新一代资金业务平台"核心子系统一期建设,预计第一季度末即可上线运行;启动"新一代资管平台"系统建设。

2018 年,经济金融形势复杂多变,金融监管升级。全行资金资管业务严守合规经营底线,不断推进经营转型,发展成果显著。成绩来之不易,难能可贵! 这是全业务条线和各级行在总行党委的正确领导下,奋发进取、努力拼搏的结果。

过去两年,资金资管条线经营发展呈现以下四个特点:一是严监管,新规多、检查多、处罚重;二是降增速,在监管新政下,三个条线的增速都有所下降;三是回归本源,去杠杆、去通道、去套利持续推进;四是促转型,各项业务持续深入转型,"大干快上"的时期已经结束,要精耕细作发展业务。

在肯定成绩的同时，我们也要清醒地看到，资金资管条线发展中仍存在一些问题，需要引起高度重视：

总行层面，一是管理支撑不到位。资金资管业务按照监管规定，以"总部专营制"构建业务体系，总部将更多的精力放在自身运营管理，而对分支机构的指导服务不够。二是资产配置能力有待提升。金融市场、资管业务都存在市场研判能力相对欠缺、资产配置有待进一步优化的问题。三是条线协同有待加强。与集团其他板块、条线间、条线内协同都有待提升。

分行层面，一是团队建设薄弱。去年，总行下发了分行金融同业部机构改革的文件，但落实不够到位。在组织建设上，仍有十余家分行团队管理和岗位设置不到位，一人多岗问题突出，难以带动业务发展。二是市场拓展能力不足。营销能力不强，对产品了解不透，甲方当惯了，都是关门办银行，是"坐商"而没有做"行商"。三是客户服务不细。对客户需求了解不够深入，既包括同业客户，也包括企业客户。四是管理粗放。在投后管理和风险化解方面，存在管理不到位的问题。

二、深刻认识资金资管业务发展面临的内外部形势

资金资管业务涉及货币市场、债券市场、资本市场、外汇市场、商品市场等主要金融市场，受经济金融形势、宏观政策和监管政策影响较大，需要我们准确分析内外部环境。

（一）宏观形势严峻，风险和困难增多

当前我国经济发展面临的国际国内环境都在发生深刻而复杂的变化，经济运行稳中有变、变中有忧。长期积累的风险隐患开始暴露，经济面临

下行压力。随着经济增速放缓，有效资产不足、息差收窄、风险防控压力加大、同业竞争加剧将会成为银行经营的新常态。2018 年以来，我国金融市场波动加大，债券市场频繁暴雷，股权质押风险增大。2018 年市场上共有 124 只债券违约，涉及金额 1206 亿元，超过前五年总和；2019 年以来，暴露的债券违约事件达到 18 笔，金额 131 亿元，较去年同期增加 77%，我行也涉及部分违约债券。虽然近期资本市场有所好转，但股质风险仍未解除警报。金融市场波动加大，不仅增加了资产配置难度，也加大了风险防范压力。我们要进一步提高风险防控意识，牢牢守住资金资管条线表内外合计 9 万亿元资产的风险底线。

（二）货币政策宽松，业务发展压力增大

从货币政策的总基调来看，今年将继续保持偏宽松的货币政策，有专家预计全年有望降准 2 至 3 次。从近期市场资金价格来看，延续了去年下半年低利率走势，特别是 2 月以来，资金市场价格进一步走低，一年期同业融资业务利率从元旦前的 3.5% 一度跌破 3%，较去年同期下降 200 个基点，处于历史底部。春节后头几天，隔夜拆借利率一度跌至 1.4% 左右。票据转贴现利率同比下行超过 200 个基点；三年期和五年期国债收益率分别为 2.61% 和 2.83%，已低于我行资金成本。息差的不断收窄，对银行业经营能力提出重大挑战。今年，邮储银行将面临"增量不增收"的被动局面，这将会与同业负债占比较高的股份制银行形成鲜明对比，人家增收，我们减收。未来一个时期，"有钱就是爷"的时光将不再，下一步要提质增效，突出考验我们"三个能力"，一是信贷定价及资产运作能力，二是拿低息负债的能力，三是中间业务发展能力。

我行差异化的资产负债结构，决定了资金资管条线对全行收入利润影响较大。市场利率低位运行，导致短期资产运作无法覆盖负债成本，配置长期限资产又将面临较大的重定价风险，再加上市场竞争推动存款成本刚性上升，未来利差将呈现持续收窄的趋势，金融市场业务经营压力巨大。今年1月，受市场环境影响，金融市场条线各项业务收益率大幅下降，同业融资、债券投资、票据转贴现等业务的新发生收益率较去年同期下降超过150个基点。2月，受春节因素和旺季营销驱动，我行储蓄存款大幅增长，短期资产运用规模激增，当月平均超过了3000亿元，而货币市场投资年化收益率不足2%。

邮储银行是一家资金大行，资金资管条线是全行收入的重要来源，牵一发而动全身。如何提高投资收益，对我们来说使命光荣，责任重大。

（三）监管从严，合规经营和转型压力大

2018年以来，监管机构陆续出台了40多项新规，资金资管业务面临新的监管要求，经营模式急需转型。同时，监管部门紧抓同业、理财和表外等重点领域，加大检查和处罚力度。面对新的监管形势，我们只有适应监管新要求、新标准，严守风险合规底线，更加有效地服务实体经济，才能提升可持续发展能力。

从资管业务来看，净值化转型步伐加快，存量产品整改以及净值型产品的布局面临挑战，投资者教育工作任务繁重。大类资产配置要求提升，但我行资产配置种类还不够丰富，权益类资产低于行业平均水平，衍生、商品等其他配置领域尚需拓展。面对"资产荒"和信用风险不断暴露，投资难度不断增大。客户挖掘和分层管理还有很大差距，邮储银行个人客户数量虽与工行基本持平，但个人理财客户数却远低于工行；机构理财余额占比也低于同业平均水平；私募产品客群、超高净值客户群积累还有较长的路需要走。

从托管业务来看，受资管新规影响，通道类业务规模大幅下降，全年规模降幅达到 8%，远高于行业平均水平。随着资管新规及配套政策落地实施，管理人对通道、资金池和嵌套业务将持续压降，托管业务将面临规模和收入双降的发展压力。

当前，在面临上述挑战和压力的同时，我们也要看到资金资管业务仍处于大有可为的战略机遇期，变局中危和机同生并存。习近平总书记在中央政治局第十三次集体学习时强调，要深化金融供给侧结构性改革，增强金融服务实体经济能力。我认为，推进供给侧结构性改革，目前面临的主要问题有两个：一是金融业增加值在 GDP 中占比太高，从长周期来看，这是不可持续的；二是结构失衡，在金融体系中，银行一枝独大，间接融资占比过高。随着金融供给侧结构性改革深入推进，横跨货币、信贷、资本、债券业务几大市场的资金资管业务将迎来发展新的机遇。

截至 2018 年末，我国社融总量约 200 万亿元，股票和债券融资只有 34.4 万亿元，直接融资占比仅为 17%，与发达国家普遍 70% 的直接融资占比还有很大差距。随着融资结构进一步优化，直接融资占比将进一步提高，这有利于资金资管业务拓展投资品种，优化资产配置。截至 2018 年末，我国银行业金融机构总资产达到 268 万亿元，占整个金融业总资产的比例约为 80%，商业银行占比过高，资金供给主体单一，未来这个局面会逐步改变。同时，随着金融机构体系进一步健全，中小金融机构数量将逐步增加，这有利于资金资管业务拓展客户，提升客户合作广度和深度。资金资管条线要主动作为，加快创新，抓住机遇，提前布局。

面对当前复杂多变的内外部形势，我们要做到以下"五个适应"。一是适应经济下行的新环境，要加强风险防范，狠抓质量管控，守住风险底线，确保资金安全可控；二是适应利率下行的新形势，要加强形势研判，合理摆布资产，精耕细作，提高资金运用收益水平；三是适应金融供给侧结构性改革的新战略，要积极主动作为，加大创新力度，补齐发展短板；四是适应监管政策的新要求，要坚持回归本源，强化内控管理，严守合规经营底线；五是适应自身发展的新情况，要充分认识到我行差异化的资产负债结构，强化责任担当，积极主动作为，促进资金资管条线高质量发展。

三、2019 年重点工作

2019 年，资金资管业务工作的总体要求是：全面贯彻落实 2019 年邮政集团公司、邮储银行工作会议精神，坚定不移服务实体经济，坚持"12345"方针（即坚持"一条主线"：坚持转型发展这条主线；打造"双轮驱动"：巩固县域优势，加快城市业务发展，打造城乡"双轮驱动"战略格局；坚守"三大定位"：坚守服务城乡居民、中小企业、"三农"的三大市场定位；强化"四大支撑"：强化总部引领、风险管理、信息科技、人才队伍四大支撑；推进"五化"转型：推进向特色化、综合化、轻型化、智能化、集约化"五化"转型），不断深化业务转型，持续加强能力建设，突出抓好投研体系、客户基础、风险管理、协同联动、队伍建设五项重点工作，加快转型发展，进一步巩固和增强对全行经营发展的支撑作用。

（一）坚定发展信心，加快转型升级

一是金融市场业务要加快向投研驱动转型。转变发展理念，提升投研能力，加强人才驱动，强化科技赋能，实现转型升级。发挥投研引领作用，逐步建立涵盖宏观经济、固定收益、大宗商品、外汇市场的研究体系，强

化行业研究和区域分析，全面提升政策研究能力。巩固传统优势业务，债券业务要稳住利率债收益水平，提高信用债配置比例，尝试通过债券借贷盘活存量债券；同业融资业务要加大与大中型机构的合作规模，提高金融机构用信比率，适度降低风险容忍度，放宽中小金融机构准入门槛，拓展客户覆盖面，精耕细作同业客户，提升议价能力，今年我们要着手搭建同业平台，打造同业联盟；同业投资业务要规范发展，积极拓展公募基金、资产证券化、银行理财等监管框架内业务，保持合理规模，提高收益水平。保持创新活力，要补齐业务短板，提高贵金属、衍生品、大宗商品交易规模，扩大市场份额；要抓住票交所业务机遇，大力发展商票转贴现等创新业务产品，在分行试点开展波段操作、撮合交易等新型交易模式。

受货币政策宽松、利率下行影响，2019 年全行经营工作将面临巨大的压力和挑战，作为全行资产配置的重要领域，金融市场条线的同志们一定要牢固树立大局意识，在严守风险底线的前提下，勇于创新、善作善为，为全行经营工作作出更大贡献。

二是资产管理业务要加快向净值化转型。以产品转型为核心，资产配置为引领，抓紧做好理财子公司筹备工作。加快产品转型，要加快推进存量产品的净值化改造，加大新产品的推广力度，逐步扩大主题型产品的种类，力争年末净值型产品占比进一步提升。完善资产配置，要提升固定收益类投资交易能力，提高权益类投资比重，拓宽结构化投资领域；深挖存量客户合作潜力，把握国企混改和优化资产负债结构的机遇，推进资管投行化转型。高度重视销售工作，以零售客户为主体，以机构客户为补充，提升客户挖掘、客户产品配置和服务能力，以负债驱动资产，形成良性循环。推进子公司筹备，积极与监管部门沟通汇报，争取子公司尽快获批；

对标监管要求，落实过渡期整改方案；充实专业人员，提前搭建子公司投研、风险、运营管理架构。

三是托管业务要深入推进向服务驱动转型。聚焦重点领域，推进转型发展，努力将资金优势、客户优势转化为托管优势，提高专业水平，实现服务升级。抓重点领域，以销促托，推动公募基金、保险资金托管业务发展。以投促托，带动资产证券化托管规模增长。以净值化转型为契机，抢占中小银行理财托管市场份额。争取企业年金托管资格，填补业务空白，发掘业务增长点。抓服务升级，满足资产管理机构需求，实现从资产保管、资金清算等基础性服务，向资产推荐、流动性支持、绩效评估等综合性服务转型升级。

（二）强化风险管控，筑牢风险屏障

一是持续推进存量业务风险化解。随着风险暴露加速，存量风险业务处置到了攻坚克难阶段。总行筛选了 28 笔同业投资业务、理财业务作为重点督导项目。各分行务必高度重视，主管行领导要亲自挂帅，协同法规、风险、渠道等条线组建风险化解小组，共同推进。要丰富处置手段，做好外部沟通协调，制订有效化解方案。总行也将建立奖惩机制，对于及时完成清收、有效化解风险的分行，予以收入分配补偿和奖励；对于态度消极、措施不力、配合度低的分行，予以通报批评，并扣减收入。

二是有效防范资产质量下滑。要在前期摸清风险底数的基础上，密切关注正常类业务向下迁徙的风险。要关注股票质押融资、存量政信类业务、低评级资产证券化和低等级企业债券等重点业务，三四线城市房地产、产能过剩行业、资金链紧绷企业等重点领域。各分行要拓宽信息渠道，提高风险识别能力，全面排查业务风险，密切跟踪地方政府隐性债务化解进展，

"补协议""增担保",防止债权悬空;要提前做好法律层面的准备,一旦发现预警信号,第一时间上报总行,并提出应对方案;要把合规风险化解提升到重要位置,推进统一授信整改工作,规范业务结构,防控舆情风险。各分行要认真履职,坚持一户一策,持续跟进,牢牢把住"存量管控"闸口。

三是扎实推进内控体系建设。总行要加强内控合规机制建设,细化政策制度,加强全流程管理,构建守法合规的企业文化;分行要认真领会监管精神,严格执行制度,认真履行岗位职责,主动开展风险排查。前中后台各部门要在统一的风险治理体系下,各司其职,密切配合,前台切实履责,中台督导审核,后台审计监督,"三道防线"层层把关。

(三)夯实客户基础,支撑长效发展

一是扩大客户基础。金融市场和资管业务,要在风险可控的前提下,适度调整风险偏好,拓展中小机构合作范围和产品种类,不断扩大金融同业客户合作广度和深度;托管业务要拓展客户类型,特别是公募基金、QFII/QDII、集合信托等高收益客户。要发挥我行同业业务规模大、同业客户合作广的优势,搭建同业合作平台,管好老客户,开发新客户,以优质服务和产品吸引客户,把同业合作平台打造成资金资管条线的新名片。二是开展综合营销。要打破原先竖井式的业务营销模式,解决交叉销售不足、客户资源挖掘不够的问题。要研究辖内客户行业和区域特征,摸清客户需求,提高营销效率,以资金业务为抓手,深挖合作潜力,拓展中间业务、负债业务和其他资产业务。三是尽快组建队伍。集团公司张金良总经理要求,要尽快在总分行组建一支人员充足、素质优良的客户经理队伍,提升客户服务和业务发掘能力。总行要完善金融市场组织架构,充实人员,探索建立市场化考核机制；分行要优选人才，组建一支专业化的客户经理队伍。

（四）发挥协同优势，凝聚强大合力

集团公司刘爱力董事长强调，协同是中国邮政最大的战略、最核心的优势，资金资管条线要按照集团和总行工作会部署，主动作为，切实做好协同联动工作。

一是强化总分行协同经营体系。进一步落实"总部专营、分工负责"的总分协同工作机制要求。总行要持续优化顶层设计，抓好条线管理，加强统一领导，建立系统化的总分沟通交流机制。分行要抓好贯彻执行，夯实职责定位，完善内控管理，统筹协调推进。

二是推进跨条线经营联动机制。要以金融市场业务为龙头，带动公司、投行、资管、个金、托管等业务协调发展。资产管理条线要协同渠道部门，增强客户黏性，挖掘中高端客户需求。要有效打通资产端和负债端，实现资管业务与公司业务深度联动，与债券承销、托管业务等协同发展。托管条线要加强与金融市场、资管、投行、个金等条线联动，加大对核心托管客户在准入、合作方面的优先支持。

三是进一步深化邮银协同。加强与中邮保险、中邮证券、中邮资本和中邮基金等公司的合作，推进与代理金融板块的协同发展，共享客户和渠道资源，研究债券发行、流动性管理、资产托管等方面的全方位合作。

（五）加强能力建设，夯实管理基础

一是加强队伍建设。要落实强总部战略，充实队伍力量，提高专业水平，提升对分行的指导和服务能力，做好全局支撑和发展引领。分行要按照机构岗位设置要求，匹配专业人员，打造专业团队，增强面向区域市场的服务能力、管理能力和创新能力。总分行要完善培训体系，提升培训效果，建立常态化的培训与转培训机制。二是强化科技支撑。加快补足信息系统短板，加强大数据应用的深度和广度，增强科技支撑，确保"新一代资金业务平台"顺利上线，加快"新一代资管系统"建设进度，优化提升托管业务系统功能。三是优化收入分配机制。金融市场业务要加大对投后管理的分配力度，建立风险化解奖惩机制，完善分配标准；资产管理业务要加大对复杂投资资产和重点销售产品的收入分配；托管业务要加大对公募基金等重点产品的激励力度。

（六）加强作风建设，打造坚强堡垒

一是切实加强党建工作。深入学习贯彻习近平新时代中国特色社会主义思想和党的十九大精神，牢固树立"四个意识"，坚定"四个自信"，坚决做到"两个维护"，自觉在思想上政治上行动上同以习近平同志为核心的党中央保持高度一致。在全条线持续深入开展"大学习、大讨论、大落实"工作，不断提升资金资管队伍的政治站位，增强党性修养，强化担当意识，提高政治本领。

二是坚定不移服务实体经济。充分发挥资金大行优势，重点支持供给侧结构性改革，着力服务国家重大战略，不断加大对京津冀协同发展、雄安新区、粤港澳大湾区、长江经济带的支持力度。加大民营企业投资力度，帮助民营企业拓宽融资渠道。严格落实监管要求，做好投向穿透管理，确保资金投入到实体经济之中。

三是持续加强作风建设。要倡导严纪守规之风，牢固树立稳健经营、守法合规、精益管理的文化氛围；要倡导学习钻研之风，学知识、钻业务，看市场、盯同业，全面提升资金资管条线的专业化水平；要倡导服务基层之风，总行部门要树立"管理即是服务"的理念，把基层作为自己的"内部客户"，了解基层痛点，解决基层具体问题，帮助基层排忧解难。

四是深入推进党风廉政建设。资金资管条线手握资金资源，广大干部员工要严于律己，加强廉洁自律，筑牢思想防线，防范被利益集团"围猎"。同时，要算好"事业账""家庭账""人生账"，不断提升守法合规意识，守住风险底线。要紧盯重点领域和关键岗位人员，切断利益勾结和关系纽带，严防道德风险和权力寻租，打造风清气正、清清爽爽的资金资管条线工作氛围。

同志们，资金资管业务是全行经营工作的重要支撑，大家责任重大、使命光荣。面对新形势、新任务，我们要实现新作为、扛起新担当，贯彻执行集团公司党组和总行党委战略部署，加快转型步伐，凝心聚力，砥砺奋进，推动资金资管业务发展再上新台阶，为建设优秀国有大行作出新的更大贡献！谢谢大家！

资金资管业务转型发展及风险控制

之五：强化资金资管业务对全行转型发展的支撑

——在 2015 年资金资管业务工作会上的发言

> **按语：** 资金业务在邮储银行的不同发展阶段都发挥着重要作用。作者在邮储银行 2015 年资金资管业务工作会议上的总结讲话中，分析了资金资管业务面临的"经济新常态、银行新业态、资金资管新形态、监管新时态"的新形势，并从工作目标、战略布局、产品创新、风控管理、能力建设、完善考核、加强联动、廉洁从业等方面提出了工作要求。

邮储银行资金业务发展与邮政储蓄体制改革紧密相连。在改革过程中，资金业务对全行改革发挥了极为重要的作用，为邮储银行的稳健发展作出了重要贡献。当前，我国经济发展进入新常态，资金资管业务要做到因势而变、扬长避短，有效化解困难和挑战，及时把握发展机遇。

下面我讲三点意见。

一、充分肯定 2014 年资金资管条线取得的成绩

（一）产品创新取得新进展

一是"邮元 2014 年第一期个人住房抵押贷款支持证券"创造了两个

业内第一。这是 7 年来市场第一单和国内第一个采取延迟变更抵押权登记操作方式的 RMBS 产品，受到同业侧目，特别是获得人民银行和银监会的高度评价。

二是通过同业投资产品规范创新，有效应对了同业新规带来的冲击和影响。《关于规范金融机构同业业务的通知》（银发〔2014〕127 号）、《关于规范商业银行同业业务治理的通知》（银监办发〔2014〕140 号）出台不久，金融市场部迅速组织了 7 个工作组加大研究力度，陆续推出了多项符合新规要求的同业投资产品。去年同业投资规模突破 4600 亿元，对收入的拉动起到了重要作用。同时，我行推出的同业投资产品在同业处于领先地位，金融市场的创新能力得到监管部门、同业的充分肯定。

（二）业务联动迈出实质步伐

2014 年，资金资管业务既促进带动又依托于其他业务发展，形成了很好的协同效应。如理财与存贷款业务、国际业务实现联动，带来个人活期存款沉淀、释放信贷额度。自营资金和理财积极与公司业务联动，通过投资公司债券，增强了客户黏性。托管业务与个金、资产管理、金融市场等业务协同发展，联动发展规模占比达到 56.97%，较年初增加 2016 亿元。

总分联动更加紧密，促进分行发展能力快速提升。

资产管理业务方面，分行自主平衡模式理财产品成为分行新的业务突破口。在总行组织下，有 24 家分行发行自主平衡型产品 299 只，规模达到 371 亿元。自主平衡型产品考验的是分行客户储备能力、产品研发能力、条线联动能力。

（三）客户服务开拓呈现新局面

一是同业授信覆盖面进一步提升。截至去年底，我行已授信的同业机构达 356 家。经过最近两年的努力，我们已经向前迈进了一大步，为下一步同业业务合作修通了"高速公路"。

二是非授信类客户的拓展取得重要进展。金融市场部与 100 余家金融机构开展了同业投资业务合作，在货币市场和衍生品市场，交易对手更是超过了 500 家，客户类型不断丰富，服务产品更加多元化。

三是理财业务新增六类投资品种，大大提高了竞争力。全年平均客户收益率 5.21%，全年支付客户收益 68.82 亿元。目前全行理财客户突破 150 万户。经过最近两年的努力，大大缓解了理财产品供不应求的局面。

四是托管业务，我们的产品涵盖了人民币理财、券商资管、保险资管、信托、公募、私募、基金专户等领域。去年底，在我行托管的机构达到 261 家，新增 67 家，这对于我行托管业务的发展起到了非常好的支撑作用。

（四）运营管理体制改革迈出了一大步

这里有几个标志性事件。在总行层面，专营制和理财事业部制迈出了坚实的一步。一是按照监管有关同业业务专营部制要求，实现了本外币一体化。二是按照监管要求，推行理财事业部制，托管部由原金融同业部划到金融市场部，同业授信职责也划到金融市场部。金融同业部改名为资产管理部，专司代客财富管理、资产管理。

在分行层面，托管业务有效推进管理职能下沉，初步形成"一个总部，北京、上海、深圳三个分中心"的托管运营格局。

此外，去年我们金融市场和资产管理条线还接受了监管机构的全面检查，针对同业和理财监管新规的要求，全行上下严格对照同业和理财监管新规的要求，系统梳理、逐条自查、认真整改，经受住了监管检查的考验，我行资金资管业务集中在总行的经营管理模式得到监管部门的肯定，这也为下一步业务稳健发展奠定了良好基础。

二、当前资金资管业务面临的形势

当前，外部形势概括起来是"经济新常态、银行新业态、资金资管新形态、监管新时态"，具体体现在以下六个方面。

（一）金融市场格局加快重构

改革开放以来，金融格局一直都是银行一枝独大、一柱擎天。2014 年底银行业的资产规模是 174 万亿元，保险是 10 万亿元，所有券商的资产加起来不到 5 万亿元，如果加上 2600 多家上市公司，也就是 40 万亿元。保险加证券远不及银行的零头，差距巨大，这是中国独有的。但值得关注的是，2014 年新增人民币贷款占新增社会融资规模的 59%，比 2002 年的 91.9% 下降了很多。2014 年企业债和非金融企业股票筹资分别达 2.4 万亿元和 4350 亿元，分别是 2002 年的 73.6 倍和 7.1 倍。直接融资发展迅猛，间接融资在社会融资中的占比下降。我们的判断是，银行业黄金十年已过去，银行资产快速增长的"天花板"已经到顶。银行不可能像头几年"水多了加面，面多了加水"那样资产规模持续快速增长。未来金融版图和格局将发生大变化，现在也已经出现了一些迹象，证券、保险、信托、基金、租赁、消费金融、资产管理等都在迅速崛起。

（二）银行进入综合化经营时代

国有银行、股份制银行纷纷成立了银行控股的保险公司、基金公司、消费金融公司。1933 年美国出台了《格拉斯—斯蒂格尔法案》，开始分业经营；到 1999 年出台《金融服务现代化法案》开始混业经营。现在修改《商业银行法》的呼声很高，预计将加快推进，综合化经营是大势所趋。

2015 年，我行要设立消费金融公司，监管部门已经审批；未来还要设立金融租赁公司。其他金融机构也加快了金融全牌照的布局。未来银行向金融控股集团方向发展，构建综合化金融服务的大平台，实现全牌照综合化经营的势头不可阻挡。

（三）政府转方式、调结构、盘活存量，为银行拓展同业投资业务创造有利条件

当前市场出现了"社会融资股权化、债务融资资本化"的趋势，给我们的金融市场业务和资产管理业务提供了难得发展空间。在"大资管"背景下，产能过剩企业去杠杆，金融机构盘活存量带来的新型资产证券化模式；地方融资平台消失后的 PPP 融资方式；新兴产业、战略行业通过国家产业基金、地方扶植产业基金引导社会融资产生新的投资需求，都可能成为同业投资业务发展的新方向。

（四）去杠杆、降 M2 增速、宽货币条件下，金融市场业务议价能力依然有优势

目前，在相对宽松的货币市场环境下，金融市场业务的议价能力依然有优势。近期两次非对称性降息，并降了存款准备金，但资金市场的价格没有同步大幅下滑。有专家讲得好，不要看利率降了没有，关键看 M2 增速，M2 是货币总量的闸门。M2 增速去年是 12.2%，今年大概在 13% 左右。未来我国是去杠杆，M2 增速不会很高，这意味着贷款利率有可能下滑。有人预测未来是"宽货币、紧资金"，目前看来是站得住脚的。2015 年做预算特别难，各家银行都感觉非常难。头两个月数据出来，我们十几个省分行没有达到考核目标。整个同业虽不是哀鸿一片，但也差不多，大部分在 3%~5% 区间，有的是持平甚至是利润负增长。原来很担心金融市场条线价格一落千丈，但现在还好。大背景看似宽货币，但 M2 实际没怎么放，大量是在盘活存量。

各家商业银行金融市场业务在 127 号文发布后已大幅压缩，传统同业存款业务已萎缩，但同业投资仍然需求旺盛，再加上我们储备的客户，金融市场业务至少在中短期内资金价格还会保持较好的形势。从整体上来，金融市场业务日子还算好过，不像想象得那么困难，大家要保持足够的信心。

（五）客户理财意识的增强，为发展资产管理业务提供广阔空间

未来零售业务将向财富管理方向发展。全世界最大的金融机构不是银行，而是资产管理公司。未来资管空间很大，个人的财富管理需求在不断增加。

和同业对标看，2015 年 1 月末我行理财规模保有量和存款之比是 4.3%，五大国有银行是 12%，其中交行最高，为 27%。民生、招商、兴业、光大等股份制银行，平均是 32%，其中光大最高，达到 45%。显而易见，我们差距有多大。和五大行相比我们有 3 倍差距。5.3 万亿元的储蓄存款规模下，我们的理财规模仅仅是 2500 亿元，未来空间很大。

（六）监管环境出现新趋势和新格局

一是规范影子银行，要求银行去杠杆。前年出了 8 号文件，去年出了127 号、140 号文件，配合这两个文件的实施又出了 250 号、48 号文件。同业业务监管文件密集程度及针对性远超以往。效果也立竿见影，影子银行规模大幅下降，同业之间空转的现象消失了，同业资产快速下滑。

二是通过推行专营制和事业部制来防范风险。通过同业、理财等监管制度，加强了对同业业务、理财业务的精细化管理，强化了风险管理的主体责任。试图通过"踩红线""打擦边球""走模糊地带"等方式经营已无获利空间。

三是要求理财回归资产管理本质，逐步打破刚兑。预计未来《商业银行理财业务监督管理办法》会颁布实施，将推动理财业务向破除刚性兑付迈进，也必将推动理财业务回归资产管理本质，即代客理财。

四是强化对银行资本充足率和杠杆率的硬约束。

总之，随着经济进入新常态，金融进入新业态，资金资管面临新形态，我行资金资管业务的发展既面临挑战，也面临新的机遇。认识新常态，适应新常态，引领新常态，是当前和今后一个时期我国经济发展的大逻辑。全行资金资管条线要切实从新业态出发，统筹谋划条线工作；要深化理解、提升认识，把思想和行动统一到总行的认识和判断上来，增强加快转变发展方式的自觉性和主动性，做到观念上要适应、认识上要到位、方法上要对路、工作上要得力，形成发展的合力。

三、新形势下的工作要求

当前邮储银行处于改革、转型、发展的关键时期。2015 年全年邮储银行改革压力大、资本压力大、发展压力大、转型压力大、风控压力大，这五大压力合起来可谓"压力山大"。具体到资金资管业务，一是金融市场业务规模发展遇到瓶颈。受贷款增长迅速以及传统同业融资需求下滑、上缴存款准备金等因素影响，金融市场业务规模扩张遇到了瓶颈。二是金融市场业务格局发生新变化。传统存放同业快速下降，同业投资占比提升，债券投资中信用债的比重进一步上升。如何盘活存量，拓展增量将是当务之急。三是全行整合资源，条线联动，对金融市场和资管业务提出新要求，资金资管业务要在"三驾马车"中发挥更重要的作用。四是加快理财业务和托管业务的发展已是大势所趋。

结合当前资金资管面临的新业态，结合我行资金资管业务经营管理实际，要重点抓好以下八个方面工作。

（一）2015 年资金资管业务要为全行收入利润作出更大贡献

由于受利率市场化、金融脱媒、互联网金融的冲击，特别是近期两次降息的影响，加之同业不良双升，中国银行业面临十多年来最艰难的时刻。近期各家机构公布年报，去年银行业的利润增速降到个位数，大体增速是9.75%。邮储银行发展形势也不能盲目乐观。

2015 年是我行改革的攻坚之年，有一份好的财务报表至关重要。今年2 月，英国《金融时报》针对邮储银行引战作了报道，其他媒体也陆续跟进报道，总的评价正面积极，上至央行领导、银监会领导以及社会各界均反响不错。这么多年来，很少有这么大体量的银行在搞 IPO，所以社会各界都非常关注。报表的表现对于投资者来说很重要。在目前资产负债结构下，全行的收成好不好，"成在资金业务，败也在资金业务"。资金资管业务的担子很重，希望在关键时刻能够为行里作出更大贡献。

（二）以同业业务专营制、理财事业部制为基石，构建新的战略布局

一是强总部。要把总行金融市场部打造成资金营运中心、产品研发中心、营销中心以及分行的支撑服务中心。这样才能够使总行金融市场的利润中心定位更加坚实。资产管理部要着力打造成为产品支持中心。

二是扎实推进区域中心建设。要加强业务格局的科学规划。要加快推进上海金融市场业务交易中心建设；要借鉴工行票营中心的经验，研究探索我行票据区域中心建设；继续做好托管运营中心的建设。

三是各省分行要提升能力建设。总部建设这块,我们充实了一批人员。下一步希望各省分行也多储备一些专业人才。目前分行大多数是票据人才,要做同业投资、投行业务,如果只用票据人才来兼职做,是无法满足业务转型需要的。

(三)加大产品创新力度,积极寻找新的业务增长点

一是要抓好同业投资业务。要在同业理财、存单质押融资、PPP 融资、信贷以及企业资产证券化等产品领域寻找到新的增长点。理财资金也要积极参与。

二是要抓好同业融资业务的转型升级。要稳存量,对到期业务和交易对手提前介入营销,稳定业务规模;同时拉长业务期限,推动"短期融资长期限化"。适时适度开展同业融入业务。

三是要抓好票据业务。要适度放量,加快周转,抓好逆回购业务的波段操作,实现规模稳定增长;在坚持全行信贷政策下,鼓励分行加快买断卖断周转,提升资金周转效率和效益水平;推动"同业存入+逆回购"业务、纸票资管计划、人民银行再贴现等业务,丰富收入利润来源。

四是资产管理业务要提升自主投资能力。要优先净值型产品的研发,培养客户的风险意识。同时尽快推出结构性理财和保本理财业务。还要大力发展机构理财、自主平衡型理财业务。

五是要实现主承销商资格和第三方存管资格的突破。总行已经把加快投行业务发展作为下一阶段业务转型的重要战略之一。目前,我行在投行业务方面,主要开展的还是承销、分销这些简单的业务,还没有获得 A 类主承销资格,产品、客户、制度、人员队伍建设等方面还比较薄弱。下一步,无论投行业务的机构如何设立和调整,金融市场条线都要立足大局,

从全行整体战略出发，先把投资银行业务发展的基础打好。要进一步加大承分销业务发展，扩大业务规模和范围，扩大市场影响力。总行领导层正在抓紧时间与交易商协会、上清所、外汇交易中心、中债登等机构沟通，争取尽早获取 A 类主承销资格。要积极锻炼培养投行业务队伍，为投行业务发展储备人才。对于第三方存管业务，目前系统开发已经完成，正在和 6 家券商做联调测试，总行正在加强与监管部门、合作机构的沟通与交流，争取上半年获得资金存管业务资格，同时提前制定资金存管业务管理办法、业务营销方案，搭建业务经营管理框架。分行要发挥信息收集功能，及时提供资金存管业务产品、客户信息，为资金存管业务顺利开办做好准备。

（四）加强风控管理，为业务发展保驾护航

金融市场业务要切实加强风控管理。一笔小额贷款平均六万元，一笔房贷二三十万元，一笔个商三四十万元，一笔小企业二三百万元，但是一笔金融市场业务少则几亿元，多则数十亿元，出现问题就可以把一个大分行的利润吃掉。金融市场条线没有"防火墙"，直接面向客户，出问题就是塌天大祸。

金融市场业务不是高枕无忧的业务。吕行长讲金融市场业务是高收益、高风险并不是吓唬大家的。金融市场业务的操作，蕴含巨大风险隐患，一定要高度关注。同时金融市场业务还面临市场风险、信用风险、合规风险、道德风险等。这些风险要纳入全行的风险管理体系，加强制度建设，严格按流程管理，尽快建立健全非信贷类业务的审查审批体制，同时要强化执行。

票据业务成为分行金融市场业务压箱底的看家业务。昨天讨论，大家对于票据业务在总行专营部制后如何定位，提了不少想法。经过研究，在此给大家明确答复。主要是确定了6条原则：一是收入格局不作大调整，二是信贷规模不受大影响，三是总行集中记账核算，四是结合邮储银行实际推进票据专营，五是积极探索区域票据中心的建设，六是加强风险管理。

（五）深化能力建设，打造资金资管的良好品牌

一是强化客户体系建设。按照"以产品为中心探寻客户和以客户为中心探索产品相结合"的思路要求，制订并实施有针对性的客户营销方案，推动建立"银银、银证、银保、银期、银信、银租、银财"的多元化客户体系，积极和非银行金融机构建立紧密的联系，通过强化牌照资源整合和跨界跨业经营，形成以同业客户为中心、以同业合作为基础、以产品互补为优势的同业目标客户生态圈。同时，要按照客户体系建设导向开展好金融机构评级授信工作，对存量规模大、用信比率高的金融机构优先开展额度重检，对机构资质好、合作意愿强的机构优先开展评级授信。推动授信评级由"数量"向"质量"转变。

二是提升信息系统的支撑能力。银行的核心竞争力就是IT系统。部门老总要把系统建设当作头等大事来抓。金融市场业务系统要研究如何升级并覆盖到分行，提高业务审批效率，控制风险。资产管理部的投资系统和销售系统要抓紧优化建设。托管系统要进一步完善。

三是加强人才队伍建设。省分行应至少设立三四个团队。要加大同业投资业务、投资银行业务、理财业务、托管业务、风险管理等方面人员的配备力度，实现专业人做专业事。

总行要强化对分行能力提升的支撑服务，通过集中实操培训、研发代训、外派培训、现场培训、开展专业条线"大讲堂"等多种方式，强化培训的深度和广度，提升从业人员的专业能力。分行要通过多种激励政策和措施，营造学习氛围，领导层率先垂范，工作层学以致用，要主动到市场中找感觉，向同业学经验，为资金资管业务的创新发展提供原动力。

（六）完善考核机制，激发基层员工的活力

一是对分行收入分配的考核机制。要做到公开透明；要导向明确，具有可操作性；要坚持"谁发展，谁受益"的原则。

二是对员工的激励机制。要坚持科学激励和适度激励。目前绝大部分省对资金资管条线都有或多或少的激励政策，但我们要适度激励。从总行到分行，激励不能过度，过度激励可能会导致发展业务偏离正常轨道。

（七）坚持条线联动、总分联动，强化总部对分行的支撑服务，锻造良好的资金资管条线文化

一是整合资源，强化联动。要加强"三驾马车"的联动。公司贷款不能搞"裸贷"，同业投资不能搞"裸投"，金融市场要和公司业务实现紧密联动，实现投资收益最大化。托管方面，要以投资带托管，加强金融市场板块内部资源整合，以代销促托管，加强与零售金融板块的联动，以项目推托管，加强与公司金融板块的联动，推动托管产品落地。资产管理业务要通过表外融资、资产证券化、理财质押贷款、信贷资产流转等模式，与公司、信贷、个人金融以及电子银行等业务联动。此外，要着力加强前、中、后台的联动，建立紧密协作、相互支撑的管理运行机制；要加强总分行的联动，形成市场合力。

二是强化总部对分行的支撑服务。管理就是服务，要结合邮储发展实际，总部要做好顶层设计，在战略上做好规划，同时要查漏补缺，控制好风险，要成为分行的向导、导演、培训师。

三是打造资金资管条线的良好文化。举个例子，我对资金资管部门员工提出了着装要求，这也是一家银行的基本形象和文化。在"三驾马车"里面，资金资管条线必须有文化。我希望资金资管条线的文化是专业职业、风清气正、积极向上、团结和谐的文化氛围，在这里要特别提示，部门领导和员工之间不搞庸俗文化。

（八）坚持廉洁从业，在邮储银行前进的大潮中不掉队

资金资管业务属于资金密集、风险等级较高、时效性强的业务，业务交易审批与传统业务不同，缺少层级链条式的"防火墙""缓冲堤"。有些涉及交易对手合作、资金交易价格确定、投资顾问与通道选择等与资金、费用密切相关的岗位，我在这里特别提示大家，一定要遵纪守法，不碰红线，要高度重视廉洁自律工作，要自警、自省，坚决抵制诱惑，要过好权力关、金钱关、人情关。要以案为鉴，时刻为自己敲响警钟，从点点滴滴处严格要求自己。要本着对企业、对事业、对个人、对家庭负责的态度，抓好廉洁自律，做到明明白白做事、清清白白做人。要做到常在河边走，绝不能湿鞋。总分行要强化监督制约机制建设，通过健全制度、完善决策权、执行权和监督权相互制约的机制，实现全方位、全过程监督，防范权力失控、决策失误、行为失范，要防范道德风险，要防止寻租，避免利益输送。各级干部要做到身体力行，营造风清气正的工作环境，建立廉洁的企业文化和条线文化氛围。廉洁从业怎么提示都不为过，这是对企业负责，对每一位同事负责。

这次会议在广东省分行的精心筹备下，在大家的共同努力、配合下，安排到位、组织有序，达到了预期目标，取得了良好效果。通过这次会议，我们进一步深化了对当前资金资管新业态的理解，进一步明确了资金资管业务的方向和要求，可以说，思想更统一，视野更开阔，目标更明确，为全行上下团结一致，做好下一步资金资管条线各项工作奠定了良好基础。希望大家以这次会议为契机，抓好会议精神的贯彻落实，进一步改进经营管理工作，共同开创全行金融市场和资产管理业务发展的新局面！

资金资管业务转型发展及风险控制

之六：对影子银行专项治理工作的思考

——在 2018 年理财业务转型和资金资管业务专项
治理工作会上的发言

> **按语：** 为深入贯彻落实党的十九大、中央经济工作会议、全国金融工作会议关于防范化解金融风险精神和人民银行资管新规、银监会关于深化整治银行业市场乱象等监管要求，推动邮储银行资金资管业务健康发展，2018 年 3 月，邮储银行召开理财业务转型发展和资金资管业务专项治理工作电视电话会议。作者在会议讲话中全面梳理了专项治理工作取得的初步成效，深入分析了工作中存在的差距，指出要进一步提高对专项治理工作重要性和紧迫性的认识，明确了工作要求。

根据总行统一部署，2018 年要在全行继续深入开展资金资管业务专项治理工作，具体工作任务是：总结前期资金资管业务专项治理的工作成果，分析治理过程中存在的问题，按照监管要求和年度工作会议精神，明确深化专项治理工作的重点任务，推动治理工作继续取得新成效，促进邮储银行资金资管业务实现稳健发展。

下面，我讲五个方面意见。

一、专项治理工作取得初步成效

2017 年以来，全行资金资管业务积极适应国家宏观经济金融政策调整形势，以"防风险、稳增长、促转型"为目标，对照各项监管政策，通过总分联动，从理念、制度、流程、职责等方面开展了全面系统的专项治理，取得了初步成效。

（一）通过治理工作，全面摸清了业务风险底数

去年以来，全行持续开展存量业务的清理整顿工作，逐笔逐户进行排查。金融市场条线以同业投资为重点，资产管理条线按照业务类别重新划分职责并进行了梳理交接。

去年，资金资管条线相继对接了人民银行、审计署、银监会等内外部检查，对存量业务完成了"多轮次、递进式、全覆盖"的排查。描绘了风险画像，摸清了风险底数，提出了"分类处置，分级管理"的整体思路，为下一阶段深化治理工作奠定了基础。

（二）通过治理工作，加强了风险管理体系建设

从去年下半年开始，总行专项治理工作在解决业务问题的同时，开始深化规范治理架构，深挖问题根源，总结经验教训，逐步建立起风险管控的长效机制。体现在以下五点：

一是转变了经营理念。提出"经营好、风控优、管理实"的工作目标，注重业务经营的审慎性，退出房地产、政府融资平台、网络金融等行业，将业务范围界定在风险相对可控的领域。

二是健全了制度体系。金融市场条线全年新增制度 11 项，更新制度 17 项；资产管理条线新增制度 9 项，修订或规划中制度 18 项。

三是推进了分支机构改革。经总行慎重研究，确定分行金融市场部改为金融同业部，在部分分行设立资产管理中心，对12家分行的票据中心进行有序撤并，从目前来看，由于票交所正式运营和电票替代率上升，部分分行的业务量快速萎缩，票据中心的撤并力度还可以更大一些。针对分行资金资管的经营管理岗位，对业务职责进行了全面梳理。从组织体系上突出了分行营销、尽调、投后管理等职能，明确了岗位要求，实现了资源优化配置。

四是强化了内控管理。进一步加强中后台部门的横向制衡机制建设，完善非信贷业务审查审批机制，健全统一授信、大额风险暴露监控体系，规范法务管理，加大审计检查力度。

五是抓实了关键环节。建立集体审议机制，规范合同管理，细化面签要求，强化放款审查，提前落实了"4号文"关于"向交易对手一级法人核实授权"要求；修订投后报告模板，重新梳理档案，建立业务档案集中统一管理机制。

（三）通过治理工作，促进了业务的转型发展

去年以来，全行资金资管条线在业务治理中，积极清收有风险隐患的项目，压降复杂类、非标准类、委外业务，促进了业务结构进一步优化。

一是有效压降委外投资规模。资产管理部纯债委投、纯债结构化项目管理规模较年初下降超过600亿元。

二是促进业务回归本源。加大低风险、交易结构简单的传统业务投资力度。去年，金融市场条线同业投资业务同比下降5883亿元，降幅达46%。同业融资和市场交易规模增加5837亿元；资管条线调整产品结构，压缩机构类理财业务，机构类理财业务规模下降2020亿元。

三是实现业务可持续发展。资金资管条线通过一手抓风险治理，一手抓业务发展，在业务规模收缩的情况下，金融市场业务取得了业务收入上升、收益率提高、资本有效节约的可喜成绩；资产管理条线在业务规模大幅回撤的情况下，通过调整业务结构、管控投资资产标准、拓宽标准资产投资领域等方式，实现逆势增长，战略性中间业务地位凸显。

二、充分认识专项治理工作存在的差距

在肯定成绩的同时，我们也要清醒地看到，对照 2018 年监管新出台的 4 号文，我行资金资管业务在经营理念、机制完善、内控管理等方面还存在不小差距，特别是基于总部专营制下的总分联动机制尚未真正形成。上述问题，自去年清理整顿工作开展以来，有些已经得到了解决，有些问题还没有整改到位，需要高度重视，在后续专项治理工作中，要重点加以解决。（具体内容略）

三、提高对专项治理工作重要性和紧迫性的认识

（一）开展专项治理是贯彻落实党的十九大精神的政治要求

党的十九大报告强调："加强全方位监管，规范各类融资行为，守住不发生系统性金融风险的底线。"第五次全国金融工作会议提出："防止发生系统性金融风险是金融工作的永恒主题。要把主动防范化解系统性金融风险放在更加重要的位置，科学防范，早识别、早预警、早发现、早处置，着力防范化解重点领域风险。"中央经济工作会议更是明确指出："要坚决打好防范化解重大风险攻坚战，其中放在首要位置的便是防控金融风险。"可以说没有不讲业务的政治，也没有不讲政治的业务。2018 年，是

贯彻党的十九大精神的开局之年，是金融行业落实"服务实体经济、防控金融风险、深化金融改革"的关键期，邮储银行作为国有大行，各级单位、各级领导必须提高政治站位，增强全局意识，充分认识抓好资金资管业务专项治理是我行防范化解业务风险、落实国家化解金融风险的重要任务。

（二）开展专项治理是落实监管政策的迫切要求

在去年监管开展"三三四十"专项治理取得初步成效的基础上，2018年1月，银监会又发布了《关于进一步深化治理银行业市场乱象的通知》，进一步将治理银行业市场乱象的工作推向深入。监管文件明确把同业、理财、表外等业务以及影子银行作为监管重点，对表外业务违反行业政策投向禁止或限制性领域、多层嵌套规避监管、未按照"穿透式"进行风险管理、违规同业增信、违规为产品出具隐蔽保函或签署抽屉协议等乱象进行从严整治，并着力从机制体制上解决乱象的根源。同时根据银监会统一安排，现场检查局将于2018年4月正式进场对我行开展现场检查，检查范围包括同业业务、理财业务、表外业务以及合作业务。并于本周开始检查前的调研工作。在此严监管形势下，资金资管条线作为监管整治市场乱象的重点领域，要顺应监管导向，对标监管要求，做好规定动作，做到从严落实、不打折扣。唯此，才能实现资金资管业务加快转型调整，才能赢取未来更大的发展空间。在落实监管要求、坚守合规底线方面，我们绝不能心存侥幸。

（三）开展专项治理是贯彻落实全行风险防控部署的迫切要求

在2018年全行工作会议上，董事长指出："抛开风险谈发展是舍本逐末，要谈发展，必须先讲风险。"吕行长在2018年工作会议上提出，"要认真总结风险事件的惨痛教训，下大力气来整治内控合规的难点和痛点。"全行资管条线必须深刻领会总行的整体部署要求，增强落实专项治理工作的责任感。希望同志们能够全面领会，切实提高执行力。

（四）开展专项治理工作是确保资金资管业务稳健发展的内在要求

邮储银行拥有一张独特的资产负债表，在全行 9 万亿元总资产规模中，金融市场业务规模达 4 万亿元，占据了近"半壁江山"，更是贡献了全行超过 50% 的收入。资管业务规模也超过 8000 亿元。在未来很长一段时间内，资金资管业务仍然是全行的"吃饭"业务。因此，实现资金资管业务稳健可持续发展，对全行具有重要意义。在前期专项治理工作取得初步成效的基础上，全行资金资管条线必须进一步深化专项治理工作，积极化解风险，完善机制，夯实基础，推进我行资金资管业务实现强身健体、行稳致远。

四、下阶段专项治理工作安排

总行要按照"实质重于形式"的原则，对存量业务进行穿透分解，根据交易结构进行产品"分类"，根据项目资质进行风险"分级"，将"分类管理"与"一户一策"相结合，提出项目整改要求和风险化解措施。具体包括提前回收、变更结构、补充增信、完善资料、加强投后等。在坚持同业业务总部专营基础上，按属地原则，将存量项目任务分解至分行，进一步强化总分联动和后续管理效果。分行要主动认领和确认项目任务，细化风险治理方案，突出重点，精准出击，抢抓机遇，排除风险隐患。（具体内容略）

五、几点工作要求

（一）提高政治站位，加强领导

专项治理工作是落实防范化解风险的重要手段，是当前最主要的任务，各分行要高度重视。做到"一把手"负责、分管行长具体协调，有效推进治理工作。分行要每周向总行报告重点项目进展，上报材料要经分行领导审核。针对重点关注业务，总行要专项督办；重大事项要提请总行专项治理工作小组研究决定。总行部门更要靠前指挥，必要时，应深入基层、深入一线，直接参与相关的具体化解工作。

（二）明确职责，条线联动

专项治理是一项任务重、要求高的重大工程，各分行要加强组织，充分调动金融市场、公司、风险、合规、授信等各条线资源，抽调骨干力量，组建专门团队，明确分工，协同作业。各分行要强化过程管控，围绕阶段性工作重点、难点，扎实推进，及时沟通，研究和协调解决问题。

（三）坚守底线，攻坚克难

防范和化解信用风险、合规风险是本次治理工作的主要目标和底线，要紧盯风险隐患，抓紧抓实，严格管理，严肃纪律。监管检查中发现的重点问题是本次治理工作的重中之重，各分行应通过提前结清、增加押品、变更交易结构、补充资料、规范管理等多种手段整改到位。对于上述问题落实不到位的，应严肃追责。

进一步深化专项治理工作，既是落实党中央、国务院防范化解金融风险，落实监管整治市场乱象的基础工作，也是落实我行经营发展战略、保障资金资管业务实现稳健发展的重要举措！需要我们聚焦任务，统一思想，加强联动，扎实工作，不断开创新形势下资金资管业务发展的新局面，为邮储银行转型发展、打造一流上市银行作出积极贡献！

资金资管业务转型发展及风险控制

之七：打赢资金资管业务风险化解攻坚战

——在 2018 年资金资管业务风险化解推进会上的发言

按语： 防范化解金融风险是"三大攻坚战"之首。随着监管形势不断趋严，经济去杠杆持续推进，市场乱象专项整治工作进入了深水区。2018 年以来，经济金融形势严峻，去杠杆背景下宏观政策发生微调，如何更加有效地防范和化解风险，如何正确认识同业业务及影子银行清理整顿和业务发展的关系，作者在行内资金资管业务风险化解推进会上进行了深入阐述，并从扎实推进专项治理工作各项部署、推动资金资管业务实现健康发展的角度提出了具体工作要求。

2017 年以来，在董事会和总行党委的正确领导下，在总分行共同努力下，资金资管条线的专项治理工作进展顺利，在内外部多轮检查、排查下，基本摸清了风险底数。同时，上半年总分行密切联动，着力化解了一些潜在业务风险，取得了阶段性成果。近一段时期以来，一些民营企业出现信用违约，使得银行风险管理工作承受巨大压力。我们未雨绸缪，专门针对风险较突出的重点项目召开风险化解现场推进会。这个会议的形式非常好，更像"解剖麻雀"的案例分析会。通过这次会议，充分吸取前期工作中的经验教训，进一步明确下一阶段的工作重点、工作措施，从而促进全行上下统一思想、各条线联动攻坚克难，全力化解重点项目风险，形成示范效应，为下阶段清理整顿工作和转型发展奠定基础。

下面，我主要讲四方面内容。

一、专项治理工作取得阶段性进展

2017 年以来，资金资管业务条线围绕"防风险、稳增长、促转型"的目标，深入贯彻中央和监管部门防范化解金融风险的工作部署，进一步深化专项治理工作，积极推进业务转型，严控业务风险。

一是摸清风险底数，整体风险可控。2017 年"三三四十"监管新规实施以来，我行对资金资管业务组织了"多轮次、递进式、全覆盖"式排查。同时，去年资金资管业务迎接了多次内外部检查，包括银监会、审计署、总行年度审计，2018 年迎接了中央巡视组、银保监会专项检查，这些检查帮助我们对所有业务作了系统排查。我们把业务反反复复翻了好几遍，现在可以说整体风险是可控的。近期总行按照银保监会要求，按照贷款五级分类要求重新对存量业务进行了排查梳理。按照国外一些机构评价中国银行业不良的标准，我们关注和不良加起来才 1.4% 左右，这是我行不良及潜在不良的真实水平，因此我们有理由说邮储银行总体风险是可控的，运行是平稳的。

二是总分联动推进风险化解。3 月 26 日总行召开资金资管业务专项治理工作电视电话会之后，我们又开展了存量业务一对一项目现场沟通，按属地原则将存量项目任务分解至 32 家分行。5 月，总行班子成员分批与

36 家分行"一把手"进行现场约谈，部署专项治理工作要求。总的来说，大部分分行能贯彻落实总行的会议精神，主动承担投后职责，扎实推进业务的风险化解工作。3 月以来，针对重点项目，总行持续进行督导，抽派专人联合分行共同成立工作小组，重点跟进、及时应对，赴上海、浙江、云南、江苏、西安、山东等地与多方进行谈判，其中，有些还由总行领导带队督促协商处置，通过这种方式加大了处置化解的力度，取得了很好的效果。在总分行共同努力下，切实化解了部分项目风险。

三是认真配合监管现场检查工作。2018 年 4 月 9 日，银保监会影子银行和交叉金融现场检查工作组入驻我行，进行为期四个月的现场检查，全行各条线高度重视，认真部署，积极配合，主动沟通，以外部检查促进我行治理整改。针对检查组指出的问题，资金资管条线本着"一般问题即查即改，机制问题限期整改"的原则，深入查找剖析原因，研究具体整改措施，逐项明确整改责任、整改要求和整改时限。

四是同步推进业务转型。第一，大力压降同业投资业务，加大债券、同业融资投放。第二，大力推动资管业务转型。年初至今已发行 18 期净值型产品，规模达 133 亿元，还在监管机构的指导下发行了对接某基金的第一只高净值客户理财产品，迈出了历史性的一步。年内保本理财压降 47%，零售客户销售规模占比由 91% 提升至 96%。接下来还要根据监管政策导向，加强研究同业业务哪些能做、怎么做，以及研究制订理财业务整体转型方案。

经过上半年大家的共同努力，专项治理工作取得了阶段性进展，随着银保监会现场检查结束，去年以来清理整顿工作也将告一段落，后续进入常规化的投后管理和针对重点项目的风险化解阶段。

二、当前风险化解工作面临的形势

（一）经济金融形势严峻

2018 年以来，经济下行压力加大，风险暴露加剧。从外部看，美国对中国的逆差比较大，这让我们成为美国打贸易战的焦点，贸易摩擦不断升级，贸易保护主义在抬头。国内经济形势不容乐观，下行压力很大，投资、消费、出口"三驾马车"增长乏力。同时，资管新规出台后，具体操作层面落地面临较大挑战，社融增速持续回落，加速了整体信用收缩。

从微观反应看，债券市场风险持续发酵。数据显示，2018 年以来共有 15 家发行主体共 28 只债券发生违约，涉及债券余额 289 亿元；2016 年全年是 94 只债券，金额 321 亿元；2017 年是 49 只，金额 251 亿元。2018 年违约事件会再创新高，违约债券中不乏 AAA 评级的，也有不少上市公司，仅第二季度就有 4 家上市公司债务违约。上市公司融资渠道一般比较广，违约频现显示出金融去杠杆、融资渠道收缩对企业资金链条的冲击之大。同时资本市场持续低迷，股市持续下挫，进一步加剧了股权质押爆仓风险。2018 年上半年，质押股触及平仓线的公司较往年激增，共有 21 家公司发布股权质押平仓风险公告。

（二）去杠杆背景下宏观政策发生微调

去年以来，我国宏观杠杆率上升势头明显放缓。2017 年杠杆率比 2012—2016 年杠杆率年均增幅低 10.9 个百分点；2018 年第一季度杠杆率增幅比去年同期收窄 1.1 个百分点。在总杠杆率得到有效控制的同时，企业、居民、政府部门的杠杆率也呈现优化态势，去杠杆初见成效。在此背景下，面对严峻的内外部形势，宏观政策也开始着手进行微调，对去杠杆的节奏和力度进行更好的把握与平衡，稳固金融对实体经济的支持力度。货币政策方面，宽松的基调进一步明确，近日监管窗口指导，将额外给予MLF 资金，用于支持贷款投放和信用债投资。银保监会 7 月 18 日召集商业银行召开了"疏通货币政策传导机制，做好民营企业小微企业融资服务"的座谈会，出台七项政策，加大支持民营企业和小微企业力度。财政政策方面，下一步将更加积极，包括减税、基建投资等，同时加强与货币政策的协同。

在当前情况下，监管机构及时出手将有效缓解实体企业的融资困境，有助于银行等金融机构化解风险。我们在下阶段的风险化解中，要敏锐抓住政策微调的窗口机会。

三、正确认识清理整顿和业务发展的关系

（一）客观看待业务发展过程中的问题

2017 年以来，我行开展的同业业务清理整顿，是贯彻中央和监管部门防范化解系统性风险会议精神，根据外部环境变化和稳健发展的内在需要而开展的重要工作。清理整顿工作不是对过去业务发展的全盘否定，而是适应形势发展的需要，对自身做做"体检"、动动"手术"。2014 年 127号文发布以来，我行大力开展同业投资业务，为全行创收作出了巨大贡献，这块业务比传统同业融资收益水平高出 60~100 个基点，而且穿透底层也是支持实体经济的。在看到成绩的同时，还要看到存在的问题，在业务发展过程中，我们存在"重发展、轻管理"的倾向；在监管政策理解、产品设计、内控管理方面也存在缺陷和不足，使得外部大环境发生急剧变化时，业务出现了一些风险问题。过去同业业务都是零风险，但当我们同业业务

涉足地方政府信用和企业信用时，情况就有所不同了。我们要"一分为二"地看待问题，要通过清理整顿查缺补漏，修正偏差，坚持回归本源，坚持穿透原则，坚决去通道、去嵌套，进一步明晰下一步业务发展方向。

（二）继续坚定资金资管业务发展信心

邮储银行有一张差异化的资产负债表，全行资产规模 9.3 万亿元，其中贷款规模近 4 万亿元，存放央行的法定存款准备金 1.2 万亿元，其余资金主要投向金融市场领域，大体上 4.1 万亿元。资金资管业务是支撑邮储银行转型发展非常重要的业务，也是我行的特色和优势业务。资金资管业务投入成本低、资金使用效率高、收入贡献大，未来相当长一段时间，仍将是我行重要的业务板块。2017 年以来，我们主动大幅压降同业投资和机构理财业务规模，基本摸清了风险底数，也化解了一些潜在风险，下一步要根据政策环境变化，做到"排雷"、转型两手抓。

（三）把握资金资管业务转型发展方向

一是回归本源。金融市场业务要回归同业信用本源，并着力开展线上交易业务，适度开展交易所发行的企业 ABS 业务。对于政府和企业信用的业务要逐步退出。资管业务回归"受人之托，代人理财"的本质，根据客户的风险承受能力配置相应的资产。同时下一步根据监管要求探讨成立资管子公司，打破刚兑、隔离风险、独立运营。

二是合规先行，适度创新。创新是发展的第一动力，只有不断创新才能保持领先，但前提是合规先行。我们要在吃透监管精神、符合监管要求下适度开展创新，包括融资模式创新、产品创新、服务方式创新等，创新的首要前提是不触碰监管红线。

三是总分协同，充分发挥分行力量。经过几年的发展，资金资管条线逐步培养了一批专业人才队伍，不管是业务开展，还是近一段时期的风险化解，分行都较好地发挥了市场一线作用。今后我们要进一步完善收入分配机制，充分调动分行积极性，使总分行形成有效合力。

四是把握实质风险审查。总结过去业务发展的经验教训，核心是要充分识别风险特性，把握实质风险。第一，注重还款来源。第一还款来源要能覆盖本金和利息，同时，第二还款来源抵（质）押物要做实做细，不能悬空。第二，集中度管控。根据大额风险暴露监管指引精神，单笔出资金额不宜太大；同时控制单户企业投资集中度，对于单户金额较大的项目要重点关注，做好提前还款安排。第三，敏感客户尽量少碰或不碰。

五是做好投后管理。"三分贷，七分管"。投后管理极其重要，对于资金资管业务，投前投后要有机衔接，投前就要从源头上把好资产关，防止"病从口入"，投后要落实投前要求，动态跟踪。

四、下一步工作要求

（一）高度重视，加速化解重点项目风险

防范化解重大风险是三大攻坚战的首要战役。目前全行风险化解工作还处在进行时，我们要继续保持邮储银行引以为傲的干净的资产负债表，资金资管业务条线要继续为全行作贡献，管控好风险才能行稳致远。希望各级机构务必提高政治站位，群策群力，主动担当，加速化解重点项目风险。

（二）精心谋划，完善方案大力推进

一是提早谋划。针对风险项目，总分行要详细摸排、密切跟踪，与通道机构、融资企业等各方充分沟通，在全面掌握信息的基础上及时完善应对方案。方案制订中要着重考虑：要精细，措施周全、切实可行；投后要

密切跟踪现金流，及时反映企业经营变化情况。二是迅速行动。一旦确定方案，要果断迅速采取行动。三是执行有力。各分行要贯彻执行好总行的要求，思想统一、行动统一，不折不扣地按照既定方案执行。

（三）加强联动，深化条线协同机制

当前清理整顿所取得的成效，得益于总分行各部门、条线间的共同努力，尤其是 2018 年以来，中后台部门针对非信贷业务出台了一系列政策、制度，以推进该项业务持续健康发展。当前，针对重点项目，总分行各部门要继续群策群力，主动担当，各自发挥专业优势，协同作战促进风险化解。

（四）把握节奏，防范处置风险的风险

一是有序管理。对于存量业务风险，要根据风险的特点分门别类进行有序管理，辨别哪些是实质风险、哪些是突发性事件而引发的暂时流动性风险，措施要灵活多样，避免生硬地"一刀切"，出现次生灾害。二是换位思考，对融资企业多做一些雪中送炭的事情，不能做压垮企业的最后一根稻草，最后两败俱伤。

（五）落实责任，健全激励约束机制

一是合理考评。各级机构要综合考虑投后管理质量、完善授信管理、潜在风险化解、监管意见整改等方面，将清理整顿工作推进情况，特别是要把风险防范化解成效纳入全年绩效考评，对表现突出的机构、部门、个人予以奖励；对推进落实不到位、风险化解不力，甚至导致风险进一步扩大的单位和个人予以问责。

二是适当调整收入分配。存量业务是基于原有作业模式进行的收益分配，投后管理比重比较低。但在风险化解阶段，投后投入的精力是做业务时的好几倍，难度大大增加。后续我们要在机制上不断完善，针对风险化

解事项作适当补充，制定奖励政策，基于后续清收成效给予相应奖励，对于配合作出突出贡献的分行，也要予以奖励。

（六）立行立改，全面加强内控管理

近几个月银保监会现场检查组在我行驻场检查，针对资金资管业务提出了很多富有针对性和指导性的意见。对于本次检查，除具体业务问题立查立改外，我们总行从前台到中后台还制定完善了一系列规章制度，进一步健全了业务管理体系。"打铁还需自身硬"，要想保持邮储银行低不良和稳健经营优势，必须要有完善的运行机制，提升全行的内控管理。我们要继续对标监管要求和同业先进经验，以制度化、系统化为核心逐步规范管理，年内要形成与最新监管要求一致的同业、理财、表外等制度体系，细化操作规范，废止不合理、不合规要求。同时加快同业、理财信息系统建设，从根本上提升内控能力。

（七）加快转型，加强对分行业务指导

年初下发的专业条线指导意见，明确了下一步的业务发展方向，随着资管新规、大额风险暴露等一系列监管政策不断落地，监管各项要求也更加明晰，我们原有的业务模式哪些能做、哪些不能做、哪些要大力做、哪些谨慎做，要进一步对照监管要求重新梳理出来。在清理整顿工作取得阶段性进展的现阶段，我们要"排雷"、转型两手抓。金融市场业务要回归本源，要以金融机构授信业务为主，回归标准化和线上化趋势；资管业务以落实资管新规为抓手，向净值化、打破刚兑转型。

（八）重视人才，切实加强队伍建设

银行是经营信用、经营风险的企业，但我看，归根到底银行经营的还是人才。资金资管条线要切实加强人才队伍建设。经过这几年的发展，资

金资管条线培养了一批专业人才，一方面，我们要依靠机制留住这些人才，不能市场一下行，人才都跑了或者转岗了；另一方面，下一步业务转型还需要培养一批能征善战的骨干。要加强人才队伍的梯队建设，形成科学培养、层层选拔的梯队机制，培养专业性、复合型人才；要加强各类业务培训，采用以岗代训、轮训等多种方式，提升分行员工的专业能力。

我行清理整顿工作进入了一个新阶段，希望大家能够深入领会本次会议精神，统一行动、积极应对、主动作为，扎实推进专项治理工作各项部署，切实维护我行权益，推动资金资管业务实现健康发展，为全行转型发展作出更大的贡献！

资金资管业务转型发展及风险控制

之八：通过资金存管业务拓展高端零售客户

——在 2015 年资金存管业务培训会上的发言

按语： 2015 年 8 月 6 日，证监会正式批复邮储银行开办证券客户资金存管业务。2015 年 10 月，邮储银行召开全行证券公司客户交易结算资金存管业务培训电视电话会。作者在会上分析了发展证券客户资金存管业务的重要意义，并提出了具体工作要求。

今天，我们在这里召开全行证券公司客户交易结算资金存管业务培训电视电话会，同时也是业务启动的动员会。这次会议的主要目的是夯实基础，以会代训，通过培训着力提升各级管理者从事证券客户资金存管业务的专业能力；同时，也希望通过这次会议统一思想，提高认识，广泛动员，明确要求，加快推进证券客户资金存管业务的持续健康发展。

下面，我讲三点意见。

一、充分肯定证券客户资金存管业务前期筹备取得的成绩

总体来看，我行证券客户资金存管业务的筹备工作前后经历了两个阶段：第一个阶段是争取获得证券客户资金存管业务资格；第二个阶段是获

得开办资格后，积极开展建章立制、系统测试联调、业务培训等筹备工作。

为了获得证券客户资金存管业务这张"准生证"，我们历经曲折，可谓十年磨一剑，凝聚了邮政金融上下各级领导多年的心血。早在 2000 年，部分省邮政储蓄机构就开办了银证转账业务。2001 年，当时为了规范客户交易结算资金管理，证监会正式批准了 21 家商业银行成为证券客户资金存管银行，在此之后，就没有再审批增加新的机构。由于当时还不是商业银行，所以我们没有获得证券客户资金存管资格。组建银行后，2009 年 6 月，我行首次开发的证券客户资金存管系统上线，但是由于当时监管机构未予准入，所以这个系统就束之高阁了。

随着邮政金融业务的快速发展，从去年开始，我们加大了申请证券客户资金存管业务资格的工作力度，在监管部门的关心支持下，终于拿到了业务准入资格。与此同时，总行于 2014 年初，再次启动了证券客户资金存管暨期货保证金存管系统的开发，并于去年 12 月 26 日成功上线。今年 7 月 15 日，优化升级的证券客户资金存管系统顺利通过验收。8 月 6 日，证监会正式批复我行开办证券客户资金存管业务。

在获得准入资格后，今年 8 月，进入筹备开办的第二阶段。两个多月来，全行紧锣密鼓，明确时间表，迅速启动了证券客户资金存管业务实盘测试、从业人员培训、部分机构试点上线、全国业务推广等一系列工作。各级机构对证券客户资金存管业务给予了高度重视，并密切配合，积极落实总行业务发展部署，圆满完成机构准入、人员注册、资格报备、内部测试等一系列试点上线准备工作。短短 2 个月时间，在券商合作方面，已与 5 家券商合作上线，与 49 家券商建立了合作关系，开始组织系统测试和协议签署工作。截至 10 月 14 日，全国开户 3.9 万户，银证转账交易达 5.5 万笔，交易金额1.3亿元，其中银行转证券3.2万笔，金额9895万元，证券转银行2.3万笔，金额3100万元，客户资金余额2600万元。从这组数据可以看出，开办证券客户资金存管业务，有效对接了我行客户的实际业务需求。在系统运行方面，一步式签约、异地业务办理、客户与券商账户实时划转等一系列新功能运用顺利，证券客户资金存管系统运行正常，已经具备了全面推广的条件。特别是一步式签约、异地办理业务、实时转账等功能在同业银行处于领先地位，获得证监会、投保基金的高度评价。

回顾筹备开办证券客户资金存管业务的前期准备工作，无论是业务资格的取得，还是系统研发上线，以及建章立制和从业人员培训，我们的工作都卓有成效，取得了优异的成绩，这为下一步加快推进证券客户资金存管业务的发展奠定了坚实基础。这些成绩的取得来之不易，凝聚了邮银、中邮证券、总分、各条线同志们的心血和汗水，在这里，我代表总行领导班子向参与证券客户资金存管业务筹备的全体同志表示衷心感谢！

二、深刻认识发展证券客户资金存管业务的重要意义

证券客户资金存管业务经过前期认真周密的准备，马上进入全面实施推广的新阶段。证券客户资金存管业务具有资金规模大、稳定性好、资金运营成本低和高成长性等特点，在此，我希望全行上下、邮银双方都要进一步认识发展证券客户资金存管业务的意义，增强做好发展这项业务的责任感和使命感。

（一）证券客户资金存管业务能够对储蓄业务、公司业务发展起到积极的促进作用

在没有证券客户资金存管业务的时候，我们与资本市场的关系体现为

存款只出不进，客户转出到证券交易的资金没有回流渠道，一旦转出就很难再回到我行。证券客户资金存管业务开办后，一方面，客户转到证券账户的资金和卖出股票的资金会体现为同业存款，同样会给我行贡献存款资金。2014 年底，央行发文明确从 2015 年起，将非存款金融机构存款纳入商业银行存款统计口径，这就包含证券及交易结算类资金。另一方面，客户资金的转换具有周期性，在牛市时期大量资金转出银行，变成证券交易保证金，牛市过后资金会重新回流银行，再次变成储蓄存款。因此，证券客户资金存管业务的发展能够极大地促进储蓄业务发展。在当前储蓄竞争激烈的情况下，大力发展证券客户资金存管业务、承接股市回流资金是我们做好储蓄业务的一个非常重要的抓手和突破口。

另外，更长远来看，我们已经进入大资管时代，证券类资产和各类大资管产品在客户资产中的占比不断提升，储蓄存款的占比整体呈下降趋势。随着资本市场的进一步完善，直接融资比例的进一步提高，未来获取低成本的存款资金难度将越来越大。仅就单纯储蓄去做储蓄的路子也越走越窄了，我们必须要通过大力发展证券客户资金存管业务、大力发展大资管业务、大力发展支付结算业务来联动带动储蓄业务持续健康发展。

今年上半年，125 家证券公司客户交易结算资金 3.4 万亿元、托管证券市值 38.6 万亿元、受托管理资本总额 10.2 万亿元，资金存管在 21 家存管银行。未来一段时间，我行证券客户资金存管业务要主动对标同业，积极推进证券公司客户交易结算资金存管业务发展。

（二）证券客户资金存管业务能够显著提升我行客户维系能力，增强客户黏性

国内外经验表明，客户使用银行的产品越多，忠诚度就越高。银行应当向客户交叉提供多元化的产品，引导客户使用银行多种类型的服务，力争成为客户的主账户银行。给大家举个例子，美国的富国银行，零售客户平均使用产品 6.1 款，公司客户平均使用产品 7.2 款。客户的银行账户一般很多，最经常使用、资金沉淀较多的主账户一般有 1~2 个。证券客户资金存管账户是客户选择主账户的重要因素之一。对于多数证券投资客户来说，证券客户资金存管账户既是保存客户主要金融资产的账户，也是日常频繁使用、资金频繁划转的账户，在客户的银行账户中居于中心位置，是各家银行的必争之地。证券客户资金存管是我行在既有的各种产品之外，向客户提供的又一项对接资本市场的核心产品和服务。证券客户资金存管业务的开办，进一步丰富和完善了我行的产品体系，是我行维系客户的又一个非常重要的手段，大力发展证券客户资金存管业务，能够进一步提升我们的客户维护能力，提高将邮储作为客户主账户银行的数量和比例，有助于客户将其他行资金归集到我行，从而提升客户忠诚度，增强客户黏性。

（三）证券客户资金存管业务能够进一步优化我行客户结构，提高中高端客户占比

证券客户在很大程度上属于优质个人客户，客户资金量通常较大，理财的观念和意识较强，理财知识较为丰富，风险承受能力和风险偏好度都比较高，这类客户群与我行以低风险偏好为主的客群结构形成良好互补。我们要通过大力发展证券客户资金存管业务来吸引银证客户通过我行办理业务，并在此基础上向客户交叉销售多元化的大资管产品，如基金、理财、保险、贵金属等，这样将能进一步优化我行客户结构，提升客户等级，提高中高端客户和较高风险偏好的客户占比，促进资产管理和财富管理业务发展，也有利于提升客户对我行的综合贡献度。下一步，我们既要发挥网络和客户优势，开展普惠金融，也要通过丰富产品、改善服务来提升客户价值。

三、几点要求

（一）精心组织，有序推进，确保业务稳步发展

试运行阶段已经结束，从 10 月 8 日开始，我们已正式对外开办存管业务。在接下来的业务推广阶段，我们不能急躁冒进，既要积极又要稳妥，各省分行要根据自身实际情况，分阶段、有重点地进行业务拓展。第一阶段以服务现有客户为主。前期各省分行积累了一定数量的有资金存管业务需求的客户，接下来应重点做好此类客户的服务。同时，总行会在这个阶段积极推进与券商的合作。第二阶段要以营销宣传为主，稳步进行业务拓展，同时积累业务发展的先进经验，加强示范和推广。第三阶段以营销活动为主，在已有客户规模的基础上，深入挖掘和开发新客户，充分利用营销资源，扩大市场规模。

（二）加强条线协作，明确职责分工，形成业务发展合力

证券客户资金存管业务涉及的条线、部门较多。在总行层面，前期准备工作最早是资产管理部牵头，去年底总行机构职能调整后，划转到了金融市场部。过去一年多来，信息科技部与金融市场部等业务部门密切配合，完成了系统开发等基础工作。系统上线对外办理业务后，证券客户资金存管业务的运营与管理涉及金融市场部、个金部、公司部、电子银行部、会计部等多个部门。希望总分行各部门要切实做好分工，加强协作，做到无缝衔接。总体来讲，市场部下一步的主要职责是总体牵头协调，重点做好

系统功能完善，券商开发维护；个金部做好业务培训和个人客户营销；公司部做好公司客户营销工作；信息科技部要做好系统运营维护；电子银行部负责网银、手机银行等渠道拓展工作。省分行和邮政公司这个层面，接下来的营销工作任务就主要落到个金部身上了。希望各条线各部门都要站在大局考虑问题，主动担责，共同做好业务拓展和客户服务工作。

（三）着眼长远，算好总账，做大做强证券客户资金存管业务

证券客户资金存管对于个金零售业务具有非常重要的战略意义，其发展直接关系到零售客户的维护，关系到负债资金来源和我们的可运用资金规模。各级机构和各条线要统一思想、提高认识，从大局出发，充分利用我行在客户、渠道和资金方面的优势，尽可能争取证券公司向我行倾斜资源，缩小与他行在证券客户资金存管业务上的差距，做大做强证券客户资金存管业务。

分行个金条线和邮政代理机构要积极开展宣传营销工作。总行已经制作并下发了证券客户资金存管业务的海报等宣传材料，各分支行要及时在网点进行摆放，同时通过当地媒体以及微信等网络渠道进行广泛宣传。在客户营销上要注重针对性，证券客户资金存管的目标客户，应当以具有一定证券投资知识和风险偏好及风险承受能力相对较高的客户为主。以前我们有证券投资需求的客户，大量通过其他行去办理证券客户资金存管，业务发展初期我们可以将这类客户作为重点营销对象，争取使客户转回我行办理证券客户资金存管。前期总行根据客户的转账行为、年龄和地域分布等因素对目标客户进行了数据挖掘，下一步要通过营销系统将目标客户分解到网点，并在即将到来的营销旺季开展强势营销活动，各级机构要积极配合，结合营销系统的使用有针对性地寻找目标客户，大力开展客户营销和维护工作。当前，证券客户资金存管具有很好的发展条件。从内部来讲，我行业务已经全部推开；从外部环境看，资本市场出现回暖迹象，政府和监管部门对市场精心呵护，陆续出台政策净化市场环境。第四季度，我行要抓住目前市场契机，开展强有力的营销宣传攻势。

金融市场条线要加强业务联动，通过与券商合作，带动我行托管业务、同业融资和同业投资等各项业务的合作与发展。在券商合作方面，金融市场要重点发展证券客户资金存管业务。在业务推广阶段，各省分行业务营销部门特别是金融市场部要把握形势，从大局出发，不与个金条线和公司条线抢收入，要从长远角度考虑，着力做大做强存管业务。只有存管规模做大了，负债业务规模做大了，资金运用的空间才会越大。

（四）合规经营，严控风险，及时、妥善处理客户投诉，避免出现负面舆情

证券客户资金存管业务资格来之不易。作为一项新业务，在开办过程中，我们一定要严控风险，规范操作，严格按照规章制度要求执行。各级机构要密切关注客户投诉，发现问题第一时间解决。前台部门发现客户投诉要及时向牵头部门反映，牵头部门要根据情况迅速联系券商解决，无法处理的要及时反馈上级行，避免客户投诉演变成重大负面舆情。当前是银行业舆情高发期，股市也处于脆弱期，我们既有引战上市的历史性任务，也有后续的期货保证金、结算银行等重要资格的申请工作，负面舆情对我们在监管部门和社会公众中的形象影响巨大。因此，各级机构和人员要认真负责，密切配合，不能推诿、扯皮，同时要加强与券商的日常沟通和联系，提前做好应急处理预案，做好一线人员培训，不断提高服务水平。

要制定科学合理的考核机制，不仅要考核开户数，更要把活跃客户数纳入考核指标，避免出现大量无效户、长期睡眠户。同时，还有一点提醒大家，要注重考核的合规导向。我们不允许券商直接给一线营销人员和基层管理者发奖励，卖人头式的营销既涉嫌商业贿赂，也会造成客户的大量流失，是大家不能触碰的一条底线。券商政策必须面对企业，在收支方面要做到收支两条线。

（五）邮银紧密配合，实现联动，共同促进业务的持续健康发展

在证券客户资金存管业务发展方面，邮银双方要紧密合作，广泛动员，充分发挥邮银的网络优势，加快建立长效机制，在营销活动、业务拓展、网点开办、券商合作、客户体验、系统优化、机制建设、业务培训等方面，加强交流和沟通，互通有无，高效联动，实现业务发展节奏统一化、流程标准化、经营合规化，确保业务的健康可持续发展。

雄关漫道真如铁，而今迈步从头越。证券客户资金存管业务资格来之不易，同时也面临难得的发展机遇，各级各部门务必高度重视，尽职尽责，扎实工作，推进证券客户资金存管业务实现又好又快发展。

资金资管业务转型发展及风险控制

之九：拉长托管业务短板

——在 2016 年托管业务培训班上的发言

按语：本文是作者于 2016 年 6 月在全国托管业务培训班上的讲话。银行业金融机构高度重视托管业务的发展，各大银行都提出实施大资管战略，并将托管作为重要的战略性中间业务。作者指出，邮储银行托管业务充分利用行内外资源，取得了可喜的成绩，同时也面临着挑战，未来应进一步认清形势，加强资源整合力度，培养客户经理队伍，提升运营能力，实现托管业务跨越式发展。

今天，我们在京召开 2016 年全行托管业务培训会议。此次会议是总行托管业务部升级为一级部后，组织召开的第一次全国性现场业务培训。同时，培训班上我们还将利用两个晚上的时间进行法律合规和警示教育，这也是每次业务培训的必选课程之一。希望与会的各位同志能够利用短短三天的时间，虚心向同业学习，相互交流、沟通，进一步开阔视野，充实自我、提升专业素养，充分领会总行的战略意图和政策方针，争取回去之后引领本行托管业务有一个跨越式发展。

借此机会，我讲三方面的内容。

一、当前同业托管市场整体发展情况

近年来，利率市场化的加快推进、多层次资本市场的逐步建立、互联网金融的日益崛起等外部金融环境变化，为托管业务发展提供了难得的契机。最近几年，整个托管行业发展的速度突飞猛进，截至2016年第一季度末，国内26家商业银行资产托管规模已突破90万亿元大关，达到94.44万亿元，较年初新增6.75万亿元，增幅7.69%；同比新增36.33万亿元，同比增幅62.52%。

纵观整个托管行业的发展态势，呈现了以下四个突出特点。

（一）银行业金融机构高度重视托管业务的发展

目前，各大银行都提出实施大资管战略，推进轻型银行建设，减少资本金消耗，很多银行都把托管业务作为重要的战略性中间业务，邮储银行也一样。2016年年初，托管业务部升格为一级部，就是总行高度重视托管业务发展的具体行动。就国内来看，工商银行是目前国内托管业务做得最好的，托管规模已突破十万亿元，这是很了不起的成绩。从全球范围来看，纽约梅隆银行是托管业务做得最好的，它表外的托管资产规模是表内资产的若干倍，而我国银行的这一比例大概只有60%。海外很多金融机构，托管业务对收入和利润的贡献是非常大的。近两年，中国银行业收入增速明显下滑，大家都开始关注非息收入，托管业务收入是非息收入的一个重要组成部分，发展托管业务意义重大。

（二）托管资产规模快速扩张，呈爆发式增长

2013年至2016年第一季度末，我国商业银行托管资产规模分别为34.98万亿元、54.12万亿元、87.70万亿元和94.4万亿元，年均增速高达58.38%。

同时，作为衡量托管在金融市场中地位的重要指标，托管资产规模占金融机构存款总量的比例（即存托比）从 2013 年末的 32.66% 上升到了 2015 年的 60%。目前，工行资产规模 20 万亿元，托管规模已经达到 12 万亿元；兴业银行托管资产规模 7.6 万亿元，已远远超过其自有资产规模。

（三）托管产品类型多样化

国内资产托管行业紧跟大资管业务快速发展的步伐，在资本市场快速变革中产品创新不断涌现，托管产品呈现了多样化的趋势。目前全行业共有七大类托管产品，其中银行理财、券商资管、基金、保险资管及信托托管规模均已突破 10 万亿元大关。

（四）行业竞争日益激烈

过去十年，曾经是工行、农行、中行、建行、交行五大行垄断托管市场，农行一度在五大行里处于领军地位，现在工行已经超过了农行。目前，工商银行托管规模超过 12 万亿元，托管规模超过 7 万亿元的有四家银行，分别是兴业银行、招商银行、农业银行和建设银行；托管规模超过 5 万亿元的有四家银行，分别是交通银行、中国银行、中信银行和民生银行；托管规模超过 4 万亿元的有两家银行，分别是浦发银行和平安银行；到 5 月为止，我行托管规模也已经突破了 3 万亿元大关。

从银行业排名来看，我们在 26 家托管银行中排到第 13 位。目前，除了银行业金融机构之外，证券公司以及中国证券登记结算有限责任公司也都开办了托管业务，行业竞争日益激烈。这些年，特别是过往三年，整个托管规模的年均增速是 58%，但是相比较而言，托管收入的年均增速大概只有 19%，明显低于托管资产规模增速，这也从一个侧面说明了市场竞争的白热化，大家都采取了竞相降价的竞争策略。这些银行里面，有些股份制银行，比如兴业银行和民生银行，做得还是很不错的，它们的托管业务收入规模比较大，说明它们做得比较精细，高端产品营销得比较多，差异化、个性化服务做得比较好。

二、我行托管业务的发展情况

近年来，我行托管业务充分利用行内外资源，不断强化营销工作，取得了可喜的成绩，托管资产规模连续实现跨越式增长。特别是今年，按照年初工作部署，托管业务条线紧抓"大资管时代"托管业务发展机遇，顺势而为，锐意进取，到 5 月底取得了资产规模突破 3 万亿元大关的成绩，这令人鼓舞。自业务开办以来，我行托管规模年年实现翻番，去年我们抓住一个千载难逢的契机，国开行、农发行累计发行了接近 8000 亿元的专项债，专项债的托管全部交给了我行，后续发行的专项债，也都指定我行为唯一托管行，以此为契机，我们实现了一个跨越式的发展。除此之外，我们主动营销产品的力度也不断加大，成效非常显著。这个成绩的取得，是我们全行上下共同努力的结果，特别是在座全行托管业务条线各位同志们积极拼搏的结果。今天我也借此机会，向各位表示衷心的感谢！

（一）托管业务规模营收双双实现跨越式增长

今年以来，我行托管业务规模保持了快速增长，全行托管规模已突破 3 万亿元大关，达到 3.09 万亿元，较年初新增 8400 亿元。我们年初定的目标是 7000 亿元，已经完成全年预算目标，完成新增规模计划的 120.13%，较去年同期增加 1.92 万亿元，同比增幅 162.97%。1—5 月，全行累计实现托管业务收入 6.68 亿元，完成全年收入计划的 51.4%，较去年同期增加 4.81

亿元，同比增幅 256.76%。特别需要指出的是，托管业务日均沉淀资金余额达到 460.91 亿元，日均沉淀本年新增 134.29 亿元，完成全年新增日均沉淀计划的 89.53%，这是非常难能可贵的。

（二）经营管理工作扎实有序

一是经营机制方面。2016 年总行制定了倾斜分行的收入分配政策，即托管业务收入全额分配至分行，同步将合作客户落地分行，有效激发了各省行发展托管业务的积极性。成立一级部以来，托管业务管理更精细了，各项工作考虑得更全面了，看来要专业的人做专业的事还是非常有道理的。同时，总行制定了相应配套的绩效考核体系，从资产规模、手续费收入、利差收入、日均存款等四个维度进行考核，引导分行建立规模、效益并重的发展理念，不断提升托管业务综合贡献度。目前，从全行第一季度托管业务收入分配情况来看，全行共分配收入 3.06 亿元，共有 26 家分行完成收入序时进度，且四项关键考核指标完成率均超过预算序时进度，全行业务发展劲头很足。

二是市场营销方面。一方面总行通过制定各类营销手册、电视电话培训、基层宣讲座谈、联动营销等方式来支持分行的营销工作；另一方面在开展六大资管行业调研的基础上，重点对公募基金及保险公司开展专项营销工作，总行先后营销走访了 25 家公募基金公司，占国内基金公司总数的四分之一。特别指出的是在总分联动营销方面，也取得新的突破。在国家要求"去产能、去库存、去杠杆"的大背景下，传统的企业，特别是大的央企以及战略性新兴行业，很多都是以类股权融资的方式在运作，这些创新型的产业基金都涉及托管业务，现在类似基金已有 400~500 只。在总行的配合和支持下，山东分行成功入围省级政府引导基金托管项目，北京分行成功托管首单企业资产证券化项目，同时成功获得北京市政府产业引导基金托管资格，一线城市大行云集，同业竞争很激烈，能拿下这些项目是很不容易的。此外，上海分行在保险托管上发力破题，取得了非常好的成效，该行累计保险资金托管合作机构达到15家。针对保险托管，这两年我们个金条线和托管条线密切联动，但总体而言还是有很大差距的，我行代理保险占市场份额超过40%，这块的贡献度与同业相比，差距还是非常大的。

（三）"一个总部、多个分中心"运营格局基本形成，运营能力不断提升

今年以来，总行完成了重庆分行运营分中心的验收工作，启动了广东分行运营分中心的试运行工作，至此基本完成了北京、上海、深圳、重庆、广东等五个分行运营分中心建设，"一个总部、多个分中心"的托管运营格局已逐步形成。原来我们托管业务发展乏力，主要是专业队伍人员不足。2013年我们提出了运营下沉的规划，先后在北京、上海、深圳成立了三个托管一级部，去年又启动了重庆、广东运营中心的建设，大大化解了总行的运营压力，也有效支撑了全行托管运营的工作。后续也请托管部研究一下其余分行的运营格局，各省分行都有这方面的诉求，要研究一下一些低风险的产品如何进一步下放给其他分行。但下放运营也不能遍地开花，各个分行都搞运营分部是不经济、不集约的，要从全行算笔大账，着眼于最有效支撑运营工作进行合理布局。目前北京、上海、深圳、重庆分行等4个托管运营中心的运营规模已占全行托管总规模的52.66%，预计广东分中心验收完成后，5家运营分中心将承担全行60%以上的托管运营工作。全行运营能力的不断提升，为后续我行托管业务的快速发展提供了有力的支撑和保障。

（四）风险管理能力日益提高

按照总行的统一部署，今年总行审计局对总行和深圳分行的基金托管业务开展了专项审计工作。审计局反映，托管业务合规建设、管理能力、业务制度体系建设等各项基础工作有了大幅度的提升。目前托管业务条线已初步构建了覆盖事前、事中、事后的风险管理体系，同时在风险可控的前提下，托管业务条线也开展了制度流程优化工作，减少了产品审核流转环节，提高了业务处理效率，受到了合作伙伴的好评。

在看到成绩的同时，我们也要看到托管业务领域和同业相比存在的差距：

一是托管规模与我行的大行地位不匹配。我行资产规模接近 7.8 万亿元，存款规模在 6.7 万亿 ~6.8 万亿元，而我行存托比不到 50%。我们要努力扩大托管规模，把存托比做到 100%，这样我们就可以步入托管规模 6万亿 ~7 万亿元的第二梯队。

二是分行发展不平衡的问题。在同样的区域和市场环境下，有些分行的差距还是比较大的。

三是效益有待提升。10 多亿元的收入和 3 万亿元的托管资产规模相比还是不相匹配的。当然，这里面有专项建设基金免收托管费这个原因，我们主要还是着眼于后续能带动其他业务发展，专项基金回款时会对公司业务的存款沉淀有一定贡献，我们主要是算综合效益，算大账目。但是，即便剔除专项债的因素，我们和同业还是有很大的差距。之前我让人做过一个比较分析，比如兴业银行，它的收入与规模比很高，这说明人家做得很精，托管费率比较高，关键是差异化服务做得好。要细分市场，差异化营销和经营，提高综合管理能力，管理方面越精细、越缜密，对于高端产品的营销和服务能力才会越强。所以，后续来看我们一方面要做大业务规模，另一方面也要从提升收益的角度做文章。

四是支撑能力还有待加强。包括人员、IT 系统、营销、综合管理等方面的支撑能力不强。系统建设方面，目前总行已经着手规划，要尽快实现系统升级，不断提升运营支撑能力；人员方面，总行最近启动了新一轮的"千人大招聘"，托管业务部是此次招聘重点要保障的部门；在营销上，营销队伍的建设是一个新的考验，需要加大培训力度，认真考虑我们在市场上如何去打拼，能否有能力和同业在市场上近距离地搏杀、抢客户。

三、对托管业务发展的几点要求

（一）认清形势、加快托管业务发展

总行高度重视托管业务的发展，从总行将托管业务部升格为一级部就可以看出董事会层面和总行高管层面对托管业务是寄予厚望的。下一步做好托管业务，首先要认清形势，进一步做大托管规模。

我们简单分析一下形势。商业银行表内业务的增长速度在快速下滑，表外业务在快速发展，过往三年，托管规模平均年增速近60%，这与中国金融格局密切相关。过去，银行业在我国金融体系一家独大，资产规模 170 万亿～180 万亿元，其他的保险、基金和证券，规模相对比较弱，现在我们提"三去一降一补"，实际上很大程度上就是减少间接融资，减少企业的银行贷款。中国企业的银行贷款总量在世界范围都是非常高的，与 GDP 的比值几乎是世界上最高的，当前很多资源型企业的负债率达到

80%~90%，风险非常大，所以要"去产能、去杠杆"。去杠杆对传统商业银行的影响非常大，未来将是直接融资的天下。直接融资和股权融资必将给托管业务发展提供巨大空间，只要有资金流动的地方，都有托管的需求，非银行金融机构做金融业务也都需要托管服务，这些都为商业银行托管业务的发展提供了非常好的契机和空间。

从商业银行转型发展的角度来分析，一方面银行利润增速快速下滑；另一方面商业银行贷款不良快速攀升，银监会最新公布的数据显示，商业银行的不良贷款率已经突破 2%。2015 年银行业利润呈断崖式下跌。利率市场化对银行业影响巨大，银行业靠传统利差过日子的那种高速增长模式将不可持续，这是造成银行利润下降的主要原因，这是大趋势、不可阻挡。因此，各家银行都在努力提高非息收入。非息业务主要有理财、支付结算、托管、信用卡和投行业务等，我行目前非息收入占比只有 5% 左右，与同业差距很大，现在已经到了精细化管理的时候，要大力发展以托管业务为代表的非息业务。

大资管是未来银行业的发展方向，工行在战略目标里就提到未来要发展大零售、大资管和大投行业务，这是大趋势。我们看传统负债和资产业务，如果成本高、资金运用收益达不到一定水平，那就是亏损，所以将来银行不一定是做得越大越好，而是做得越精越好、越强越好。

资本充足率是商业银行的"紧箍咒"。我们去年资本金的补充力度是前所未有之大，引战引入 450 亿元，去年还发行了 250 亿元二级资本债，今年还要加快上市步伐，建立资本金补充长效机制。大力发展不占用资本金的非息业务，是缓解全行资本压力、增加收入的重要手段之一。

今年以来，要特别对我们托管条线提出表扬，托管条线专职人员只有不到百人，创造了10多亿元的收入，托管业务凭借零资本消耗和对中间收入的拉动作用，已经成为打造轻资本银行的最好抓手之一，必将成为我行转型发展的重要突破口。前几天，董事长专门听取了总行托管业务部的专题汇报，指出托管业务作为我行转型升级的一项重要业务，要坚定信心、振奋精神、勤勉工作、加快发展。在年初工作会上，吕行长也提出要加强运营管理，做大托管规模，实现跨越式发展。为此，各分行要统一思想，充分认识发展托管业务的重要意义，充分利用好总行新的政策，加大托管业务发展力度。下半年，各分行需要进一步发力，确保规模及收入预算目标完成，为全行转型发展、提高非利息收入占比作出新的、更大的贡献。

（二）加强资源整合力度，深化业务联动发展

过去几年，托管业务与金融市场、资产管理、个金代销业务已形成了较好的业务联动，行内资源对接产品形成的托管规模近年快速增长，资源整合取得初步成效，下一步，业务联动还有很大空间。

一是要继续充分利用好行内资源，深化与金融市场、资产管理、投资银行及个金条线的资源整合力度，建立"客户、项目、信息"等全业务资源的常态化共享机制。要多向机制比较灵活的股份制银行学习，它们都是业务联动"一把抓"，发展金融市场业务、公司业务、个金业务，都要带上托管业务。从省分行角度，大家一定要高度关注这个问题，各业务条线与托管业务条线联动要加强，特别在省行的层面上，对业务联动发展要从绩效考核上有所体现。

二是要以邮政集团公司金融板块一体化推进为契机，加大与集团内部保险公司、证券公司、资产管理公司、消费金融公司等各金融板块业务联动，金融翼板块的联动要发挥到极致。托管业务是我求人型的业务，我们要扑下身子、虚心认真地做好服务和支撑，推动集团内部板块和资源的共享。

三是充分利用好战略合作伙伴的资源，实现优势互补、互利双赢。我行战略投资者大牌云集，境外的6家机构都是我们托管业务好的合作伙伴，后续的境内外业务联动有很多都会涉及托管业务。

（三）培养成建制队伍，强化主动营销拓展

任何业务发展都要有一支专业素质过硬、能打硬仗的人员队伍，从而能快速抓住市场机遇、深度挖掘客户需求，赢得业务机会。托管银行是金融市场的重要参与者和服务者，托管业务涉及金融市场多个细分领域，专业性强，对人员和队伍要求高。我行托管业务经过多年发展，目前总行和部分重点分行，已经积累了一批有经验的托管营销和运营队伍，但是我行托管业务要继续做大做强，未来五年要向托管行业第二梯队迈进，还需要数量更多的专业人才队伍，这方面我们还有很大的差距。目前，大多数分行还没有成立托管一级部，都是在金融市场部下设托管团队，但有的团队人员调整过于频繁，不利于业务发展。后续，成立托管一级部的分行要进一步充实人员力量，没有成立托管部的分行，人员数量上要尽快补充，机构层面也要逐步升格，如果条件具备，鼓励设立托管一级部。人员到位后，要加强培训。培训是在新时期做好托管业务的重要措施，各省分行要抓住此次机会、认真学习，回去后深入开展二次培训。

（四）提升运营能力，支撑业务发展

今年5月，重庆、广东分行已开始承担托管运营工作，五个托管运营中心基本上覆盖了全国大部分地区，"一个总部、多个分中心"的运营模式已基本搭建完成。各运营中心一是要有服务意识，配足力量，做好客户和周边省分行的服务工作，同时绩效考核要与服务质量挂钩；二是要不折不扣地执行总行各项规章规范，要体现高标准、严要求；三是总行托管部要定期深入分中心进行指导和监督检查，全行上下形成合力，共同强化托管运营服务支撑工作。

总而言之，我行托管业务迎来了难得的机遇，市场空间非常广阔，特别是总行政策调整后，各省分行发展业务的热情高涨，相信未来几年，邮储银行托管业务会迎来更好的发展阶段。

推进公司金融业务发展

之一："疫情"下的行动
——在 2020 年公司金融板块工作会上的发言

按语： 自 2020 年初新型冠状病毒肺炎疫情爆发以来，邮储银行深刻认识到疫情防控工作的重要性和紧迫性，迅速行动，坚决落实党中央、国务院、监管部门对金融支持疫情防控工作的系列部署。2020 年 2 月 14 日，春节后北京复工第一周，邮储银行通过电视电话会议形式召开公司金融板块工作会，面向全行部署疫情防控工作，推动公司金融板块各项业务实现高质量发展。作者从加快推进公司金融板块机构改革工作落地、加强公司金融板块基础能力建设、狠抓机构客户和战略客户两大客群、实现交易银行和投资银行业务突破、全面提升风险管理水平，以及全力做好防疫抗疫企业的金融服务工作等六个方面进行了阐述和安排。

当前抗疫形势严峻，全国人民都在共克时艰，努力打赢这场防疫阻击战。我们以视频和电话的方式召开 2020 年公司金融板块工作会议，为的是抓紧落实总行工作会议部署，落实张金良董事长和郭新双行长指示要求，加快推动公司业务转型发展，同时也是为了落实大行责任担当，积极做好抗疫防疫金融服务工作。下面，我简要讲六个方面内容。

一、加快推进公司金融板块机构改革工作落地

（一）总行公司板块改革情况

去年，我行完成了总部层面机构改革工作。公司金融板块成立公司金融管理委员会，作为公司业务发展的协调与决策机构；成立公司金融部，承接原公司业务部和战略客户部工作职责；成立交易银行部，承接原国际业务部和公司业务部现金管理、银企直联、企业网银等职责；投资银行部负责新发生的银团贷款业务管理工作，存量银团贷款业务仍由公司金融部管理。机构改革以来，各项工作有序衔接，稳步推进，公司板块形成了"一体两翼"的格局，以客户为中心，以"传统存贷、交易银行、投资银行"三大产品体系为支撑，通过发挥公司金融委员会作用，凝聚板块合力。

（二）分支行机构改革工作安排及要求

总行已正式下发分支行机构改革方案。在公司金融板块方面，一级分行和二级分行分别设置公司金融部和交易银行部作为一级部，并在一级分行公司金融部下设机构客户部作为二级部，70%的一级支行设立了公司金融部。近期，针对分支机构公司金融板块机构改革工作，总行将专门印发一个文件。

下一步，各分支行要积极推进本行公司金融板块的机构改革落地工作。一是要认真学习机构改革相关文件，制订辖内改革方案并明确各部门职责，公司金融板块机构设置方案要及时与总行公司金融板块各部门沟通。二是加强组织实施，加快推进辖内机构改革落地工作。各分行"一把手"要对本行机构改革实施工作负责，确保在3月31日之前完成一级分行、

二级分行交易银行部和一级分行机构客户部二级部的设立，加快推进一级支行公司金融部的组建工作。三是加快交易银行岗位和人员设置。设置现金管理、企业网银、银企直联、贸易融资及供应链、汽车金融、国际结算及单证受理中心、合规管理等重点岗位并配置一定人员。四是重点省分行应在公司金融部下设专门的投行团队。加快构建与区域发展情况相适应的专业化投行队伍。北京、上海、深圳、江苏、广东、四川、浙江、山东8家示范分行应对标先进同业，配齐适应债券融资、并购贷款、银团贷款等业务发展需要的专职人员，并配备专职风控及后续管理团队。其他分行要参照示范分行，加快投行队伍建设。

二、加强公司金融板块基础能力建设

（一）全年新增1000个对公业务网点

网点覆盖率不足已成为影响公司业务发展尤其是县域以下机构客户拓展的制约因素。总行将加大督导力度，今年，要实现叠加公司业务功能的网点新增1000个，并力争自营网点"应开尽开"公司业务。一是通过科技赋能突破发展瓶颈。将加快营运中心系统、统一柜面平台二期的开发推广进度，解决柜员综合化和多系统一体化操作问题。二是强化公司柜员队伍储备与能力提升。进一步提升柜员"双证上岗"率，实行个人柜员与公司柜员间轮岗机制。三是建立公司柜员激励机制。各分行应结合属地情况制定公司柜员激励机制，充分调动网点柜员转岗公司柜员或兼任公司柜员的积极性。

（二）加强客户经理、产品经理队伍建设

根据全行人才发展规划安排，未来三年全行的人力资源配置将重点向公司金融板块倾斜。各分行要紧抓落实，加强公司金融队伍建设，加快推

进人员量质双升。一是强化人员配备，优化队伍结构。一级分行公司金融部至少要配备岗位人员 16 人，未达标的分行应尽快落实文件要求。同时，要加大对公客户经理和产品经理队伍建设力度。节前总行正式制定下发了两支队伍管理办法，各分行要做好制度宣贯和执行。下一步总行将开展两支队伍建设达标大行动，对人员进行名单制管理，持续对各分行公司金融板块人员配备、队伍管理情况进行跟踪考核。二是加强人才培训体系建设，提升队伍能力。总行将加大人员培训力度，引进公司金融顾问 CFC 资格认证，提升公司金融队伍综合能力。三是优化绩效考核，激发员工积极性。总行已初步形成对公客户经理和产品经理绩效考核指导意见，各分行要建立并完善辖内绩效考核制度，激发广大员工抢占市场的"狼性"。

（三）多措并举全力开展拓户工作

公司客户基础薄弱是制约我行公司业务发展的重要因素之一。今年，围绕重点结算客群和重点公贷客群，要确保完成新增 20 万客户的目标。一是要建立批零联动拓户机制，发挥邮银协同优势。挖掘县乡村市场潜力，重点做好县域政府机构、事业单位、中小企业等客户的营销工作。二是要提高大客户下辖成员单位开户覆盖率。要梳理大客户未在我行开户的成员单位名单，有重点地开展拓户工作。三是要加强场景应用，推动平台批量获客。加强开放式缴费平台、邮储食堂、代发工资、国库集中支付等场景应用，挖掘 B 端客户资源。四是要强化信息技术手段对拓户工作的支撑。充分利用客户营销系统 60 万潜在客户资源，加快推进潜在客户转化为正式客户。

（四）加强公司相关系统建设

当前，信息科技支撑能力已经成为影响公司金融业务发展的关键因素，要以系统建设为发力点推动公司金融业务突破式发展。一是要加快推进公司业务相关系统建设。全力推进信贷业务平台（二期）建设工作；做好代理财政国库结算系统重建工作；完成新版企业网银国库支付功能模块建设，丰富手机银行国库资金收缴功能；持续做好开放式缴费平台、现金管理系统等优化工作，推进企业网银系统二期全国推广上线工作。二是要建立公司客户信息系统快速响应机制。对于中央财政相关系统建设，打造机构客户"敏捷开发"模式；对于地方财政系统建设，通过与信息科技相关部门绩效捆绑考核，建立分行业务需求快速响应机制。

（五）加强邮银协同，发挥代理金融积极性

各分行要充分发挥代理金融的积极性，推动银行实现公司金融业务的突破式发展。一是充分发挥邮银协同优势，开展"邮银一家 共拓蓝海"公司业务专项营销活动。二是要共担发展任务，同步绩效考核。三是要开展评优评先，加大奖励力度。邮政企业营销的公司存款和客户计入同级银行公司业务统计指标，对于代理营销的公司存款按照银行自营奖励标准的2倍给予银行收入奖励。

三、狠抓机构客户和战略客户两大客群

张金良董事长多次提出，做公司业务的人要有"狼性精神"，要敢于到市场上拼杀，到市场上找"源头活水"。今年，我们一定要紧盯战略客户和机构客户两大客群，由各级行领导带队营销，确保两个客群"速赢计划"成功。

（一）狠抓机构客户，提升负债规模

今年全行新增机构客户目标1.5万个，机构存款净增目标800亿

元。一是重点挖掘县乡村机构客户资源。紧抓农村农业基层单位的改革契机，力争营销覆盖 20% 的村组织。二是重点争取军队等业务资格突破。要迅速行动、不等不靠，提早做好辖内驻军单位、武警支队、武装部队等军警客户营销储备工作。三是全力消除业务空白点。"一把手"要带队全力争取省市级社保专户；7 家未与当地烟草建立合作的省行要尽快实现破零；20 家还未与省体彩中心建立合作的分行也务必要实现合作突破。四是抓实"强县弱行"管理。总分行共同选定第一批 132 家支行进行名单制管理，分行要加强名单内支行政策和资源支持，实行包点帮扶。

（二）狠抓战略客户，提升资产规模

战略客户是我行公司资产业务的"顶梁柱"和"压舱石"，要加快公贷投放进度，力争第一季度完成战略客户公司贷款净增 320 亿元目标，全年实现战略客户贷款净增 800 亿元目标。一是要加强总部营销。全国性集团总部落地行以及集团区域性分子公司的主办行应转变经营思路，积极推动外地子公司的业务开拓。二是持续开展战略客户"盘存量、拓增量"营销活动。通过定名单、定目标、定考核、定机制，加快推动战略客户部二级部与战略客户总部所在地分行捆绑营销。三是建立总分业务联动机制。总分行战略客户营销服务团组要加大沟通力度，各级分行行领导要亲自挂帅，积极营销新增项目，深挖战略客户价值。

四、实现交易银行和投资银行业务突破

目前，大客户都在降杠杆，融资模式也较之前发生了一定变化，债权融资转变为股权融资。受金融降杠杠的影响，银行公司金融业务的发展受

到了较大的冲击,未来投资银行和交易银行业务将会是各家银行新的抓手。

（一）重点突破,完善交易银行体系

交易银行业务是拉长公司业务短板的重要抓手,围绕"现金管理、贸易融资、产业链金融"三大业务主线,重点要抓好下面几项工作:一是充分发挥现金管理的基础性产品优势。提高现金管理账户签约覆盖率,实现联动结算性存款增长。二是加强平台化在线化的科技能力。重点依托企业网银和银企直联渠道,抓好开放式缴费平台的推广,通过区块链福费廷平台扩大我行影响力。三是坚持行业金融的拓展策略。借助汽车产业链金融的发展经验,围绕交通、能源、汽车、医药、家电、装备制造、基础设施、大宗商品等行业制定产业链金融服务方案,并积极探索辖内特色行业金融服务。

（二）高度重视,加快投行业务发展

各分行应充分认识投行业务在提升我行市场形象、缓解资产配置压力、增加中间业务收入等方面的重要作用。下一阶段,重点开展债券承销、并购融资、银团贷款、资产证券化、债券融资计划等业务的营销工作。一要加强客户需求挖掘与销售渠道建设。深度挖掘客户需求,发挥同业合作和网点优势,搭建投行产品销售网络体系。二要推动重点业务突破。推动债券类业务转型扩张,实现股权类业务重点突破,力拓非标业务。三要加强产品整合创新。加强新产品研发力度,整合现有产品,从客户视角出发,提供一揽子融资解决方案。四是要加强业务联动。加强投行与传统公司金融业务以及资金资管业务的联动,聚合各方力量推动业务发展。

五、全面提升风险管理水平

各分行要全面提升风险管理水平,用高质量风控保障公司业务高质量发展。一是要梳理风险处置制度，强化分类管理。总行将印发《公司客户风险监测、化解和处置手册》，对风险客户处置工作分工和工作流程进行梳理，使风险客户的处置流程明晰可操作。二是要继续实行大额风险一户一策。继续完善总分联动风险管理机制。5000 万元以上大额风险客户制订一户一策的风险处置方案，责任到人。三是高度关注新型冠状病毒肺炎疫情对公司金融资产质量的影响。目前形势十分严峻，短期内对部分行业小企业产生严重影响，接下来会逐步转向中、大型企业，公司客户风险防控压力非常大，我们要早发现、早处置，做到见事早、动手快。

六、全力做好防疫抗疫企业的金融服务工作

目前正值防疫抗疫关键时期，各分行要进一步贯彻总行党委要求，态度要坚决、行动要迅速、措施要得力，将加大疫情防控企业资金支持作为当前最紧要的事情来抓。

资产端，一是讲政治顾大局，强化大行责任担当。用好人民银行专项再贷款与财政贴息双重支持政策，实现名单内优质企业早对接、早审批、早放款。把握人行再贷款政策机遇，对资质较好的名单内企业，以底价参与竞争，确保完成分配我行的 150 亿元再贷款额度。二是抢市场拓客户，抓好抗疫下半场机遇。在人民银行名单客户基础上，加大客户拓展力度，采取分行上报、总行严格审查的方式，确定总行客户名单，名单内的客户给予适当的优惠，同时要科学授信，合理授信，有效控制风险。第一，设置绿色审批通道，提高审批效率。疫情防控相关企业的授信业务申报按照特事特办、急事急办的原则，全部采用绿色审批通道，快速完成授信全流程操作。第二，优化利率管理，提升市场竞争能力。下放央行名单内客户

贷款定价审批权,由总行承担央行名单内企业贷款发放时正常计提的减值,日后因资产质量下滑导致减值增加由分行承担。第三,优化授权授信政策,提升服务质效。名单内企业的授用信全部实行平行作业,快速审批、快速发放。梳理我行抗疫企业重点名单并持续更新,作为央行名单后备库,分行视同央行名单内企业加快审批。第四,把控实质性风险,确保资金专款专用。各分行加强对实质性风险的把控,并切实强化资金监管,确保资金用于疫情防控相关生产经营活动。

负债端,一是配合做好预算内财政资金和各类疫情防治资金等财政专项资金的下拨与划转。二是分析防疫资金来源和去向,以资金拨付结算为契机加大对增量资金的营销,密切关注各类防疫资金使用情况,做好对各级财政部门、卫生健康委员会等政府机构,以及红十字系统、各地总工会、医疗科研机构等事业单位的金融服务支撑工作。

同志们,目前正处于防疫抗疫的关键时期,一方面,我们要承担大行责任,全力做好抗议防疫金融服务工作;另一方面,作为企业,我们不能因为疫情,而让企业正常的经营工作停摆。一年之计在于春,希望各单位切实做到一手抓抗疫、一手抓经营,精心谋划好全年工作,做到开好局、起好步,争取把疫情的影响降到最低。

推进公司金融业务发展

之二：打造邮储银行新的业务增长点

——在 2019 年中国邮政集团公司汽车产业链服务工作推进会上的发言

> **按语：** 汽车行业蕴含巨大的市场空间。数据显示，2018 年，汽车行业总产值占 GDP 的比重超过 10%，直接相关产业的从业人员占全国城镇就业人数比重超过 12%，行业税收占比约为 13%，是举足轻重的国民经济支柱产业。2019 年 5 月 17 日，中国邮政集团公司召开 2019 年汽车产业链协同拓展项目推进会，会议指出，要围绕汽车产业链上中下游客户需求，打造"中邮车务"统一品牌，尽快推出"融资通""速银通""售车通""车主通"等综合服务包，全力推动项目实施。作者出席会议并代表邮储银行介绍了汽车产业链协同拓展项目金融服务实施方案。

一、瞄准目标市场，打造邮储银行新的增长点

（一）汽车行业蕴含巨大的市场空间

汽车行业产业链较长，具有关联度高、参与者多、综合性强、附加值大等特点。数据显示，2018 年，汽车行业总产值占 GDP 的比重超过 10%，直接相关产业的从业人员占全国城镇就业人数比重超过 12%，行业税收占比约为 13%，是举足轻重的国民经济支柱产业。2018 年，国内新车

销量超过 2800 万辆，销售额突破 4 万亿元，销量连续 10 年位居世界第一，机动车保有量超过 3.2 亿辆。同时，二手车交易日趋活跃，预计 2020 年交易规模将超过 1 万亿元。从汽车金融的角度来看，2018 年规模以上汽车制造企业带息负债规模超过 1.5 万亿元，汽车经销商融资规模超过 1 万亿元，汽车消费信贷规模也突破了 8000 亿元。可以说，汽车产业链中蕴含了多个"万亿"级的金融市场。

（二）拓展汽车金融业务可以发挥邮储银行的比较优势

近年来，商业银行普遍高度重视汽车金融业务，汽车金融产品日益丰富，市场竞争也日趋激烈。大型汽车制造企业普遍希望银行能够打通零部件制造、整车组装、经销商渠道、汽车消费四大核心交易环节，使用一个平台、一套人马、一致标准，为全产业链提供一体化的金融解决方案。

与同业相比，邮储银行的汽车金融拥有独特的潜在优势：一是邮银三大板块的协同优势，二是线上线下结合、覆盖面最广的渠道优势，三是 10 万亿元资产规模、50% 存贷比的资金优势。这三大优势是我们克敌制胜的法宝，我们完全可以通过差异化竞争策略，不断将"优势"转化为"胜势"，建立起邮储银行汽车金融业务的"护城河"。

（三）汽车金融对全行转型发展具有重要意义

虽然具有比较优势，但邮储银行汽车金融业务起步晚、发展慢、规模小，第一季度末全行汽车行业各项信贷余额仅为 428 亿元，在全行信贷业务中仅占比 1.18%，与同业差距巨大，下一步需要投入资源、加快发展。与此同时，我们也要看到，发展汽车金融业务对全行转型发展具有重要意义。

2019 年以来，在相对宽松的货币政策环境下，虽然流动性合理充裕，资金价格逐步下行，但社会融资规模增速显著放缓，表内外融资增长乏力，实体经济的有效信贷需求不足，金融机构亟待寻找趋势明确、风险可控的资金投放领域，而邮储银行的需求则更为迫切：一方面是我们的资产负债结构性压力较大，存贷比显著低于同业，急需加快信贷投放，以稳定的利息收入覆盖日益高企的负债端成本，扭转息差收窄的被动局面；另一方面是信贷投放能力不足，2019 年以来全行公司贷款同比少增 716 亿元，小企业和供应链融资增速放缓，零售信贷以住房贷款为主，受到宏观调控和监管政策的限制，未来增长幅度有限。

2019 年 3 月，集团公司张金良总经理在邮政渠道与业务协同专题推进会上强调指出，"要把汽车金融作为邮储银行下一阶段重要的业务增长点，作为邮银协同的一项重要工作来抓"。下一步，邮储银行要转变发展思路，创新发展模式，在坚守"服务'三农'、服务城乡居民、服务小微"的市场定位，坚持"大型央企、地方国企 + 小微企业"的"一大一小"信贷发展策略的基础上，集中精力狠抓产业链金融，尤其是要把汽车产业链作为重中之重。我们力争通过两到三年的努力，把这个产业做熟、做透，并以此为示范，带动全行产业链金融健康发展，进而提升全行信贷能力，也为中国邮政深入开发汽车产业链提供有力支撑。

二、强化协同，对标同业，提供高质量金融服务

集团公司刘爱力董事长多次强调，"协同是中国邮政最大的战略，最核心的优势"。邮储银行要按照集团公司的统一部署，围绕"中邮车务"品牌，牵头打造"融资通"产品组合，配合提供"速银通""售车通""车主通"服务包中的相关金融产品，为产业链中的整车制造企业、零配件生

产企业、汽车经销商及终端消费者这四大客群提供高质量的金融服务。

（一）整车制造企业

整车企业资产规模大、综合实力强、资信等级高，产业链控制能力强，是金融机构重点营销的核心企业。当前新能源汽车产业兴起和"国六"排放标准落地也将带来更大规模的融资需求。针对整车企业，我行一是可以提供现金管理、流动资金贷款、贸易融资、票据池等服务满足其日常生产经营需要；二是可以提供项目融资、并购融资等服务满足其投融资需要；三是要向其上下游延伸，拓展供应链金融业务；四是要基于寄递翼为整车企业提供的入场物流、整车运输、零配件运送等服务，为物流项目运营提供资金支持。

（二）上游供应商

整车企业的零部件供应商种类繁多、数量庞大。我们要区分企业类型，提供差别化的策略：对于生产核心零配件、经营规模大、技术实力强的企业，可为其提供传统的公司金融服务；对于其他经营规模较小、产品可替代性较强的供应商，可以基于整车制造企业的订单和付款能力，为其提供应收类供应链融资服务。同时，我们还可积极推广在线供应链融资平台，对接核心企业 ERP 系统，在线获取订单和付款信息，批量、高效地提供融资。

（三）下游经销商

汽车经销商从主机厂购买汽车、再向消费者出售并提供维修保养等服务，这是整条产业链价值变现的关键节点。经销商通常需要向整车企业全额预付货款以采购车辆，这就产生了较大的融资需求，以光大、中信为代表的股份制银行，创新设计了整车企业、银行、经销商、物流监管企业共同参与的票据承兑业务，以较小的风险敞口实现了较大的融资规模、丰厚的存款回报和良好的资产质量，也就是"小敞口、大收益"。光大银行仅汽车金融业务就吸收了1200亿元的公司存款,不良率控制在千分之二以下。我行可以借鉴同业经验,积极参与市场竞争,打开经销商融资市场,并以经销商4S店为核心场景,紧密配合其销售活动,为消费金融业务引流获客,实现"融资通"与"售车通"的联动发展。

在业务推进过程中,我们要把握三个关键环节:一是要与整车制造企业开展总部合作、签署总对总业务协议,进入整车企业的经销商网络;二是要给经销商授信,批量、高效完成经销商准入,按交易历史、采购金额核定授信额度,满足业务需求;三是要善于竞争、抢占市场,紧盯经销商采购需求,争取其优先使用我行授信。总分行要集中精力解决这三个关键环节中存在的问题,推动经销商融资业务快速落地。

(四)汽车消费者

汽车消费全生命周期的各个环节都可以嵌入金融产品,包括为个人和法人客户提供"售车通"项下购车融资,在购车后为车辆改造、维修、保养提供资金支持,还可提供"车主通"项下的车险、ETC 等产品,在客户使用出行服务时也可提供信用卡等服务。在汽车消费领域,平安银行运用金融科技提升客户体验,借助其综合金融渠道能力拓展市场,实现了良好的市场效果。平安银行汽车消费信贷的系统自动化审批占比达75%,2018年末车贷余额1720亿元,同比增长22%,同业排名第一,利率约10%,不良率仅为0.54%。我行可以参考同业经验,深度融合金融科技,多方拓展营销渠道,集合消费信贷、信用卡、消费金融公司等多个条线的力量,推动业务规模快速增长。

(五)ETC 产品服务

5月5日,国务院常务会议明确,力争年内基本取消全国高速公路省界收费站，这一举措给银行业发展 ETC 业务带来巨大商机。2018 年，在邮银共同努力下，全行发展 ETC 卡 418.1 万张，居同业第一位。2019 年以来，我行持续跟踪政策导向，4 月 17 日，金良总经理拜会交通部路网中心领导。近期，交通部给各省下达的 ETC 增长目标是 1 亿张，我们要再接再厉，抢占商机。下一步，要抓好联动工作，多渠道发卡，借助合作伙伴降低卡均成本。一是自营＋代理协同营销，强化邮务、寄递翼、银行三大板块业务联动机制。二是线下＋线上联动营销，线下发挥网络优势，线上通过与全国路网中心合作开展 ETC 互联网发行，与地方高速公路 ETC 业务主管部门合作开展手机 APP 发卡（比如贵州黔通智联、河南"车 E 兴"APP 等）。三是行内与行外合作营销，引入微信、支付宝、银联、三大运营商、虚拟运营商、两桶油、保险公司以及电商平台等第三方机构开展 ETC 系列营销活动。同时，我们还要拓展 ETC 多产品叠加和多场景应用。

通过上述五类产品的组合营销、重点突破，邮储银行有信心，也有决心打开一个崭新的市场。总行于年初印发的《汽车金融业务工作方案》中提出，我们要用三年的时间，打造邮银协同、批零联动、有竞争力的汽车金融产品组合，建设汽车金融特色分支行和汽车金融专业团队，培育汽车行业的核心客群，为全产业链提供综合金融服务，实现表内外对公、零售融资规模均超过 1000 亿元，合作汽车经销商客户超过 1000 家——也就是实现"三过千"的发展目标，成为汽车行业重要的金融服务供应商。

2019 年，我们将以"补短板"为工作重点，对标同业，着力推动制度设计、队伍建设、系统开发工作，以重点分行、重点客户为抓手，力争早日实现产品落地，并在业务实践中不断创新产品、优化流程，扩大业务规模。

三、几点工作提示

（一）发挥协同优势

邮储银行各级机构要贯彻落实中国邮政协同发展战略，邮银携手共同打造产品服务组合，提高市场竞争力。在协同项目推进过程中，总分行都要指定专人负责，建立常态化的协同工作机制，努力实现客户共享、信息共享，并要在业务效率、产品设计等方面提供最大便利，保障协同项目高效落地。

（二）加大营销力度

总行前期选定了十家重点分行，对应十家有合作基础的重点客户（北京对应北汽集团、河北对应长城汽车、吉林对应一汽集团、山东对应中国重汽、安徽对应奇瑞汽车、浙江对应吉利汽车、湖北对应东风汽车、江西对应江铃汽车、大连对应广汇集团、深圳对应比亚迪），作为加快汽车金融业务落地的主战场。除此之外，还有很多其他汽车行业的好客户，如上汽、广汽、长安等，我们尚未建立深入的合作关系。因此，无论是重点还是非重点分行，都要进一步梳理辖内汽车企业，从中选择财务状况稳定、发展前景好的优质客户，提出能强于同业、打动客户的产品服务"卖点"，找准关键决策岗位，充分发动行内外资源，多层次、全方位地开展营销工作，千方百计建立合作关系，总分行联手推动签署总对总合作协议，培育我行汽车金融业务的核心客群。

（三）持续优化产品

总行于3月底印发了汽车经销商"进车贷"业务制度，补足了产品短板，大连分行也已实现了首笔业务落地。下一步，总行将加快建设汽车金融信息系统，综合运用物联网、大数据、云计算等多种科技手段，协助完成客户准入、风险识别和贷后管理，全面提高业务质效。同时，我们还要优化业务流程，打造符合汽车金融特色的客户旅程，提升客户满意度。

（四）加强组织领导

邮储银行各分行要由"一把手"亲自出面营销客户、推动业务落地，因地制宜建设汽车金融特色支行，通过内部挖潜、社会招聘等方式，迅速补强短板、打造一支专业化的汽车金融业务团队。要完善激励考核机制，逐月督办进度，确保各项工作扎实推进，取得实效。

总行后续将召开大公司板块的专项电视电话会议，安排部署汽车金融等各项重点业务的推进工作。

针对汽车产业链协同项目工作，接下来集团公司总经理、邮储银行张金良董事长和集团公司康宁副总还要作重要指示，会后，全行上下要认真抓好贯彻落实。希望全行各级机构按照集团公司和总行的统一部署，全心投入，狠抓落实，不断提高邮储银行汽车金融业务发展水平，为中国邮政开拓汽车产业链的大战略作出应有的贡献。

推进公司金融业务发展

之三：抢抓重点客户的合作机遇

——在 2019 年全面深化与中国移动战略合作推进会上的发言

> **按语：** 邮储银行与中国移动均有着遍布全国的网络和庞大的客户群体，双方合作契合度高，合作价值大。自 2018 年 12 月中国邮政集团公司与中国移动签署战略合作协议以来，邮储银行持续加大对中国移动的服务力度，并于 2019 年 5 月正式成为中国移动一级核心合作银行，银企合作空间得到大幅提升。2019 年 5 月 24 日，邮储银行召开全面深化与中国移动战略合作电视电话会议。作者出席会议并讲话，针对新形势下邮储银行与中国移动合作工作进行了部署。

一、高度重视加入中国移动核心合作银行的重要意义

集团公司刘爱力董事长在中国邮政集团工作会和总行工作会上都强调指出，"无零售不稳，无公司不富"。邮储银行要打造成为优秀国有大型商业银行，其中一个关键点就是要尽快补齐公司业务短板，把公司业务做大做强。邮储银行三大业务板块各具特点，零售业务和金融市场板块已经积累了一定的优势，但是我们的公司业务起步晚，拓展业务难度较大。中国移动作为我国优秀大型央企，金融资源丰富，是我行发展对公业务、提

升自身硬实力的最重要战略伙伴，多年来，也一直是兵家必争之地。通过多年不懈的努力，目前我行成功加入中国移动核心合作银行，这对我们具有十分重要的意义。

（一）中国移动金融资源富集

首先是存款目标市场得到大幅度扩升。中国移动拥有近 5000 亿元的货币资金，存款资源丰富，可以说是国资委体系下最好的央企之一。此前受我行未加入核心合作银行的政策影响，我们只能与市场中数十家银行竞争核心合作银行之外的 5% 的存款份额，实际我行获取的份额仅为 0.5%。现在，通过正式跻身中国移动核心银行队伍，政策障碍一举消除，市场空间增长近 20 倍。其次是客户规模得到提升。中国移动分子公司遍布全国，拥有近两万家自营营业厅、数十万家代理营业厅，如果全面拓展与其业务合作，将会大大扩充我行客户数量。2019 年，我们马上要开展客户拓展活动，深化与移动合作这项工作就是一个很好的平台和抓手。最后是业务范围得到扩展。中国移动拥有多元化和个性化的金融服务需求，同业竞争异常激烈，与其开展全面深入合作后将会带动我行加快创新，推进开发有邮储银行特色、符合客户需求的定制化产品，进而以公司业务为切入点，联动个人业务发展，实现客户价值最大化目标。

（二）集团公司领导高度重视，我们应倍加珍惜

此次我行成功加入中国移动核心银行，离不开集团公司的大力支持。

2018 年 12 月，中国邮政集团公司与中国移动签署《战略合作协议》，期间刘爱力董事长亲自营销，大力推动我行加入中国移动核心合作银行，并在多个场合强调与中国移动深化合作的重要意义。近期，张金良董事长对全行公司业务发展多次作出指示，要求开门办银行，各级管理者要主动走出去做营销，特别是要重点推动已签署协议的战略客户合作落地。与此同时，中国移动集团的领导也明确表示要积极推动双方合作发展，共同寻找业绩增长点，坚定支持双方进一步加深战略合作。

由此可以看出，深化邮储银行与中国移动的全面战略合作，已经得到了双方高层领导的高度重视和大力支持。这为我们开展具体工作提供了一次千载难逢的宝贵机遇。我们不能有丝毫懈怠，必须加快推进。过去我也曾在分行工作，确实是苦于不是核心合作行，就算营销得再好，但是移动总部一纸政策横亘在那，把我们挡在了合作门外，这次我们突破了这个篱笆。

大家要充分认识我行与中国移动合作的重要意义，全力做好深化与移动的战略合作工作。

二、积极应对资金大集中趋势下面临的机遇和挑战

（一）资金大集中对双方合作提出了新的挑战

刚才战略客户部周颖辉总经理讲到我们刚加入核心合作银行就面临中国移动资金管理模式的较大调整，按照调整后新的管理模式，移动集团全系统内的资金将由总部集中管理，原有的大量存款存放于核心合作银行省市分行的局面将不复存在，包括我行在内的六家核心合作银行都需要应对这个挑战。相比其他核心合作银行，我行面临的挑战尤其大。

一是我行与中国移动合作历史短、客户关系不牢、存款和结算份额少，整体合作基础薄弱。夯实稳固的合作基础，绝非一朝一夕之功，我们只有集全行之力，锲而不舍地把服务工作抓紧抓实抓细，才能在六家核心合作银行中脱颖而出。

二是我行对公负债及理财产品价格竞争力较弱。中国移动资金集中的

主要目的就是要提高收益，下一步，如何对标同业，提供满足客户需求的产品，是我们亟待解决的问题。中国移动对价格敏感，我们一定要在产品设计上加快创新，在满足监管和自律协会要求基础上，结合"两轨并一轨"的推进进展，根据客户需求设计针对性强的个性化、定制化专属产品，提高市场竞争力。

三是我行对中国移动结算及系统支撑弱。四大行均已为中国移动量身定制了全国资金调拨系统，而我行仅在 16 个省市上线了省内的现金管理或银企直联系统。我们要紧跟中国移动资金集中管理新模式对结算系统的新需求，在继续推进全国资金管理平台与我行现有现金管理和银企直联系统对接基础上，根据需要启动全国资金调拨系统或新结算系统的开发和上线。这项工作战客部要牵好头，其他相关部门要做好配合支撑。

（二）资金大集中也给我行带来快速深化合作的机遇

在激烈的竞争中，虽然邮储银行面对诸多挑战，但我们更要意识到，新模式必将打破原有的已固化的利益格局，可以说，这为我们带来了快速深化合作的重大机遇。在大集中之后，我们和其他五大行站在了同一起跑线上，原来想虎口夺食谈何容易，现在它改变模式了，这就给我们切入服务提供了一个很好的机遇。我们既要加快补短板，更要充分发挥自身优势，切实把握住这一历史机遇。

一是利用好邮政集团公司的协同优势和邮电一家亲的历史渊源。集团公司高度重视与中国移动的合作，提出要在网点复用、政企采购等方面加大对中国移动的支持，并强化邮银协同，这些都为我行与中国移动的合作提供了强大支撑。各级邮政及邮储银行系统和电信运营商系统的很多领导同事间都有千丝万缕的联系，有的互为家属，有的是过去的老同事、老朋友，这是我们拓展业务的宝贵资源。

二是利用好我行网点数量多、分布广的优势，大力开展上门收款业务。上门收款业务成本高、收益低、占人工，很多分行不愿意做，但大家要充分认识到这也是我们区别于其他所有合作银行的核心优势所在，是我们各级机构加深与当地移动合作的重要抓手和突破口。我们一定要抓住机遇，由小见大，切不可踌躇不前，贻误战机。这个工作看似是个笨体力活，劳人费马，但这是我们全系统挖掘中国移动资源的一个重要抓手。将来我们在哪些地方给移动代收款了，我们可以争取移动给我行匹配相应的存款，这些存款总行会按照收款份额来给各行分润。除一些特殊地区外，各省分行必须马上开展与当地移动上门收款的合作对接，健全行内上门收款工作机制，并尽快确定与当地移动和押运公司的合作模式。总行要向中国移动集团总部争取高比例的存款匹配，并做好分行上门收款相关成本的补偿，确保分行服务的积极性和可持续性。应该讲，上门收款是总行与移动争取存款的重要筹码。

三是利用好电信采购的撬动功能。我行正在加快推进科技赋能工作，电信相关产品的采购也将持续较大规模开展。中国移动的资金存放和电信采购联动性强，通过加大对中国移动的采购倾斜，可带动其在我行增加存款。总行要做好支撑和指导，能统一谈的就和移动集团统一去谈，省分行和子公司能谈得更好的就让基层去谈，最后资金归集到集团总部，总行要做好分行间的分配。

三、下一步工作要求

（一）统一思想，提高认识

全行上下要充分认识与中国移动开展合作的重要意义，将此项工作列为近一个时期对公企业客户营销的重点。一是要有坚定的决心。中国移动对各家核心银行的服务能力、创新能力、管理能力等均有很高要求，正是检验我行各项工作能力的试金石，我们必须迎难而上。二是要有必胜的信心。中国移动将我行加入核心合作银行是基于对我行的充分信任和双方合作价值的高度认可，我们一定要珍惜机遇、勇于担当。三是要齐心协力。总行各部门之间、总分行之间、各分行之间，要各尽其责，凝心聚力，以客户为中心、以市场为导向、以产品为抓手、以系统为保障，齐心协力做好各项工作。

（二）加强领导，迅速行动

"一个行动胜过一打纲领"。希望今天会议结束后，我们各级领导要尽快动起来，做到早动手、早执行、早见效。

总行层面，由我来统筹协调，成立由战略客户部牵头、各相关部门参与的攻坚小组。战略客户部要切实发挥牵头部门作用，对接好、营销好集团总部，深入了解客户需求和同业情况，争取更多的有利合作条件，并做好行内的各项协调工作；各参与部门要主动积极地配合战略客户部，在推动合作过程中出人、出力、出智。这项业务是检验邮储银行的试金石。刘爱力董事长亲自营销，推动了我们与几大电信运营商和中国铁塔的合作，集团总部领导费了九牛二虎之力，但是如果一年过去了，我们却毫无建树，那就是没有担当、没有能力，也对不起领导，更对不起我们的岗位责任！后续总行要通过员工门户系统，由公司业务部牵头在公司条线带头先做起来，每月公布 ETC 拓展、客户拓展和主要客户合作等方面的营销数据。下一步，各相关部门要配合战略客户部尽快与客户达成一揽子金融合作方案，并对各分行的成本补偿和收入分配机制做好顶层设计，保证分行的服务积极性和合理回报。

分行层面，各分行"一把手"也要亲自挂帅，统筹好、协调好对移动的营销和服务工作，分行公司部牵头、其他部门配合，引导全行上下做好服务。行领导们每个季度至少要拜访当地移动老总一次，部门负责人、落地行行领导及客户经理也要相应提高拜访频次，形成上下通畅的沟通机制，全面掌握客户需求和同业竞争情况。各分行要结合自身情况制订行之有效的具体服务方案，并于6月20日前将方案上报总行。

在此也要强调，在行动过程中，总行和各分行都要强化邮银协同，积极利用好省级协同发展委员会沟通平台和议事机制，充分发挥中国邮政各板块的资源优势。

（三）加强督导，做好支撑

一是战略客户部要牵头做好督导工作，要每月对全行深化与中国移动战略合作落实情况进行通报，促进总对总营销效果提升，打造良性循环的银企合作关系。

二是总行相关部门要强化营销支撑，及时向分行传达"总对总"营销进展、针对产品和系统开发进度等关键信息，在内部做好成功营销经验分享和复制，协调解决分行营销中遇到的产品、系统、流程和制度上的困难，并积极参与到一线营销工作当中。

（四）持续深化与其他电信企业的合作

中国移动、中国电信、中国联通三家电信运营商和中国铁塔都是集团公司高度关注的重点客户，集团每季度都会在全系统通报合作进展情况。四家客户与我行的重点合作模式和合作产品有所差异，但强化服务、深化合作的要求是一致的。大家要在深化与中国移动合作过程中借鉴与其他企业合作已经积累的好经验、好做法，更要将在对中国移动攻坚营销过程中形成的好产品、好模式复制到其他客户中去，推动我行与重点客户，特别是电信运营商和中国铁塔的持续深化合作。

推进公司金融业务发展

之四：推进批发板块业务的联动与整合

——在 2013 年邮储银行批发业务工作会上的发言

按语： 本文是作者于 2013 年 5 月在邮储银行批发业务工作会议上的讲话。在邮储银行改革发展进程中，批发业务发挥了非常重要的作用。作者深入分析了批发业务在发展中面临的挑战和机遇，提出 2013 年要以整合资源、加强联动、锐意创新为核心，以能力建设、严控风险、优化流程为保障，以综合化服务、高附加值服务为方向，推动批发业务发展再上新台阶。

刚才，吕家进行长作了一个非常重要的讲话，他全面总结回顾了中国邮政储蓄银行组建以来，全行批发业务稳健发展，产品从单一到多样，服务从简单到复杂，业务范围和客户群体不断扩大并趋于多元化，经营效益也逐步显现。为适应未来全行的业务发展趋势，邮储银行要真正实现向全功能商业银行转型，必须做大做强批发业务。

一、2012 年及今年以来批发业务发展情况

在董事会的正确领导和全行干部员工的共同努力下，面对利率市场化、

金融脱媒等多重挑战，去年，我行批发业务条线在市场拓展、产品创新、能力建设及内控管理等方面成绩显著。今年前 4 个月，批发业务继续保持了良好的发展势头。

（一）业务规模快速增长，经营效益稳步提升

截至 2012 年底，全行批发业务资产规模 3.09 万亿元，公司信贷余额 2369 亿元。到今年 4 月底，资产规模已达到 3.42 万亿元，比年初增长 11%；公司信贷余额 2389 亿元，比年初增长 8.4%。

负债业务稳健增长。截至 2012 年底，人民币公司存款余额 6428 亿元，同比增长 21%，增幅高于同业平均水平 9 个百分点，市场占有率 1.4%，市场影响力进一步提升；公司外汇存款余额 1.66 亿美元，同比增长 234%。到今年 4 月底，人民币公司存款余额 6457 亿元，公司外汇存款余额已达到 3.1 亿美元。

中间业务迅猛发展。2012 年，公司业务累计结算金额 11.6 万亿元。国际结算金额累计 41.9 亿美元，同比增长 617%，结售汇累计 19.8 亿美元，同比增长 340%。今年 1—4 月，国际结算累计 15.3 亿美元，结售汇达 8.4 亿美元。

理财托管形势良好。2012 年，全行人民币理财产品销售 261 只产品、销售规模 3733 亿元，较上年增长 42%，年末存续规模 882 亿元，市场占有率为 1.2%；外币理财产品销售三个币种 128 只产品、销售规模 3.8 亿元。到今年 4 月底，全行存续人民币理财产品 214 只，规模 1016 亿元，首次超过 1000 亿元的规模，比年初增长 15%。托管规模从 2009 年的 97 亿元上升到 2012 年的 1942 亿元，增长了近 20 倍，到今年 4 月底，已达到 3293 亿元，比年初增长 70%。

经营效益稳步提升。2012 年，公司业务收入 149 亿元，占全行自营收入的 22.5%，同比增长 55%。资金营运收入 1484 亿元，2008 年以来复合增长率达 22%。理财业务收入 5.7 亿元，年均增幅达到 78%。托管业务收入超过 1 亿元，年均增幅 153%。国际各类资金运用及中间业务收入 1.2 亿元。

（二）产品体系不断完善，客户基础日益牢固

2012 年，全行批发业务产品进一步丰富。其中，公司业务经过近 5 年的快速发展，初步构建了以结算和信贷为核心，涵盖资产、负债、中间业务的产品服务体系。金融市场部门为应对形势变化，积极创新，开展了短融、中票、资产支持证券、中小企业集合票据等产品投资。国际业务条线推出了出口信保融资、跨境人民币结算、海外代付、银承汇票质押融资等新产品。理财业务立足于差异化的客户需求，建立了"财富""天富""创富""金苹果""邮银财富御享"五大系列产品线。

2012 年，全行批发业务客户数量稳步增长，市场地位日渐巩固。截至 2012 年末，全行对公存款客户数达到 52 万户，国际对公客户数达 2307 户，与我行开展同业业务合作的金融机构达到 387 家。

（三）组织架构日渐完善，从业人员不断充实

2012 年，全行对公网点达 3537 个，二级分行票据中心 112 个，共授权 12 家一级分行的 18 家二级分行开办了供应链金融业务。23 家分行开办了公司外汇存款和国际结算业务。36 家分行相继成立了资金部。上海、深圳分行设立了托管业务分部。

截至 2012 年末，全行公司业务专职管理及营销人员超过 5000 人，开展公司业务培训达 23 万人次。资金业务、国际业务条线人员分别达到近 400 人和 200 人。

（四）管理水平逐步提高，经营能力显著增强

我们始终坚持内控优先、制度先行的业务发展理念，坚持拓经营首先要控风险的原则。截至 2012 年末，公司业务共出台 96 项管理办法及规章制度；资金业务围绕票据、衍生品等内容制定了近 10 项管理制度；国际业务针对国际贸易融资、外汇资金业务、风险控制和头寸管理等领域制定了 10 余项制度。

全行批发业务继续严控风险，保持了良好的资产质量。在公司信贷方面，逐步建立起前中后台分离、审贷分离的运行管理机制；在批发资金营运方面，全行积极应对存款准备金率上调带来的挑战，流动性管理成效显著；在同业融资业务方面，总行对价格实行统筹管理，全流程控制操作风险，并通过独立的风险中台对资金交易进行逐笔、实时监控；国际业务方面，通过"以查代训"方式对 13 家一级分行开展了公司外汇业务专项现场检查；在理财业务方面，严格按照监管机构的相关规定进行投资运作，建立起较为完善的风险防范机制，保证了所有产品正常兑付，全部实现了预期收益率。

（五）业务发展亮点纷呈，分行能力逐步提升

2012 年，全行在国库集中支付、非税收入收缴、新农保等项目上提供了大量的基础金融服务，赢得了政府相关部门的认可。总行先后荣获"最佳企业金融创新奖""最佳外汇交易规范奖及优秀交易员奖"。在上海金交所 2012 年的通报中，邮储银行以过硬的信息系统支持和交易量的估算，在所有会员单位中荣获最高奖，进一步树立了我行公司业务品牌形象。

分行在批发业务领域的经营能力持续提升。2012 年，河南、四川、河北、广东四家分行公司存款余额均超过 400 亿元。去年，分行自营的公司贷款余额为603亿元，增幅达209%。在资金同业业务上，北京、深圳、辽宁、江苏四家分行（含同业融资和票据转贴）当年实现净利润超过2亿元。

二、批发业务面临的挑战与机遇

刚才，吕行长已经全面阐述了批发业务对全行经营发展的重要意义，大家要高度重视，深刻领会到我行在向全功能商业银行转型进程中，只有做大做强批发业务，才能完成由"形似"到"神似"的转变。针对当前我行在经营发展上所面临的形势，刚才吕行长在讲话中也已作了全面分析，下面，我再来具体说明一下我们批发业务所面临的挑战与机遇。

当前，经济金融形势和外部环境的一系列变化将对我行批发业务产生深远影响。

一是宏观经济形势的变化对批发业务风险管理工作提出了更高要求。今后五到十年，中国经济面临增速放缓、发展转型和体制转轨，银行体系风险的关联度、复杂性和隐蔽性都在逐渐上升，一些深层次的问题将逐步暴露，银行经营管理的风险将进一步加大。具体到金融市场业务来说，由于大量交易涉及各类型金融机构，一旦出现不利局面，风险会迅速在不同机构间传导和蔓延；对于公司业务来说，与零售贷款相比，一笔公司不良贷款对机构经营发展的影响更为严重；对于理财业务来说，理财资金投资的资产运作情况会直接影响产品收益率，一旦达不到预期收益，将会带来严重的声誉风险。在这种情况下，大家一定要如履薄冰，居安思危。

二是金融脱媒的加速使得传统领域的生存空间面临重大挑战。近年来，企业融资方式日趋多元化，公司债、企业债等直接融资模式的迅猛发展对商业银行的影响正在不断深化，大型优质企业对银行间接融资的依赖度逐年降低。今年1—4月，新增社会融资规模为7.91万亿元，新增贷款规模3.5万亿元，占比仅为44.85%，与十年前相比下降了一半；债券融资达到9452亿元，占贷款规模的26.65%。在这一大背景下，同业机构在信贷领域和直接融资领域竞争加剧。具体到我行来说，由于受信贷额度限制等多方面因素影响，公司信贷投放规模受限，今年第一季度末，全市场企业贷款比年初增加1.68万亿元，增幅3.75%，而我行仅增加21亿元，增幅0.9%；同时，我们对包括信用债投资在内的非信贷类资产的吸纳能力又不足，可谓"两头受压"。

三是金融市场环境的变化给我们这样一家具有特殊资产负债结构的银行造成了较大压力。今年以来，金融市场呈现出流动性宽松和利率持续下行的局面。从4月数据来看，全行批发资金运用的总规模2.82万亿元，同比增长19.3%，但由于资产结构较为单一，受市场波动影响比较明显，收入增长和规模增长不匹配，与同业机构相比，市场收益率下滑对我行收入的影响更为显著。

四是各项金融监管政策的调整，对我行理财等业务的发展提出了严峻考验。3月末，银监会发布《关于规范商业银行理财业务投资运作有关问题的通知》（银监发〔2013〕8号，一般称为"8号文"）。该通知要求理财资金投资非标准化债权资产的余额在任何时点均不得超过理财产品余额的35%或商业银行总资产的4%，限制了银行理财资金投资非标债权。近期，银监会又指导中债公司、银行业协会开发了全国银行业理财信息登记系统，这个系统实际上变理财产品报备制为报批制，从而进一步加强了对理财产品的发行控制。

在复杂、严峻的外部市场形势下，我们还面临着激烈的同业竞争。与同业机构相比，我们的产品还不够丰富，机构还不够健全，人员素质还有待提升，服务手段比较单一，业务收入来源主要依靠利差收入，还无法提供全方位、高附加值的服务。与此同时，各级管理人员对批发业务的发展重视程度和对专业知识的掌握还相对有限。同时，在经营机制方面，条线、机构和板块间的联动作用还没有充分发挥出来，在一些新的业务领域，分行的经营积极性还没有得到充分调动。

长期以来，我们在零售业务发展上取得了很大成绩，尤其是在零售负债业务方面，许多股份制银行、城商行，甚至是大型国有商业银行都很羡慕我们。银行组建以来，我们又在零售信贷业务上进行了积极探索和有益尝试，可以说在许多方面，我们并不落后。但是在批发条线，我行与同业机构还存在较大差距，未来，我们要形成"个金、公司、同业"三驾马车并驾齐驱的经营格局，这就要求我们首先要从提高自身的专业性入手。

我们要充分估计外部形势和经营环境的复杂性和严峻性，做好应对更加困难局面的准备，在确保风险可控的前提下，不断巩固改革和发展成果。同时，我们也要以积极的姿态面对挑战，迎难而上，充分发挥我行网络规模庞大、客户数量众多、资金实力雄厚的核心竞争优势，维系好"自营＋代理"的独特经营模式，把握危机与挑战下潜在的重大发展机遇，加快金融创新步伐，进一步形成多元化的收入增长格局，努力在逆境中实现批发业务的健康快速发展。

在公司业务领域，我们要牢牢把握经济结构转型、城镇化、农业现代化进程加速带来的发展机遇，继续巩固结算优势，探索资产、负债、中间业务协调发展的格局；在国际业务领域，我们要紧跟人民币国际化的时代脉搏，围绕跨境人民币结算、境外人民币资金运作等方面做文章；在资金同业领域，要采取有效的手段措施，逐步将资金优势转化为话语权优势，通过实施金融创新、加强同业合作实现批发资金的"深加工""粗粮细作"，让来之不易的资金卖出好价钱，以体现我们这家银行作为"批发银行"的特色。我们的"根"和长远发展战略定位是零售银行，但这并不影响我们的另一项重要特征，即我们是一家名副其实的批发资金运用大行。

在债券投资、理财业务、托管业务等方面，我行也要顺应客户需求变化，积极争取政策支持，深入挖掘市场潜力。目前，已经有 34 家金融机构、22 家商业银行作为主承销商，为企业客户提供直接融资服务，这一领域蕴含着丰富的商机。当然，就托管业务来说，我国整体上仍处于发展初期，目前我国存托比（托管资产余额与金融机构存款比值）还比较低，为 23.7%，而在国际上如摩根大通、纽约梅隆、巴黎银行等知名机构的存托比超过 100%。目前，我们授信客户对发债企业的覆盖面还不足 5%；同时，我行理财业务规模占总资产的比重不足 2%，远低于银行同业 5% 的平均水平；在托管业务方面，我行的市场占有率仅为 1.18%。正因为如此，在上述这些领域，我行还有广阔的发展空间。

李国华董事长在年初工作会上提出要"强小抓大"，逐步做大公司金融业务，形成零售金融与公司金融相互促进、良性循环、协调发展的格局。吕行长在刚刚的讲话中也提出要实现本外币联动，进一步拓宽公司金融业务，推动金融市场和同业业务实现创新发展、跨越发展。我们有理由相信，在中国经济长期持续向好的大背景下，在邮储银行的二次转型进程中，我行批发业务定会乘风破浪、披荆斩棘，再创新的辉煌。

三、2013 年批发业务发展思路及工作措施

面对新的形势和挑战，全行批发业务迫切需要准确定位，转变思路，加快发展。

2013 年，全行批发业务的总体工作思路是：以整合资源、加强联动、锐意创新为核心，以能力建设、严控风险、优化流程为保障，以综合化服务、高附加值服务为方向，推动批发业务发展再上新台阶。

在工作措施上，要从以下几方面着手。

（一）贯彻实施"强总部"战略，持续提升总行对全网的支撑、保障和服务能力

这次总行机构改革的一个核心任务就是要达到强总部的战略目标，提升总部对全网的支撑力、服务力，推进"以客户为中心"的经营理念落地生根。对于我们这样一家大量资金通过批发方式运作的银行来说，强大的总部就显得更为必要。总部决定着关键资源的分配，也承担着产品研发、市场研究、人才队伍建设、跨区域资源协调等多种综合职能。为打造一个强有力的总部，需要有雄厚的人才储备、强大的研发能力、敏锐的洞察能力和快速的市场应变能力。同时，要想充分调动各级机构的创新和经营活力，还需要建立一套收益共享、分工合理的内部运行机制。总行机关部室要在核心能力建设、机制设计、政策制定、市场研究等方面下苦功夫，要统筹兼顾自身经营、业务指导和保障支撑等各项职能，尤其要多站在分行角度考虑问题，强化管理就是服务的意识，为做强全行批发业务提供强劲动力。

（二）加强联动，形成合力，提高综合创利能力

2013 年，各级机构要牢固树立"以客户为中心"的经营理念，推行无

界限营销工作模式，遵循"客户共享、资源共享、整体开发、专业跟进"的思路，加强资源整合能力，积极开展跨条线、跨机构，甚至是跨板块的业务合作，不断提高综合服务水平与市场竞争能力。各条线要多站在全局角度考虑问题，树立"出去一把抓、回来再分家"的经营理念。

一是要加强条线联动，充分挖掘客户价值。公司业务要充分依托网络结算优势和零售客户资源，在逐步做大业务规模的同时带动零售业务的批量开发，形成与零售业务相互促进、良性循环、协调发展的格局。金融市场部要与公司业务部密切配合，通过债券承销、债券投资等直接融资业务，有效带动优质企业客户的营销工作；要通过开展为直贴服务的转贴业务，充分发挥票据"蓄水池"作用。国际业务部要联合各相关部门，深度挖掘人民币存量客户、积极拓展新增贸易客户，通过贸易链和供应链的整合，不断提高客户在我行本外币业务办理的渗透率，推动本外币业务共同发展。金融同业部要联合公司部、小企业金融部、金融市场部等相关部门开展理财产品投资存量或增量信贷资产、票据资产、债券、资产支持证券、同业存款等。托管业务要与同业、个金、公司、金融市场、国际等业务联动开展营销。

条线联动营销有着极大的发展潜力，这里有几个案例和大家一起分享。去年，广东分行为某客户办理了3000万美元"内保外贷"业务，客户在我行存入了一年期人民币保证金1.98亿元，综合收益十分明显。也是在去年，总行与某大型央企旗下进出口公司对接，双方签订总额为42亿元的流动资金循环贷款合同。客户提取人民币贷款后需要兑换为外币向境外供货商支付货款，公司业务部与国际部协同服务，实现换汇及手续费收入约120万元，同时进一步拓展了贸易融资业务的合作。

此外，总行于 2012 年 8 月为某公司核定 30 亿元授信额度，并与客户开展了债券业务合作。目前，我行持有该客户的存量债券约 15 亿元。去年 10 月，北京分行以此为契机积极同客户接洽，在多方共同努力下，该客户在我行开立对公账户，日均余额达 2 亿元。后续，该集团旗下公司主动与我行当地分行接洽，希望与我行开展信贷业务合作。在此前一系列良好合作的基础上，我行与该集团将签署总对总战略合作协议。近期，山西分行上报了与某集团的合作请示，主要涉及公司债券债权代理、资金监管、抵债资产监管、流贷等合作内容。该集团拟发公司债 14 亿元，合作一旦成功，14 亿元债券融资将全部沉淀在山西分行，同时，相关合作方也将在我行开立结算账户，预计将实现显著的综合效益。

二是要加强总分联动，充分发挥机构合力。 在债券投资方面，总行重点负责维护全国性大型主承销商，并向分支机构及时发布相关动态，以确保全行始终占领市场信息高地；分行需加深与地方企业和金融机构在各领域的合作，争取地方政府及监管部门的支持，扩大债源，同时对于部分优质客户，也要积极开展主动授信。

在定价机制问题上，总行今年还将研究相关方案，并授权部分条件成熟的分行在权限范围内自行开展大额公司存款价格浮动管理，以适应市场竞争和客户需求。

对于目前已设立了托管部的分行，要发挥地缘优势，挖掘市场需求，条件成熟时总行也将授权分行托管部开展托管运营；其他分行要充分利用当地市场资源，积极开展托管业务的市场营销工作，实现托管业务的全覆盖。

三是要加强板块联动，充分共享全网资源。 总行将进一步加强与邮政集团公司及兄弟单位的沟通，在代理费支付、信息共享、协同营销、联动机制建立等方面积极探索邮银合作的新路径、新方法。各分行也要在遵循市场化原则的前提下，充分利用全网资源，有效发挥"三流合一"的特色优势，为客户提供更加综合化的一体式服务。

（三）紧跟市场，大力开展产品创新工作

批发业务经过多年发展，已涵盖信贷市场、货币市场和资本市场，其综合性、交叉性的业务特征使其成为最具创新活力的业务领域。截至 2012年末，工行的金融产品总数达到 4163 个，建行单在 2012 年一年就完成产品创新 348 项。由于发展阶段上的差异，我们很多时候还是处于市场跟随者的地位，但"拿来主义"与因地制宜相结合的产品创新路径也恰恰为我们赶超同业赢得了时间。我们要及时捕捉国内外金融市场的新动向，把握批发产品发展和客户需求的变化趋势，尽快打造邮储银行响亮的批发业务品牌。

在公司业务方面，总行将择机试点开办委托代理贴现、商业承兑汇票贴现、电子汇票业务、订单融资、仓单融资、银票业务等产品。尽快实现内部银团、流动资金循环贷款等产品的线上办理。分行要及时、准确向总行反馈客户需求，积极参与总行系统建设，共同做好产品创新与推广工作。同时，也要下大力气抓好客户储备、人才培养等基础性工作，并综合运用各类资源渠道，深入开展营销工作，不断提升全行公司业务的市场影响力。

在国际业务方面，总行将加快研发国内信用证及福费廷、跨境人民币融资、边贸直通车、同业代转开信用证等新产品，并新增相关交易币种。

在金融市场业务方面，要积极拓展投资渠道，增加信用债投资占比。要积极培育同业融资业务新的利润增长点，形成以受益权业务为主体、理财产品投资和结构性存款为补充的非标债权产品体系。要进一步调整票据转贴现业务额度管理方式，优化票据规模配置，扩大逆回购交易对手范围，推动商业承兑汇票转贴现和票据资产转让业务，实现交易产品种类的全覆盖；要尽快申请债务融资工具的主承销商资格，突破资质瓶颈。

过去，我们在市场上主要扮演着资金融出的角色，总行也正在认真研究，考虑择机授权部分分行开展同业融入业务。

理财业务要依托同业平台，有机整合公司、信贷和个人业务。托管业务要继续完善"托管+代销""托管+理财""托管+支付"业务发展模式，丰富托管业务产品线，向全牌照托管行的方向迈进。

总行将逐步建立和完善批发产品创新的决策机制、激励机制和评价机制，今年以来，总行已先后三次召开业务和产品创新委员会工作会议，每次提交的创新产品都不下三五款；分行也要针对产品创新工作配备适当的人力、物力和财力。对于取得成功经验的创新品种，总行将牵头在全行推广；对于未达到预期的创新品种，总行要加强指导，有效化解风险并适时退出。

（四）挖掘市场、深化服务，大力拓展公司业务

一是持续拓展机构客户。目前，我行已取得了中央财政授权支付代理银行资格，分行应切实做好辖内中央级机构客户的营销工作，积极争取省本级国库集中支付和非税收入收缴代理行资格，推动辖内机构客户的全面拓展；要以信息化建设为主要手段，全面参与机构客户资金流动的各个环节，进一步做大财政、社保等重点项目的市场规模，实现社会效益与经济效益的协同提升。

二是稳步拓展企业客户。全行要以授信业务为切入点，对大型客户开展全产品综合营销，提高客户的贡献度。总行将探索存量或新增信贷资产对接理财资金的业务模式，切实解决某些行业授信集中度偏高的问题。分行要围绕总行确定的重点行业以及区域优势行业，整合现金管理、授信、理财等多种产品，为产业链上的核心及上下游企业提供本外币一体化的综合金融解决方案。在设计大型集团客户综合授信方案时，分行要统筹安排授信额度，科学安排投放节奏，对于一家分行信贷规模无法达到项目要求的，分行应优先考虑采用行内银团贷款的服务方式。对于供应链金融，总行重点支持符合国家产业政策、与核心企业有稳定贸易关系的中小企业，分行要积极引导核心企业将信用辐射到中小企业，采取有效信用增级措施，培育综合贡献度高的中小企业客户群体。

三是不断完善营销管理体系。全行要以公司客户营销系统为支撑，全面开展客户管理、项目管理、收益分配以及客户经理管理。在客户管理方面，要进一步建立和完善客户分等分级管理机制，针对不同等级的客户制定差异化的开发与维护策略。在项目管理上，要鼓励分行依托公司客户营销系统对项目的申报、跟踪、考评、退出等进行全流程管理。在收益分配上，将依据贡献度大小的原则，对跨区域营销项目进行合理利益分配，以充分调动主办行、协办行共同服务客户的积极性。各级分支行要尽快熟悉相关的系统功能与规章制度，并在实际工作中逐步推广，加以应用，不断提高精细化管理水平。

（五）抢抓机遇、拓展网络，提升国际业务综合服务能力

一是紧紧抓住人民币国际化的历史机遇，做好重点营销开发工作。总行将加快推出跨境人民币融资新产品，定期向分行提供利率、汇率市场动态和企业名录，联合跟踪重点客户。分行要利用当前企业"资产本币化、

负债外币化"的市场机遇，结合"财贷惠""存贷惠"等新产品，对财务敏感度高、资金充裕的企业开展营销工作；要利用国内国外两个资金市场的价格差，对有境内外母子公司联动的企业积极开展产品组合营销；重点跟踪开发参与境外直接投资与工程承包"走出去"的企业客户群体，扩大国际业务规模与影响力。

二是以客户为中心，提供内外贸一体化的综合金融服务。各级国际业务部门要重点分析保税区、出口加工区、外向型经济开发区、国际商贸市场的各类型客户，对大型客户要强化专业化金融服务方案设计，对中小型客户要加强产品宣传，增加国际业务的客户渗透力，通过贸易融资业务增加负债规模，并通过结算及各类表外业务有效拉动非利差收入增长。

三是拓展网络，增强同业合作。总行要积极拓展代理行建设，争取优惠费率；分行要抓住同业合作机会，积极与同业拓展代开信用证、同业代付、福费廷、内保外贷等业务合作。

（六）夯实基础，深化合作，资金同业创新发展

同业业务具有经济资本占用少、经济增加值高和风险相对可控的特点，可以横跨资本、货币和信贷三大市场，在当前证券、信托、保险等金融机构快速发展的背景下，资金同业业务已逐渐成为商业银行为客户提供综合化服务的重要平台。

一是进一步夯实客户基础，拓展同业合作空间。同业业务要实现创新发展、跨越发展，扩大授信机构范围和授信规模是基础，拓展同业合作领域、创新同业合作产品是关键。为实现今年全行授信工作目标，总行将通过客户分级，明确总分行授信与营销工作职责，发挥总分行及前、中、后台的合力。为提高对全行同业机构主动授信能力，总行将通过强化培训等方式，加强对分行的指导。要以同业授信为契机，以银银合作为基础，重点拓宽与中小银行、非银行金融机构的业务合作，全面挖掘同业资产管理、代理合作、中介服务等新兴业务。在零售信贷领域，我们强调"零售业务批发做"，而对金融市场业务，我们则要"批发业务零售做"。具体到同业授信方面，一要扩大同业授信覆盖面，二要提高同业授信额度。

二是以市场为导向，加快金融市场领域各项创新。我行要发挥"大资金"优势，开展"大同业"合作，巩固传统同业融资的"龙头"地位，积极开展信托受益权受让、券商资管计划权益受让、机构理财等同业融资新产品，扩大同业合作深度与广度。要开辟信用债承销、投资的绿色通道，扩大信用债投资规模。积极开展商业承兑汇票、电子汇票业务。要顺应市场发展趋势，不断丰富资金同业产品体系。要建立完善业务营销收益分配机制，按照"谁营销，谁受益"的原则，鼓励分行拓宽营销渠道，加大市场开拓力度。要积极争取年内获得 SLO 交易商、全国银行间债券市场做市商、非金融企业债务融资工具主承销商的资格。

三是将资产管理业务打造成我行战略性中间业务。我行要积极应对监管新政，加快发展理财业务，尤其是要加大非债权类和标准化债权资产投资力度；充分高效利用非标债权额度，建立信贷类资产对接理财的激励约束机制，优先对接本行信贷类资产，适当承接他行高收益非标资产。要以总行为产品设计和风险控制中心，加快流程重塑与制度完善，提升产品研发能力和投资效率；要充分发挥分行项目推荐和客户需求挖掘的力量，激励分行配合总行推进理财产品创新。那么，对于分行推荐的理财项目，分行可优先销售对应的理财产品；推荐项目的超额收益部分向推荐分行倾斜。这里要表扬江苏分行，他们勇于探索产品创新，第一个研发了票据、信贷资产收益权类理财产品，总行在此基础上形成了业务模式，现在其他分行也陆续开展起来了。

在托管业务方面，要提供专业服务，实现托管业务的多元发展，要重点发展保险资金托管业务，积极为具备理财发售资格但无托管资格的中小银行提供理财产品托管服务。我国已发行理财产品的银行有149家，但只有19家银行有托管牌照，可托管理财产品，因此我们在和没有托管牌照的小银行合作中都可以营销他们在我行托管的理财产品。这次的会议材料之一就是《商业银行理财产品托管营销指引》，希望大家认真研究。总行还将积极争取社保资金托管、企业年金托管、QFII托管等新业务托管资格。

（七）加强管理，严控风险

一是要实施全流程风险管理，加强重点领域风险防控。全行要将风险防范工作贯穿于业务发展的始终，进一步健全、完善各项规章制度，加强对各类风险的研判，做到提前识别、快速应对，重点把控业务流程中的关键环节，加大监督检查力度，尤其是要加强公司信贷、票据、理财等重点领域的风险防控，防止跨界风险传染，全面提高风险管理水平。银监会已在年初明确，将于年内对邮储银行理财业务、票据业务进行现场检查。我们要在相关领域认真开展自查自纠，积极应对监管检查，也为长远发展奠定良好基础。要本着"营销下沉、风控集中"的原则，切实防范金融市场业务信用风险、操作风险和市场风险。

二是要加强人员培训，提升队伍专业能力。鉴于批发类业务营销方式的特殊性，一支专业化营销和管理队伍对推进业务发展显得尤为重要。要提升队伍业务能力，一方面要开展分层级、成体系的业务理论培训，要学习和引进同业先进的产品模式和工具，不断更新观念、更新知识，要在定价能力、创新能力、营销能力、风控能力上下功夫，真正做到心中有数。在学习同业方面，有人提出零售学招行、小微学民生、同业学兴业，真心希望大家多交一些同业朋友，多向同业学习。在邮储银行当前的发展阶段，我们不仅要做一个合格的跟随者，更要做出自己的特色，同时也要加强实际运用，注重案例总结分析，及时积累经验。

三是要增强系统支撑能力。今年，总行将进一步加强公司业务核心系统及公司客户营销管理、公司客户信息平台、公司客户管理、资金管理等相关信息系统建设，为业务发展提供全面的电子化平台支撑；在公司信贷系统基础上新建同业评级授信、额度管理及同业业务三大功能模块；进一步改造理财业务资产管理系统，彻底改变理财业务投资依靠人工管理的现状，真正实现产品研发、资产管理环节智能化运行。同时，还将通过建立托管业务客户服务平台，继续完善和拓展系统功能，满足客户个性化、多样化需求，提升运营服务能力。

逆水行舟、不进则退！我们一定要紧紧抓住邮储银行改革发展的新机遇，坚定发展信心、拓宽发展思路、加强业务联动、推进业务转型，不断提升客户服务水平，不断拓宽客户服务领域，不断增强市场竞争能力，努力开创全行批发业务发展的新局面。

调研体悟

之一：创建金融扶贫示范区
助推打赢脱贫攻坚战

——宁夏回族自治区金融扶贫工作调研报告

> **按语：** 2017年，作者参加了中共中央党校为期一年的脱产学习。2017年10月29日至11月4日，作者率队中青二班调研组一行六人，深入宁夏吴忠市、固原市有关贫困县、乡、村，实地走访了建档立卡贫困户、致富带头人，并与自治区扶贫办、水利厅、当地龙头企业等进行座谈，重点围绕"金融如何助推脱贫攻坚"这一主题，进行专题调研。2017年12月20日，《金融时报》刊发了该调研报告。

一、宁夏金融扶贫工作的实践和做法

宁夏地处我国西部欠发达地区，面积6.64万平方公里，总人口667.8万，其中回族人口占36%，是全国最大的回族聚居区。宁夏南部的"西海固"地区，1972年被联合国粮食开发署确定为最不适宜人类生存的地区之一，贫困现象十分严重。

近年来，宁夏回族自治区党委、政府认真贯彻落实习近平总书记扶贫开发战略思想和党中央、国务院系列脱贫攻坚部署，坚持以精准扶贫、精准脱贫为工作着力点，真抓实干，取得突出效果。截至2017年6月末，

全区建档立卡贫困人口从 2011 年的 101.5 万人减少到 41.8 万人，贫困发生率由 25.6% 下降到 11.1%，贫困地区农民人均可支配收入由 4193 元增长到去年的 7505 元。2016 年 7 月，习近平总书记在宁夏调研时指出：“固原的发展脱胎换骨，增强了我们打赢脱贫攻坚战的信心。”

在宁夏脱贫攻坚工作中，金融扶贫发挥了重大作用，创出了宁夏经验和模式，把金融活水引流到贫困地区。截至今年 9 月末，全区金融精准扶贫贷款余额 589 亿元，同比增长 36.5%，高于全区各项人民币贷款增速 23.7 个百分点；2015 年以来，各金融机构已累计向 19.74 万户建档立卡贫困户发放扶贫小额信贷 102.55 亿元，农户贷款覆盖面达 70%，户均贷款 4.53 万元。

（一）政策引导，顶层设计“实”

宁夏回族自治区党委、政府高度重视金融扶贫工作，把金融扶贫作为打赢脱贫攻坚战的重大举措和关键支撑来安排部署。自治区政府与各县（区）签订年度脱贫攻坚责任书，将金融扶贫纳入综合考核，定期召开金融扶贫专题会议，督导工作进度，研究解决重点难点问题。区扶贫办与党委农办、金融局、人民银行等相继出台《农村金融改革创新试点推广工作方案》《关于金融助推脱贫攻坚的实施意见》《关于进一步推进金融扶贫工作的若干意见》《关于进一步加强银行业金融机构助推脱贫攻坚的实施意见》等一系列政策文件，从顶层设计上完善了金融扶贫政策体系。创新实践抓手，协同推进“信用先行、产业支撑、龙头带动、金融助推、党建保障”，培育金融扶贫长效机制。健全金融扶贫成效与财政资金存放挂钩、机构引进优惠、费用补贴等一系列激励政策措施，在督促金融机构履行金融扶贫政治责任的同时，实现权、责、利对等，形成金融扶贫的强大合力。

（二）聚焦脱贫，基础覆盖"全"

实现了五个"全覆盖"：一是信用评级全覆盖。依托大数据平台，完善信息采集、分析和授信管理体系，开展"信用户""信用村""信用乡（镇）"评定工作，共建立建档立卡贫困户电子信用档案37.2万户，评定信用农户22.31万人。二是政策实施全覆盖。对建档立卡贫困户10万元以下的贷款，全部实行免担保、免抵押、基准利率放贷、政府按基准利率贴息的政策。三是金融服务全覆盖。全区800个贫困村均有对口扶贫金融机构，金融服务点、设备、流动服务等在乡（镇）村（组）全覆盖、无"盲点"，平均每万人拥有服务网点数1.53个、拥有自主服务设备138.18台。四是"扶贫保"全覆盖。对所有建档立卡贫困人口进行家庭意外伤害保险、大病补充医疗保险、借款人意外伤害保险和优势特色产业保险的投保缴费。五是结对帮扶全覆盖。充分利用银行、保险、证券和地方金融机构四个市场金融资源优势，加快建立金融扶贫"三个一工程"，实现"一行一县""一保一县""一司一县"结对帮扶全覆盖。比如，人民银行向地方性农村金融机构发放扶贫再贷款11.3亿元，证监局促成2个贫困县的特色农产品对接"中证普惠""华能成长宝"及"光大银行电商平台"等，并成功上线。

（三）多管齐下，金融创新"多"

宁夏在扶贫工作中加强金融创新，探索出资金互助、扶贫小额信贷、"扶贫保"等"普惠＋特惠"服务模式。推出"千村信贷""邮储好借好还""国开惠民""金穗惠农通""种子基金""黄河富农卡""脱贫致富贷""惠农易贷"等信贷产品；探索实践"企业（专业合作社）＋贫困户＋银行""托管代养""飞地养殖"等多种模式，灵活放贷，拓宽信贷支持主渠道；创新融资模式，按照"财政引导、基金运作、担保跟进、保险参与、银行放大"的思路，集成"财政＋基金＋担保＋保险＋银行"五类金融工具组合效应；大力培育当地资本市场，提升企业直接融资能力，带动贫困地区群众脱贫，实现嘉泽新能源主板上市，结束了宁夏14年在主板市场无企业上市的历史，有64家企业挂牌新三板，60余家企业在宁夏股权托管交易中心挂牌，为金融扶贫增添了新活力。

（四）联手互动，风险管控"严"

多数贫困地区自然条件恶劣、产业基础薄弱、贫困户劳动资料缺乏、劳动手段陈旧、生产方式滞后、缺乏先进的实用技术，加之个别地区诚信环境差，扶贫信贷资金风险控制难度加大。宁夏在推动金融扶贫工作之初就进行机制设计，在实践中探索出了五级风险防范机制：一是县（区）设立风险补偿金机制。截至目前，设立风险补偿金3.6亿元、担保基金7.4亿元。不良率超过3%时，暂停发放贷款并启动风险补偿机制，政府和银行分担比例为7∶3、8∶2甚至9∶1。二是在对建档立卡贫困户开展评级授信的基础上，选出有良好信用观念、有完全劳动能力、有贷款意愿、有经营项目或经验、有致富的愿望、有发展能力的"六有"贫困户作为精准扶贫对象予以支持。三是对建档立卡贫困户10万元以内贷款给予基准利率全额贴息。四是对建档立卡贫困户实现扶贫小额信贷意外伤害保险全覆盖，为72.8万贫困人口办理了大病补充医疗保险。五是选准产业，产融结合，提升贫困户自我发展生产的内生动力。通过这五项措施形成了风险防控的立体架构，为资金安全建立起了坚固的"防火墙"，基本解决了金融机构的后顾之忧。

（五）加强管理，发展机制"活"

近年来，宁夏互助资金主要围绕"规范管理、创新发展"做好工作，以帮助贫困农户增加收入、提高自我管理、自我组织和自我发展能力为目标，进一步扩大规模。根据互助资金发展变化，先后出台了《关于进一步规范贫困村互助资金运行管理工作有关问题的通知》《宁夏贫困村互助资金改革创新的指导意见》，降低了农户交纳互助金比例和占用费费率、借款额度最高提高到 2 万元，借款期限最长延长到 2 年，简化了审批手续，进一步规范运行成本支出、公益金支出等，促进互助资金健康持续发展。创新探索以互助资金为保证金，与银行信贷资金捆绑放大 8~10 倍，扩大贫困户融资规模，发挥互助资金"四两拨千斤"的作用。

二、宁夏金融扶贫的几种典型模式

在宁夏创造的诸多金融扶贫模式中，"盐池模式""蔡川模式""固原经验""同心特色""扶贫保"等颇为典型，具有借鉴意义，简要剖析如下。

（一）"盐池模式"，破解了金融扶贫的难题

盐池县是革命老区，也是国家级贫困县，有建档立卡贫困人口 11228 户 34046 人。近年来，盐池县以金融扶贫为抓手，以"千村信贷·互助资金"工程为切入点，地方政府与黄河银行合作，突破创新开展了"信用建设 + 产业基础 + 金融支撑"的"盐池模式"，为全国探索出了可推广的经验，全国金融扶贫培训班连续两年在盐池召开，2016 年 1 月，国务院对盐池扶贫工作给予督查表扬，并享受"免督查"和六项激励措施。具体采用五项举措破解金融扶贫"十个难题"：一是通过"评级授信 + 风险补偿"破解了依靠信用贷款、建档立卡户免担保免抵押、60 岁以上贷款年龄受限、非恶意"黑名单"无法贷款、银行信贷员尽职免责这五个难题；二是通过

"信用评级＋信息共享"破解了农村金融信用体系共建共享、农村金融贷款精准统计的难题；三是通过"基准利率＋财政贴息"破解了建档立卡户贷款贵的难题；四是通过金融便民服务，破解了农村金融网点空白的难题；五是通过"扶贫保"破解了建档立卡贫困户在发展过程中因病、因灾、因市场价格波动返贫风险大的难题。

我们在盐池县花马池镇佟记圈村、王乐井乡曾记畔村通过走访了解到，贫困乡村普遍建立了良好的信用评级体系，创新"631"评级授信系统，将建档立卡户的诚信度占比由原来的10%提高到60%，家庭收入权重30%，基本情况权重10%，以此为基础把村级互助资金和银行信贷资金"捆绑"运行，对获得互助资金借款后仍不能满足需求的社员，由互助社将诚信好的社员推荐到银行，给予配比5~10倍的贷款，投入滩羊养殖等农业产业，群众易接受，效果也很好。

（二）"蔡川模式"，发挥了基层组织引领和致富带头人示范作用

蔡川村是宁夏固原市原州区寨科乡过去有名的边远落后贫困村，也是有名的上访告状村。在创业回乡能人带领下，通过邮储银行帮扶，发生了翻天覆地的变化，实现了脱贫摘帽，成为全镇经济效益最好、发展潜力最大的先进村、示范村，创出了金融扶贫的"蔡川模式"，得到国务院副总理汪洋同志的批示，在中央《农村要情》刊发，中央电视台《新闻联播》进行报道。其突出特色：一是创新联保方式，变5户联保为村干部、养殖能手等任意3户相互担保借款，解决了农户育肥黄牛和养殖肉羊的资金燃眉之急，调动了群众舍饲养殖的积极性，有力带动特色产业发展。二是利用农村熟人社会信息敞开优势和互相监督机制，并借助地方政府对建档立卡贫困户实行评级授信的政策，联合乡政府和村两委共同对农户进行摸底评审，评出 A、B、C 三个信用等级，根据信用等级对农户在贷款额度、贷款期限、利率和还款方式等方面给予优惠。三是推开"整村推进"金融小贷扶贫，创新开发了针对散户无抵押的"好借好还"金融产品，简化手续，集中上门办理。四是采取"银行＋合作社（能人）＋农户"模式，发挥党支部战斗堡垒作用，把村干部、党员、养殖大户作为致富带动能手，引导农户与他们组建功能型党小组，培育致富领头雁，鼓励引导他们创办合作组织等，为贫困户提供担保、品种选育、养殖技术和市场销售等服务，提高了群众的组织化程度。

（三）"固原经验"，破除了贫困户致富单打独斗的瓶颈

以创新的思维打破瓶颈和思想障碍，合力打造"一平台、一模式、一协会、一体系"金融扶贫机制。推动整合财政资源，建立产业扶贫担保金和扶贫风险补偿金，放大 5~10 倍，为建档立卡贫困户和具有示范带动作用的龙头企业、农民专业合作社、创业园区发放贷款，形成了"政策组合＋资金整合＋产业带动＋保险担保＋金融创新"的扶贫合作模式。构筑了政府、产业部门、扶贫部门、金融机构、担保和保险机构多家联动、齐抓共管、互为补充的扶贫联动新格局，帮助贫困户摆脱了"单打独斗"脱贫致富的困境，实现了政府政策兜底增信、产业扶贫联农带动、金融助力脱贫攻坚、担保和保险分担风险、贫困人口脱贫致富的多方共赢目标。

（四）"同心特色"，让农民的"死资源"变成"活资本"

抓住农村土地改革机遇，积极创新农业设施用地，农业生产设施、仓储冷链设施、大型农机具、农副产品等经营权抵押贷款，盘活农村沉睡资产，发挥农村资产使用权、经营权、财产权的抵押担保效能，丰富新型农业经营主体的贷款抵押担保方式，创新推出"农地贷""农房贷""林权

贷""农机贷""烟叶订单贷""安全住房贷""动产质押＋资产监管＋保险"等特色农村资产资源抵押贷款产品，激活农村沉睡资产，有效破解贫困户和贫困地区扶贫龙头企业、扶贫专业合作社等农村经营主体贷款难、担保难的问题，让农民的"死资源"变成"活资本"。

（五）"扶贫保"，着力解决贫困群体返贫致贫问题

为进一步增强贫困人口抵御风险能力，着力解决因意外事故、因病因灾致贫、返贫问题，保监部门按照保本微利原则，为建档立卡贫困户量身打造了"扶贫保"产品。在全区贫困地区全面普及家庭成员意外伤害保险、大病补充医疗保险、借款人意外伤害保险和优势特色产业保险四项保险。在四种产品中，第一种和第二种属于保障性兜底产品，第三种和第四种属于生产性兜底产品，形成保人生、保大病、保收入、保信贷一揽子保险措施，既兜住了因病因灾返贫的底线，又防止了过度保险。创新探索建立风险调节机制，鼓励各县、区利用财政资金、捐赠资金等多渠道筹措，设立风险调节资金池，结合各自实际确定分担比例，构建"扶贫保"超赔风险防范体系。

三、实地调研金融扶贫的体会与思考

（一）党中央脱贫攻坚决策深得人心

在走村入户中，我们普遍看到的是，扶贫工作给贫困群众生活带来翻天覆地的变化，原来住的是土窑洞，如今旧貌换新颜，住上了宽敞明亮的大瓦房，自来水实现村村入户，村间修好了硬化路面；普遍听到的是，基层干部群众对党中央决策衷心拥护，脱口而出的是"共产党好""党的政策好""政府做得好"。我们也进一步领悟了习近平总书记在党的十九大报告中再次强调指出的"带领人民创造美好生活，是我们党始终不渝的奋斗目标""让改革发展成果更多更公平惠及全体人民，朝着实现全体人民共同富裕不断迈进"的深意。

（二）要处理好"市场"与"政府"的关系

宁夏按照开发式扶贫和精准扶贫的工作要求，坚持"政府主导、市场运作"的原则，政府部门很好地发挥了政策引导作用，尊重市场规律，充分考虑了金融机构的成本和风险控制诉求。例如，建立金融扶贫工作联席会议制度，负责金融扶贫制度设计和沟通协调，建立考评考核奖励机制，完善授信评级和风险分担机制，建立综合应用行政、司法等手段打击恶意逃废扶贫金融债务行为机制，积极帮助金融机构清收不良贷款、维护金融安全等，将政府"该做的事""擅长的事"做好，解除了金融机构的后顾之忧。宁夏金融机构在参与扶贫工作中，也兼顾了经济因素和企业社会责任，"用心、用情、用力"助推脱贫，实现了政府、金融机构、企业、贫困户"多赢"的格局。

（三）良好的产业规划与培育是金融支持的前提

扶贫要精准，产业是关键，产业选择、产业发展、产业扶贫是金融扶贫的基础和条件。宁夏在金融扶贫工作中，注重把金融工具连接到产业链上，做好金融扶贫和产业扶贫结合文章。立足贫困地区资源禀赋、产业特色，结合贫困地区建档立卡户的具体情况，制订扶贫产业发展计划，建立项目库，便于乡、村干部、驻村工作队、第一书记科学指导贫困户选准产业发展项目，提供生产技术、市场行情等方面的配套服务，提高贫困户贷款资金使用效益。

（四）诚信体系是乡村治理和金融支持的基石

宁夏贫困县（区）大多地处革命老区，民风淳朴、人文厚重，在诚信建设方面有着优良传统，特别是近年来，伴随金融扶贫工作，深入开展了信用创建活动，极大地培植了诚信环境，诚信意识已经在宁夏乡村百姓中"入脑入心"，"没有诚信寸步难行啊！""宁可砸锅卖铁，银行的钱也要还，不能坏了名声！""人不讲信用哪行？"无论是金融机构员工、乡村干部还是贫困农户，都不约而同谈到了诚信、信用的重要性。有的县还针对信用户出台优惠政策，提出入伍、入党、文明户、劳动模范评优评先优先在信用户中推荐产生，县财政给予信用村村委会和信用乡（镇）政府一定金额的工作费用奖励等政策。"诚信"这块金字招牌，已经应用到金融服务之外。

（五）基层党组织的战斗堡垒作用和党员先锋模范作用至关重要

党的领导对于打赢脱贫攻坚战，发挥着决定性作用。这既体现在党中央一系列正确的决策部署上，也体现在基层党组织充分发挥战斗堡垒作用上，更实实在在体现在基层党员干部在金融扶贫工作中的智慧与作为上。我们接触到的基层干部精神状态饱满、工作作风务实，提起扶贫工作都有一段肺腑之言，谈起扶贫思路都是滔滔不绝，能够看出来他们都是带着感情在工作。正如蔡川村支部书记马金国所言："农村要致富，关键在支部。作为村书记自己富了不算富，大家富了才算富，自己该付出的时候就得付出。我时常给村民讲，幸福的日子是干出来的，不是等出来、靠出来、要出来的，只有自力更生才有好日子过。"

四、深入推进金融精准扶贫工作的建议

尽管宁夏金融扶贫工作创出了新典型、取得了新经验，但同时也还存在着政策宣传有待加强、激励措施需要完善、产业带动模式简单、风险管

控仍需强化等问题，针对这些问题，宁夏正在制定具体措施予以应对和解决。结合本次调研考察，调研组对做好整体金融扶贫工作提出以下建议。

（一）拓展提高金融精准扶贫参与主体的广度和深度

金融扶贫各方主体应进一步找准定位、明确分工、落实责任。一是政府部门做好金融需求测算规划、政策制定、统筹协调、奖惩机制设计等工作，在财政资金转存、重大项目建设、金融扶贫奖补上对扶贫工作突出的金融机构予以倾斜，鼓励金融机构扩大扶贫工作参与的广度和深度。二是监管部门做好金融扶贫统计、复查，做好对金融扶贫风险的总体监测，指导金融机构控制缓释风险。对于担负扶贫工作的金融机构，根据信贷投放规模，建议给予税收优惠、定向降准等政策支持。三是政策性银行、商业银行、保险公司、地方金融机构等进一步明晰工作重点与分工，将金融扶贫项目"沉下去"，与贫困县、乡镇、村、贫困户"对得上"，精细化开展金融扶贫工作。要优化金融网络布局，下沉服务重心，增加有需求地区老旧 ATM 淘汰和新型智能金融设备投放等。四是开展大型央企、国企定点产业支援项目，地方政府创造良好条件，吸引央企、国企到本地乡村做项目，发挥企业产业带动、融资增信、个别支持等作用，有助于企业自身融资和分散金融机构风险。五是金融支持有社会责任感的民营企业参与贫困地区产业开发，发挥它们机制灵活的特点，政府要为民营企业投资办产业营造良好的政策环境。

（二）加快有效的金融扶贫模式推广与金融产品创新

一是建议继续在全国适宜地区加快推广宁夏金融扶贫模式，更广更好地惠及广大贫困地区群众。二是研究探索发行国家级贫困地区基础设施建设债券。贫困地区基础设施建设投资额巨大，省市县级财力难以支撑，建议纳入国家长期基础设施建设工程予以资金配套。三是探索设立扶贫基础设施建设基金，开展 PPP 融资等方式，引入多方建设主体，调动国有、民营等各类资本积极性，解决贫困地区水源、道路等基础设施建设难题。四是建议发起设立国家级贫困地区教育扶助公益基金，采用银行保本运作方式，增值收益解决部分民办教师工资问题、特困户教育费用问题，积极鼓励引导央企、民营企业、外资企业设立扶贫类教育基金（例如邮储银行"邮爱基金"），定点对口解决部分特困地区教育资金问题。五是加强贫困地区农产品收购、运输、加工等涉农小微企业的金融产品研发，将部分小微企业纳入政府风险补偿金担保范畴，激发贫困地区小微企业活力，促进一二三产业融合发展，带动贫困户参与企业生产经营。六是推进农村"两权"抵押贷款试点，设立农村产权交易市场，探索农村承包土地的经营权入股经营、农民"带资入股"等方式，进一步盘活贫困地区农村资源、资金、资产。

（三）巩固完善金融扶贫的产业基础及相关配套政策

一是政府部门加强产业规划和引导，出台完善产业发展政策，大力发展绿色生态种养业、林下经济、休闲农业、乡村旅游、传统手工业、农村电商等特色产业，大力推进脱贫产业"一县一业、一村一品"工程，使得县乡村三级在产业发展上规划清晰、主业突出。二是深化乡村诚信体系建设，鼓励基层政府、监管部门、金融机构共建共享，鼓励互联网企业参与，建立信用大数据平台和综合服务平台，提速信用乡镇、信用村、信用户评定工作，力争与脱贫攻坚工作同步完成，建立乡村诚信奖惩制度，为乡村长治久安、兴旺繁荣奠定坚实基础。三是加强基层扶贫政策宣传与金融知识宣讲。采用喜闻乐见的形式，充分运用电视、互联网、乡村广播、金融网点、"三农"服务站、手机 APP、墙体广告、微信、入户宣传等渠道及方式，将扶贫政策和金融知识送门入户，提升贫困户的金融意识、信用意识。同时，要采取有效措施，激发贫困户脱贫致富的内生动力，克服"等、靠、要"的思想倾向。四是优化完善政府信贷风险补偿金制度和运作流程，建立金融扶贫工作中对政府信用的考评机制，保障风险补偿金足额到位，提高资金代偿操作效率，及时代偿金融机构风险损失，免除金融机构"后顾之忧"。五是加强"正向激励"，树立扎根农村、服务贫困地区的公务员、金融从业人员先进典型，适度提高物质奖励标准，出台金融精准扶贫工作中金融机构员工尽职免责政策制度和操作细则，提高扶贫贷款不良容忍度，消除基层干部"风险金、互助金损失怕担责"、信贷员"惧贷"的心理。

（调研组成员：徐学明　李永春　傅博　黄志辉　陈中博　王开轩）

调研体悟

之二：坚守战略定位　加快转型创新
——赴新加坡培训考察报告

按语： 本文为作者率团赴新加坡参加零售银行培训的心得体会。2014 年 9 月，作者率团赴新加坡南洋理工大学学习了"利率市场化下的零售银行经营策略与业务创新"课程，到当地同业机构进行了交流考察。两周学习，收获颇丰，考察团结合培训学习和对邮储银行转型的思考，总结形成了这篇学习报告。

根据总行统一安排，中国邮政储蓄银行高管培训团于 2014 年 9 月 21 日至 10 月 4 日在新加坡南洋理工大学参加了"利率市场化下的零售银行经营策略与业务创新"课程培训。培训团由总行徐学明副行长任团长，团员包括 12 个一级分行主要负责同志，以及总行 15 个部门主要负责人及相关工作人员。培训团学习了新加坡银行业务与管理战略分析、品牌建设与管理和社区银行发展策略等有关课程，并赴星展银行、法国巴黎银行和交通银行新加坡分行等同业进行了参观考察；同时，在培训期间，学员们针对学习内容与考察收获，结合各自工作经验和对邮储银行转型发展的思考，先后进行了多次深入沟通交流，分享心得体会，圆满地完成了此次培训任务。

一、培训情况总结

新加坡南洋理工大学是当今亚洲最具声誉的大学之一，也是全球顶尖的工程与商业学府。作为一所工科和商科并重的综合性大学，南洋理工大学目前世界排名 39 位，与 37 个国家的 218 所大学建立了学术交流关系，共开设 90 个学位和研究生证书课程，其商学院为政府官员、MBA 学员、金融企业提供了比较全面的教育培训资源支持。本次培训班课程内容既有关于新加坡政治、经济成功经验的宏观解读，也囊括了利率市场化环境下新加坡银行战略管理、经营管理、创新管理的分析，同时还包含了零售银行、物流银行、领导艺术、社区网点建设、品牌建设等内容，还有针对性地安排了到当地金融同业的参观和考察，使学员能够近距离接触新加坡著名金融专家并进行沟通交流。紧张、丰富、有效的培训及与专家面对面的交流，使学员们学到了新知识、新观点，开阔了思路和视野，达到了预期的培训效果。

（一）课程学习的主要内容

本次培训的课程学习并不拘泥于金融理论知识，而是将理论与实际相结合，通过金融环境的分析与讨论、案例剖析和情景再现的方式，最大限度地实现培训人员的亲身体验，提升培训人员的认知能力和领导能力。具体由十门课程组成，包括银行经营策略、通用管理、新加坡经验三大类，主要内容如下。

1.银行经营策略。

（1）零售银行、财富管理与私人银行业务。通过本课程的学习，我们对客户群体的划分与定位有了更深的认识，即对不同的客户，应当采用不同的营销策略并提供不同的金融产品服务。个人银行业务作为银行发展的基础，应充分发挥物理网点的优势，整合资源优势，设定不同的区域服务功能，对不同的职能分区作更好的细化；财富管理是为中高端客户提供的金融服务，而中高端客户也是各银行争夺的主要目标客户群，银行应根据客户的需求为其提供专业的，包括投资、理财和保险等在内的一站式服务；私人银行业务是为高端客户提供的服务，包括资产管理、投资银行等一系列的金融服务，这类客户需要我们为其提供更为全面、专业的服务团队。课程中提到了私人银行服务的五大思维：生财（融资创业，释放资产）、理财（资产配置，风控投资）、用财（慈善事业，善举留名）、护财（护财避险，家人信托）和传财（传承后人，家族互动），深度阐述了高端客户对私人银行服务的全面需求。

（2）利率市场化冲击下商业银行公司业务营销战略与定价思维。通过本课程的学习，我们深入了解了台湾利率市场化的演变过程，认识到利率市场化对商业银行的冲击不可估量，台湾银行业利差水平从4%以上下降到1.2%左右。正是由于利差水平的大幅下降，台湾银行业大幅提高了精细化管理水平，将前中后台全部打造成"利润中心"，特别是中后台，也根据不同作业方式设立量化的KPI进行考核。在公司业务营销案例中，授课老师凭借丰富的经验，15分钟了解客户的财务状况，编制简易的资产负债表和利润表，并结合常识和对客户的了解情况进行交叉验证，迅速估算出客户的资金缺口，给我们留下了深刻印象。

（3）社区银行经营策略。授课老师阐述了在利率市场化环境下，社区银行在金融危机中的表现优于其他大型银行的案例，并指出社区银行的三大优势：定位优势、信息优势和速度优势。授课中以富国银行为例，讲述了富国银行以社区银行为核心的经营策略，其年利润的 60% 来自社区银行，同时社区银行还能为银行带来廉价、充足及稳定的储蓄存款资金。社区银行在网点建设和产品策略方面需要根据所处的环境及区位等具体制定，以网点所处的小区的分类确定目标客户群的金融产品需求，提供理财、保险、基金、财富管理等专业化的、符合客户需求的金融服务，要做到全方位了解客户，以客户需求为核心，确定主推的金融产品和金融服务。

（4）信息经济、网络经济、物流供应链与物流银行。通过本课程的学习，我们对当前经济形势及未来发展趋势进行了重新思考。在网络时代，互联网给人们的生活带来了翻天覆地的变化，改变了人们的购物习惯，丰富了支付结算方式，拉近了世界各地之间的距离。我们要从"点"的思维向"网"的思维转变。从现状来看中国物流还处于传统阶段，与国外差距较大，如物流成本较高，发达国家成本占 GDP 比重为一成左右，中国约为两成，资本年周转速度为 2 次，远低于世界水平。电子商务已经成为发展大趋势，我们只有牢牢地把握住信息经济、网络经济的发展趋势，才能更好地发展电子银行和网络银行。

（5）银行业务同质化与创新战略。授课老师的主要观点是：任何一个产品都是由三层构成的，就像三个同心圆，最里面是核心产品，第二层是外围产品，第三层是外延产品。"同质化"导致消费者难以选择。银行产品与其说是一种产品，不如说是一种服务，在核心产品趋同的情况下，服务上的差异是最实在的，也是对业绩影响最显著的。这种差异体现在后台服务的支撑，以及在真正把脉市场以后建立的完整的服务体系、营销体系。创新发展是现今银行产品服务同质化形势下取得突破的必由之路，银行的创新主要表现为以下 8 种形式：模式创新、科技创新、产品创新、行销创新、服务创新、流程创新、通路创新、知识创新。只有敢于创新和善于创新才能在未来生存和发展。

2. 通用管理。

（1）领导艺术。通过本课程的学习，我们深刻体会到领导是一门艺术。课程中总结了领导者的六大重要特质：自信、勇气、远见、刚毅不挠、概念思考和成就的企图心；最受爱戴的领导者的 10 个特点：诚实、高瞻远瞩、鼓动性强、精明能干、公正、善于提供支持、胸怀宽广、才智过人、直率和勇敢。授课老师旁征博引，强调了领导能力的重要性，比如："未来，领导将会取代管理，未来的领导是能够沟通和激励部属的人，沟通不只表现在语言上，而是包括聆听能力、学习能力并懂得以具体成就激励别人""你可以聘到世界上最聪明的人为你工作，但是如果他们不能与其他人沟通并激励别人，就对你一点用处也没有"等，使我们认识到只有很好地凝聚员工、关心员工，才能调动员工的积极性，充分发挥他们的潜能。

（2）品牌建设与管理。本课程以丰富的案例指出，好的营销模式和好的商业模式才能构成一个好生意，而好的生意与好的销售模式才能构成一个火生意，一个火生意有了好的品牌建设的支持才能是一个持续的火生意。随着科技的不断创新与应用，传统营销模式已进入营销 3.0 时代，即"移动终端 + 社交媒介 + 大数据 + 云计算"时代。我们要通过消费者洞察，寻找到客户的"痛点"，设计出"性感商品"，使客户发生"核裂变"，才能为客户创造价值。品牌就是商品对客户的承诺，取决于客户对商品的信任。

3. 新加坡经验。

（1）李光耀治国方略。本课程的学习让我们系统了解了新加坡之父李光耀的理念。新加坡的发展处处体现出李光耀的治国之道和领导艺术，其治国理念体现在精英主义、贤能制度、实用主义和亚洲价值四个方面。李光耀治国强调人才的培养和人才的选拔，以招贤纳士为第一要务，有一套严密的人才选拔和培养制度，对于选拔任用的人才，持续提供培训和深造机会，符合条件的出国深造。为使人才能够长期留在政府部门工作，李光耀政府实行高薪政策留住人才，重用人才。李光耀偏重实用主义，一切从有利于新加坡发展的角度出发，并以维护新加坡独立、主权和领土完整，提升新加坡人民的福祉，建立一个多民族的、平等、公平的社会为最高目标。李光耀还极力提倡儒家思想和伦理，强调人伦秩序和礼义廉耻，旨在建设一个互相礼让、互相关怀、互相信任的社会。

（2）新加坡经济转型与产业升级经验。本课程的学习让我们对新加坡经济的发展转型与产业升级有了详细的了解和较深的认识。新加坡作为一个人力物力匮乏的小岛国家，通过充分利用所处的地理环境和国际环境优势，以及自身政治制度、法律制度和教育制度的良好基础，探索出了一条符合国家实情的发展道路。随着经济的发展和国际竞争的加剧，新加坡一直在寻找适合自身的最佳发展道路，不断求新求变，不断推动产业变革，向研发、工程设计、电脑软件服务等一系列知识密集型产业迈进，将自身打造为一个全面的商业中心，面向国际市场，积极吸引金融、教育、IT和软件等领域的国际性服务公司；与此同时，将劳动密集型企业转移到亚洲邻国，本土则集中发展高附加值的资本密集型和技术密集型产业。

新加坡经济发展成功的关键在于政府不断求新求变，以世界眼光来谋篇布局，时刻关注世界各国的经济发展趋势，不断瞄准世界新兴产业，加快本国产业结构升级，积极探索新的发展领域。新加坡政府在经济发展及走向世界舞台的过程中，充分体会到人才的重要性，用高薪政策吸引人才，吸收各界精英到政府担任高级领导人，通过人才的引进和培养，推动了新加坡的改革创新与国际化发展。

（3）新加坡银行业务与管理战略。本课程的学习使我们了解到新加坡作为一个新兴的国际金融中心并不是一蹴而就，也不是自然演变的，而是经过了长期不懈的努力探索与改革创新。新加坡从建国伊始就积极引进国际金融机构，为其提供优惠和激励政策，随着国际金融机构的进入及本地银行的不断发展壮大，新加坡逐渐成为重要的国际金融中心。新加坡金融业的迅速发展与其实行的经营管理模式及战略定位密切相关，课程中列举了华侨银行和星展银行作为案例：华侨银行从顾客、产品、风险管理、生产力、银行人员及股东价值等几个维度打造自身的银行发展体系，而星展银行则以有秩序的增长、收购海外银行、与海外银行联盟等三大战略，为当地零售客户及小企业客户提供优质服务，不断发展壮大，进而以走出去的发展模式，开拓海外市场，做到内外兼顾共同发展的国际化道路。

（二）同业机构考察情况

1.大华银行。大华银行（United Overseas Bank）于1935年创立，是新加坡第二大银行，业务主要集中在东南亚。在过去79年中，大华银行和新加坡与时俱进，通过一系列的收购行动，大华银行目前已是新加坡的主要银行之一，并且在马来西亚、印度尼西亚、泰国、菲律宾和中国拥有附属银行。大华银行集团通过其全球分行/办事处以及附属银行/联号公司，提供范围广泛的金融服务。大华银行在本土经营全面银行业务，在差异化竞争中以服务中小企业见长，市场占有率达到25%以上，中小企业金融服务收入占比超过20%。本次拜访，就大华银行服务中小企业的业务流程、信贷工厂模式、营销模式、队伍建设、绩效考核、风险控制、科技运用等多个方面进行了交流。

2. 星展银行。随着互联网的快速发展，面对银行网点形象、网站形象同质化的状况，星展银行推出面向未来银行服务的智慧网点，令人印象深刻。一是品牌形象极其鲜明。营业网点装修、功能区域划分、家具设施布放以及网上银行和移动金融界面，委托专业公司重新设计，色彩上大量采用鲜艳的大红色，突出体现差异化、个性化，网点风格更加时尚化，夺人眼球。二是采用最新信息技术。进入网点，首先看到大屏幕体感交互墙，展示银行产品信息和优惠营销活动，改变了银行传统保守的网点形象，新技术应用令人耳目一新。三是打破传统服务模式。营业人员走出柜台，采用敞开式的直接服务，与客户近距离交流，传统银行柜台服务的生冷形象，变为亲切形象。客户等待区域布放网银和移动金融终端，客户可以了解银行产品，填写电子单式，节约等待时间；设置快速服务区，办理15分钟内可完成的非现金业务；设置现金服务区，为客户办理多币种配钞。所有这些"表面"文章，除了理念上的超前，更为重要的是通过对业务流程再造，通过计算机系统的支撑得以实现。

3. 华侨银行。华侨银行是新加坡历史上最为悠久的本地银行，其历史可追溯至1912年，是亚洲目前领先的金融集团之一。针对年轻客户群，新加坡华侨银行设计出了一种商店服务式的营业网点，即FRANK银行。FRANK银行网点能使客户走进银行后，就像是踏入明亮宽敞的Apple Store，客户可以自由地浏览、触摸和咨询产品等，并可以与银行的服务人员讨论他们的需求。步入FRANK银行的客户不再有一种压抑感，反而是在像逛商店的一种体验。在校园内的FRANK银行里，银行众多产品尽收眼底，以银行卡为例，学生只要花费10新加坡元，就可在130多种卡片中挑选自己最喜欢的图案和设计。通过此种方式，FRANK 银行拉近了与年轻客群之间的距离，能够更加快捷地为年轻人提供专业化和个性化服务。

4. 新加坡邮政储蓄银行。新加坡邮政储蓄银行（Postal Office Savings Bank，POSB）于 1998 年与星展银行合并，但依旧保持其原有网点和标志。在过去的 132 年，新加坡邮政储蓄银行已经服务了好几代人，被誉为"新加坡人民的银行"，以"服务大众"为己任。凭借多年来对客户的深入了解，新加坡邮政储蓄银行提供各种产品和服务来满足新加坡居民的储蓄、贷款、投资和保险需求。新加坡邮政储蓄银行在新加坡岛内设有 52 家分行、1000 多台自动柜员机和现金存款机，拥有新加坡最大的分销网络。作为贴近客户的银行，新加坡邮政储蓄银行一直致力于开发各种满足客户在人生不同阶段需求的产品。例如推出了 Multi-tude by POSB 银行卡，这是新加坡首张同时具有借记和信用功能的银行卡。该卡也是第一张无最低收入要求即提供信用额度的银行卡，专为 16 岁及以上的年轻人设计。无论收入多少，21 岁以上的客户都将享有 500 新加坡元的小额信用和借记功能。

5. 法国巴黎银行新加坡分行。法国巴黎银行是一家世界级的金融集团，总部设在法国巴黎，为法国最大的银行、欧元区存款额最大的银行，旗下三大核心业务：零售银行、资产管理、企业及投资银行，而财富管理业务是其资产管理业务的重要组成部分。该行新加坡分行主打财富管理银行，负责新加坡、中国香港及中国内地高端客户的财富管理业务和私人银行业务，为同业翘楚。

考察中，法国巴黎银行新加坡分行的董事总经理潘建錡女士向我们简要介绍了该行的基本情况，双方结合中国银行业及中国邮政储蓄银行发展现状，就彼此关心的相关问题进行了交流，潘女士也坦诚地谈了自己的看法。

（1）对中国利率市场化的判断。潘女士认为中国的利率市场化是大势所趋，但是也不可能会很快到位，估计三年左右比较符合预期。

（2）对中国金融危机的判断。潘女士认为中国目前正在酝酿着一场金融危机，而危机的导火索有可能是影子银行、地方债务危机以及银行业产品创新的过度与泛滥。对此，潘女士建议邮储银行要恪守"现金为王"底线，充分发挥自身资金头寸富余的优势，始终保持良好的流动性，不要过分急于提高存贷比，同时加强风险控制和合规管理，必定能够安然度过危机，并在危机中顺势崛起。

（3）对私人银行业务市场的判断。潘女士认为中国的私人银行业务市场空间巨大，希望邮储银行尽快加强研究、投入实践，力争后来居上。

6.瑞士信贷新加坡分行。瑞士信贷是一家顶级的全球性银行，主要为客户提供私人银行与财富管理、投资银行两大类服务，为全球众多的企业与机构客户以及高净资产人士提供专业咨询、整合方案及创新产品，并以此享誉国际。考察中我们了解到，基于客户财富传承、避税、资产保护等多方面需求，瑞信为客户提供多种生命周期方案、投资方案与负债管理方案，为实现客户资产的安全与增值，瑞信在充分分析客户的需求与目标、了解客户的投资经历与风险偏好的基础上，与客户确定适合的投资目标与风险敞口，并为最终实施提供技术性支持。

7.交通银行新加坡分行。交通银行于1996年在新加坡设立代表处，是其中国香港、纽约之后的第三家机构，2003年升格为分行，随着交通银行改制上市成功，其海外业务得到高度重视，2008年国际金融危机后中资银行地位凸显，近年来发展迅速。经了解，该分行为批发银行牌照，目前共37人，其中7人为总行派驻、30人为当地招聘。共设置10个部门：市场部、贸易融资部、资金部、机构部、风险管理部、营业会计部、内审、合规、科技、人事行政部。其特点如下：一是盈利能力较强。2013年该分行税前利润为4100万美元，预计2014年为6000万美元，人均利润超过800万元人民币，资产利润为1.2%，一年房租为500万元人民币，总的成本收入比仅12%。二是业务结构比较简单。其资产规模超过40亿美元，资金来源由当地资金市场融入40%、总行系统内拨入30%、在当地发行大额存单20%、吸收当地存款10%，资金使用以双边贷款、银团贷款、债券投资、同业拆放、贸易融资、人民币同业存款等为主，近年来外汇局放松了跨境贸易的监管，内保外贷、外保内贷业务逐渐上升，利差可以达到1.5%，远高于本地市场0.5%的利差水平。三是风险管理严格。当地监管部门跟随美国标准，要求比较高，作为一家本地的外资银行分行，必须独立设置内审、合规、IT部门，对开展业务的合规、流动性、信用、市场、IT、操作风险等进行管理，并要求外资银行总行必须每年一次进行全面内审，当地监管部门根据机构业务规模情况每2~3年进行一次审查。

二、培训的收获与体会

通过本次培训考察，培训团对新加坡经济发展成就和金融业的繁荣印象深刻。自1997年以来，新加坡政府不断出台政策放松对金融业的管制，金融监管从强调管制、注重风险防范逐渐转变为以信息披露为本、鼓励金融创新，使新加坡成为位列纽约、伦敦和中国香港之后的全球第四大国际金融中心，金融业发展市场化和国际化特点明显。在金融业的快速发展中，新加坡银行业的发展更为引人瞩目，目前新加坡共有约125家银行，很多全球顶尖银行与金融机构在新加坡设有分行及区域总部，其中包括工行、农行、中行、建行、交行五大中资银行及花旗、渣打、汇丰等外资银行。新加坡本土银行则经历了从单一到复杂、从国内到国际、从严格的分业经营到实行混业经营的转变。

从整体来看，新加坡的多数银行战略定位明确，差异化竞争优势明显；市场拓展策略完善，高度重视客户的开发和管理；转型和创新持续不断，综合化、一体化经营成效显著；产品灵活多样、结构合理；运营管控安全，风险管理能力突出，信息科技引领作用明显；精细化管理处处体现，资源配置合理，流程精简高效，绩效管理实用有效。通过对新加坡银行业发展经验的学习，结合国内银行业发展的现状，我们主要有以下几点收获和体会。

（一）利率市场化将会成为中国金融业发展的"分水岭"

通过学习，我们进一步认识到利率市场化远不止会导致银行利差空间收窄、竞争加剧等表象问题。放松利率管制、建立市场化的定价机制和建立有效的利率传导机制，将演变为以利率市场化为代表的金融自由化，进而会影响社会金融资源的配置方式、国家经济结构的转型。金融市场的全球性、系统性风险也将更加凸显。

美国、日本、韩国、新加坡、中国台湾等国家和地区利率市场化的历史经验已经证明，利率市场化将改变银行的收入利润模式，进而引发银行的资产负债结构和盈利模式的变化，如果银行不能及时转型应对，将会面临利润危机，甚至是生存危机。在提升风险定价能力的同时，及时改变负债模式、优化资产结构，大力发展资产管理、投资银行、市场交易等非传统银行业务，坚持"多卖医，少卖药"甚至"卖医不卖药"的经营策略，减少对存贷利差的依赖，增加非利息收入比重，丰富利润来源，将是银行有效应对利率市场化的重要手段，需要我行在今后的转型发展中予以高度重视。

（二）转型和创新是银行发展的主题

在新加坡这样金融业发达的地区，随着科技的发展和应用，银行的客户结构、客户需求、产品特性、服务路径都已经发生了深刻的变化。随着电子银行发展从互联网银行，再到移动互联网——手机银行的快速演进，客户需求逐步向个性化、特色化方向发展，现有客户在不同银行间重新分配，银行的服务方式也在信息科技的支撑下突破时间和空间的限制，向客户提供更为方便、安全、高效、舒适的服务。随着大数据时代的到来，银行与客户的信息沟通成本将大大降低，银行信贷业务模式和风险控制方式将发生根本变化，基于物流的新型供应链信贷将成为信贷蓝海。新加坡银行业在此背景下纷纷寻求转型，不断创新，抢占市场竞争先机。对于金融业发展相对落后，利率市场化尚不彻底的中国银行业而言，尤其是对于我们这家组建不久、正在向现代商业银行转型的银行而言，加快转型、加强创新就显得尤为重要。

（三）要真正建立并落实以客户为中心的客户价值观

新加坡的银行均视客户为银行的生命，高度重视客户的挖掘、培育和管理，将客户管理提到战略高度，甚至提出"研究客户的心理就是战略"的观点。具体表现为，特别重视客户的需求和体验；高度重视客户经理队伍建设；有效整合服务资源，为客户提供一站式服务；对客户进行分层、分类，精准营销，提供个性化服务。以新加坡的几家本土银行为例，华侨银行对客户采取全生命周期的营销服务，根据潜在目标客户在不同年龄阶段的需求开展营销服务，实现客户早起点、分阶段、全方位、差异化的营销；大华银行专门聘请新加坡航空退休的 CEO 担任银行的 CEO，进行服务理念跨行业的借鉴与融合；星展银行旗下的邮政储蓄银行则在柜台服务上引入麦当劳的套餐服务模式，私人银行服务则注重提供生财、理财、护财、传财和用财的顾问管家型服务。因此，及时转变客户价值观、真正做到以客户为中心、提升客户服务能力，对我行提升市场竞争能力至关重要。

（四）科技能力成为现代银行的核心竞争力

新加坡银行业已经形成了科技引领银行发展的局面。通过对几家银行的考察，我们感到新加坡银行的 IT 系统架构合理、能力较强、系统耦合度高、兼具智慧性和灵活性，前台网点 IT 系统灵活方便，能够利用新技术和新产品持续提升客户体验，向不同客户提供差异化、个性化服务；后台系统在有效支撑前台灵活多变的服务与产品创新的同时，能够高效支撑整个银行的运营和管理。我行应加快信息科技由"支撑"向"引领"的转变，加大信息科技投入力度，尽快形成足以引领和支撑未来转型发展的强大信息科技能力。

（五）互联网金融背景下实体网点的价值将发生改变

随着互联网金融的深入发展，新加坡银行服务的方式发生了深刻变化，实体网点大量标准化服务已经可以通过电子银行渠道实现，越来越多的客户选择通过电子渠道接受银行的服务，银行争夺客户的重心逐渐从实体网点转移到电子渠道，各大银行电子银行服务产品层出不穷，为的就是吸引不同类型的客户。这一变化趋势使得新加坡的许多银行重新审视实体网点的价值，重构实体网点的服务功能，将实体网点打造成与客户近距离交流、向客户提供个性化服务、提升银行品牌价值的重要渠道。一是通过电子渠道的替代降低网点标准化服务工作量，提升网点的个性化客户服务能力；二是根据网点所处区位的不同特点确定差异化的服务功能，契合客户服务需求；三是营业人员走出柜台，与客户近距离交流，打破传统柜台服务的冰冷形象；四是利用高科技丰富网点服务手段，让客户可以更多地选择自助式服务，提升客户服务体验。对于我们这家拥有庞大实体网络的银行而言，应加强经验借鉴和研究，重新思考和定位互联网金融快速发展趋势下实体网点的经营管理策略，结合自身客群特点和战略定位，优化网络资源配置，充分挖掘实体网络的独特价值。

（六）先进的管理理念和手段是转型发展的重要保障

通过培训和考察，我们看到国外先进银行已经经过部门银行、产品银行和流程银行的发展历程，管理方式也正从流程管理向网络化管理转变，以服务客户为中心，强调组织结构的扁平化和业务条线的协同化，流程更为精简和高效，突出授权与责任并重，不断优化绩效考核机制。例如，一些银行通过内部管理和服务计价，将前、中、后台各个功能性组织建设为利润中心，建立绩效指标并据此进行考核，促进资源在内部的优化配置。相比较而言，我行的管理理念和手段较为落后，业务流程设计刻板、僵化，认为环节多就可以控制风险，业务处理部门间掣肘多、协作差，部门银行、产品银行特色明显；绩效考核较为粗放，未充分发挥优化资源配置的作用；产品研发缺少深入细致的市场调研，不注重市场情报的搜集和客户需求的分析，产品与市场形势、客户需求匹配度不高；客户营销上条线割裂，服务资源难以充分利用，投入与收益不成正比。对此，我行应加快管理理念和管理手段的更新与提升，为转型发展提供有力的支撑和保障。

三、邮储银行发展思考与工作建议

经过十四天的培训学习，学员们结合培训内容，联系实际进行思考，对邮储银行目前所处的经济金融环境和同业发展情况进行分析比较，对邮储银行今后的发展战略和需要重点解决的问题进行了深入研究讨论，并从战略制定、业务发展、经营管理等方面提出以下建议。

（一）坚持零售银行战略地位，逐步打造全功能商业银行

我行作为一家特点鲜明的商业银行，在整体发展上还是要继续不断拉长业务短板，积极实施打造有特色全功能商业银行的战略目标。但考虑到我行的历史和现实，我们认为还是应坚持零售银行战略地位不动摇。全功能商业银行是基础，零售银行是特色，是亮点，是我们的核心竞争力。因此建议总行加大对零售银行发展子战略的系统化研究，以充分发挥优势，不断提升我行的竞争力，并且规划在不同时期推出不同的产品，在不同时期侧重不同的渠道，在不同时期提供不同的服务，在不同时期应用不同的组织模式和盈利模式，在不同时期实施不同的品牌宣传策略。尤其要加大在服务"三农"和服务小微企业方面的研究力度，使基层行明晰零售银行未来发展方向，而且战略是能落地执行的；与此同时，要采取切实有效的措施，积极推进零售银行转型升级，突出加快公司业务发展，大胆尝试投资银行等创新性业务，向有特色的全功能商业银行迈进。

（二）树立科学客户观，提升客户价值

一直以来，我们更多的是通过发展业务、销售产品来获得、积累客户，可以说是被动的客户发展模式。当前，随着利率市场化、金融脱媒、互联网金融的发展，我国银行业竞争更加激烈，建议全行上下都要树立"主动营销客户、贴心服务客户、努力维系客户"的科学客户观。一要根据我行市场定位和自身优势特点，研究制定个人客户、公司客户、同业客户的重点客群和客户发展路径。既要针对目前规模占比高、价值贡献大的客群推出组合营销方案，进一步锁定优质客户，提高单一客户贡献价值，又要结合未来发展趋势及客户生命周期，提前布局潜在客户，防止客户结构过度倾斜（比如个人客户结构老龄化严重）等问题的产生。二要合理规划高端客户服务体系，进一步明确我行财富管理的定位，不过分追求高净值客户的数量。要以田忌赛马的方式，对最具成长性的"新贵"人群提供差异化服务，特别要针对资产规模 5 万~20 万元的贡献最大的客户群，通过对同档次客户提供优于同业的优质服务，牢牢把握住这部分客群。三要提供差异化、个性化、人性化的丰富产品和客户服务。下一步我行应根据自身的市场定位，结合各地的风俗习惯、客户偏好，有针对性地在部分分行试点个性化的特色服务。同时，运用大数据等新技术，根据客户个体特点和特殊需求，为客户提供精准的套餐化服务解决方案，开发个性化产品，提供个性化服务。

（三）深入推进网点转型，增强网点经营能力

顺应实体网点小型化、智能化、泛功能化趋势，进一步深化网点转型，增强网点营销服务能力。建议：一是尽快启动以 IT 为支撑的网点流程优化设计与实施，加强网点组织作业流程的优化，提高柜面操作效率，将更多人力资源向营销服务倾斜，有效支撑网点经营模式的转型。二是启动新型网点内部布局设计，积极引入外脑，配合智慧银行、社区银行、网点流程优化项目，紧密结合网点定位和组织作业流程，着手进行新型网点内部布局设计，更好地支撑网点营销和服务流程的转型。建议在发达城市先行先试，为实体网点建设转型蹚出一条新路。三是在同业不断抢夺社区市场的形势下，着重加强社区银行的建设。在充分发挥熟人经济作用的基础上，实现社区银行的定位优势、信息优势和速度优势。根据我国城市发展和城

镇化进程，对现有社区银行进行重组调整，并根据所处区域社区特点，以社区客户需求为中心，开发与银行核心产品相关的泛功能化产品，将网点打造成社区服务站，实现社区活动与银行业务的无缝链接。

（四）加快互联网金融创新，着力移动金融弯道超车

电子银行、移动互联网是银行业转型发展的大势所趋。建议：一是学习新加坡同业先进经验，积极倡导建立银行创新文化，通过进一步加大在电子银行、信息科技方面的人、财、物投入，充分发挥互联网金融创新实验室、科技创新实验室的机制优势，大力开展基于互联网技术的产品创新、流程创新、模式创新，加大网点智能化设备研发和配备，通过业务流程再造和多渠道整合，最终打造客户体验良好、线上线下一体化的面向互联网时代的智慧银行。二是着力拓展移动互联网市场，将其作为我行互联网金融发展、弯道超车的最重要抓手。在电子银行领域，"得手机者得天下"，我们要抓紧完成新一代手机银行系统建设，并委托专业公司进行手机银行界面形象设计，打造特色鲜明的品牌形象，争取在电子银行领域实现"弯道超车"。三是向腾讯、蚂蚁金服等行业领先的大型互联网企业、互联网金融企业学习，并积极探索合作模式，借助其大数据分析和科技创新优势，结合我行网络和客户优势，开展电子银行、信用卡和消费信贷等方面的业务合作，建立新型的跨行业合作模式。

（五）积极稳妥推进国际化战略

在新加坡看到的情况表明，中国经济开放度比我们预想的大，国内国有、民营企业及个人已经有大量海外业务由外资银行来服务，海外业务空间巨大，人民币国际化程度的加深也带来巨大的机遇和红利。因此，建议加快推进我行的国际化战略。通过国际化，一是可以增强我行的品牌影响力；二是可以先期探索利率市场化，积极尝试综合化经营；三是可以服务客户跨境交易、投资、理财等实际需求；四是可以培养专门人才。从目前情况来看，设立海外分支机构是可行的主要方式。可以借鉴同业经验，海外机构以公司金融服务为主，加强境内外联动、做好保函、银团贷款、跨境供应链、跨境人民币融资、海外债券及并购服务等批发业务，为实体经济转型升级作出贡献。

（六）进一步强化精细化管理，积极应对利率市场化挑战

利率市场化是大势所趋，短期内必将带来存贷利差缩小。但存贷利差缩小，不等于银行收益率降低。对邮储银行来讲，尽管网络优势和存款优势比较明显，但在新形势下，要保住银行收益率不下降，就必须在精细化管理上下功夫，不断提高资产负债管理水平和风险定价水平。

资金成本计量要更准确。资金成本计量更准确地体现在四个主要方面。一是确立资金成本的理念。要明确"资金有价，使用必偿"的原则。二是资金成本要全覆盖。资金成本计量要更准确，必须做到全覆盖，任何方面的遗漏都将减弱计量的准确性。因此要充分量化资金成本、营运成本、资本成本、风险成本，对各项成本进行全方位、立体化的计价与核算，做到对全行的资产和负债业务发展成本进行准确计算。三是资金成本要充分考虑业务参与各部门的成本付出。以前我们在计量资金成本时，多考虑的是前台业务部门、主要业务部门的成本付出，为了计量更准确，我们必须充分考虑前、中、后台业务部门，主要业务部门与协助业务部门所有的成本付出。四是产品之间成本计量既要计量单一产品成本，又要考量产品之间的替代成本，打消部门利益，确立全局观念，最终实现效益最大化。为了实现上述四个方面的要求必须加快建立产品和内部资金定价管理系统。

运营成本要精算化。我们要依托银行财务管理系统建设，来促进运营成本的精算化。当前逻辑集中只解决了业务系统的整合，还停留在点上，营运、管理系统如何建，如何整合，需要财务管理系统这个纲来抓，只要抓住了运营成本这个"牛鼻子"，彻底精算化，我们就可以完成核算型会计向管理型会计转化，对各产品、条线、分支行清晰计算资金成本、运营管理成本、风险成本、占用资源成本等以及各环节实现的效益，从而实现全行资源配置最优化，效益最大化。

（七）审慎提高风险资产比重，加快提升风险计量定价能力

在当前和未来一段时间内，我国经济和金融市场都将处于一个转型发展期，"三期叠加"将在相当长一段时间内对银行业经营管理构成严峻挑战。因此，要审慎地考虑我行整体风险管理问题。特别是不能急于迅速提升信贷类风险资产的比重，而是要充分利用好存贷比较低的优势，相对平稳地度过经济发展转型期，为以后的健康、可持续发展，形成后发优势打下良好坚实的基础。

利率市场化考验着银行风险管理能力，而风险管理的核心是风险定价能力。近年来，我国银行业在风险识别、计量方面积极探索，成熟商业银行大都推行了内部评级法，在这方面我行基础薄弱，与同业差距大，这应当作为我行当前风险管理能力提升的重点，建议我行尽快以内评法为标杆加快整体规划和重点模型建设，并加速实现信息系统配套。在此过程中，在借力外部咨询的同时要加强人员配备，培养建立一支适应利率市场化要求的风险计量评价队伍，承接咨询成果的知识转移，保持对市场变化和我行战略的敏感性，动态更新风险计量模型，不断完善风险计量管理，为风险定价提供依据。

（八）进一步完善绩效考核体系

科学合理的绩效考评体系是企业经营的指挥棒。当前，总行对分支机构的绩效考核体系还有待进一步完善，而对员工的考核则缺乏一个科学规范的体系。建议以邮储银行战略为导向，以管理会计系统、内部转移定价系统为支撑，尽快建立起以价值创造为主导、以经济增加值为核心的绩效考核体系。针对机构考核，既要考虑当期利益，又要考虑长远战略，同时兼顾地区公平；针对部门绩效考核，要逐步探索把部门作为利润中心来考核，通过精确计算内部转移定价，合理分摊部门成本，准确核算每个利润中心所创造的价值；针对员工考核，尤其是针对客户经理，要建立起有效、公平的客户经理营销奖励考核机制，考虑好存量与增量的定价水平，完善与效益相匹配的薪酬分配机制；针对产品和条线考核，要通过管理会计系统，有效进行成本分摊，并通过经济资本计量，合理计算产品创造的利润。从机构、部门、条线、产品、员工等多个方面，打造一个以"业绩优先、兼顾公平"为原则、平衡长远与当前、操作性强、公平合理、全方位的绩效考评体系。

（九）加大总行建设力度，发挥资源整合作用

总行作为全行经营管理决策的中枢，在信息化、网络化的今天，其重要性更加凸显，建议继续加强总行能力建设。总行首先是智力中心，银行竞争核心是人才的竞争，建议将人才数量逐步充实与结构优化作为总行建设的重要目标，在每年招收应届大学毕业生的同时，适度加大同业引进和干部上下交流力度，在总行层面逐步打造金融人才、行业专家、技术能人的组合团队。总行是战略与决策中心，保障发展方向与策略的正确，是全行成败的关键，因此建议进一步提高总行研究和决策能力。总行是营运中

心，建立强大的营运支撑体系，是流程优化与效率提升的基础，也是内控改善的根本，建议进一步强化总行的营运职能和能力。总行是风险管理中心，建议总行进一步加强资本规划的整体把握能力，科学制定风险政策、评价与计量标准，通过信息系统、管理制度、授权管理实现风险集中统一管理。总行是信息中心，建议加大投入建立强大的信息系统支撑，实现对业务、流程、管理、服务、风险等全方位的信息系统支持。总行是创新中心，建议总行加强协调推进战略布局、产品创新、流程改造、政策优化等工作。我行网点众多，又采取"自营＋代理"的特殊运营管理模式，建议进一步发挥总行多项中心的资源整合作用。

（十）加强培训交流，借鉴先进经验，提升自身能力

新加坡、中国香港、中国台湾作为东南亚地区重要的金融中心，金融市场起步早、发展快、市场竞争充分，已经形成了一套比较完善的银行经营与管理体系，可以说它们的今天很有可能就是我们的明天，同时，它们与中国大陆同宗同源，不存在语言障碍与文化冲突，建议进一步加强与它们同业间的培训和交流组织，采取引进来与走出去相结合的方式，把更多的银行经营先进理念、好的经验做法、多元化的经营思路传递给我们总分行各级管理者，以开阔视野，提高银行高管的战略思考与经营发展能力。

当前，邮储银行正处于改革及转型发展的关键时期，因此要进一步加大干部员工培训力度，同时，结合战略投资者引进工作，应加大引智合作力度。建议可以分期分批组织省分行和总行部门副职赴新加坡、中国香港、中国台湾参加同业培训与交流；对于地市和县支行管理人员以及各级业务骨干，加大在石邮院的培训力度，建议主要师资可考虑从国外先进同业专家中筛选。

第四部分

SHOUZHENGCHUANGXI

附　录

附录一

邮储银行在服务"草根经济体"中大有作为
——北京大学厉以宁教授为《绿色变革》一书作序

　　本书作者徐学明同志是我的学生，他在北京大学光华管理学院学习时，就爱思考，在课堂上常举手提问，引起我的注意。多年来他一直在邮政部门工作，现担任中国邮政储蓄银行北京分行行长。他把近十多年来发表的文章整理成一个文集，准备由人民邮电出版社出版，并请我写序，我欣然答允。

　　全书共分为四个部分，分别为邮政金融、邮务类（即传统邮政）、邮政速递物流三个业务板块改革创新的实践和思索，以及他山之石（赴国外邮政和银行进行考察的心得体会）。其中，篇幅较多的是邮政储蓄和邮政储蓄银行方面的文章。这既是徐学明同志近年所从事的实际工作中最关心的问题，也与我最近一段时间较多地关心农村金融问题，以及邮政储蓄银行在农村金融中的地位和作用有关。徐学明同志早在1999年8月11日，就曾在《经济日报》上发表了《邮政储蓄银行呼之欲出》一文，当时我读到以后深受启发。我认为邮政储蓄银行的建立将对农村金融的发展有积极的推动作用。下面，我想借为本书写序的机会，谈一谈我在农村金融问题调查中的体会。

农村融资困难由来已久。国家开发银行刘克崮同志曾多次和我讨论这一问题。他说，在中国经济中，绝大多数的经济体都是小型企业、微型企业、个体工商户和农户，尽管它们分布广泛，具有活力、机制灵活、投资见效快等特点，但一直得不到融资，它们都在缺少融资的条件下拼搏，因此急需解决融资问题。刘克崮把这些为数极多的经济体统称为"草根经济体"。我十分赞同他的概括。特别是同意他的精辟分析："草根经济体"融资难的症结，不在于"草根经济体"本身，而在于"现行的大银行为主体，以服务大中型企业为目标，基于正规财务报表和充分抵押物运作的金融体系，难以适应'草根经济体'的特点和'草根经济'的发展需求。"于是必须鼓励大中型银行设立为小企业服务的专营分支机构，鼓励中国邮政储蓄银行、农村信用社、村镇银行、小额贷款公司和资金互助社等坚持"草根"服务方向，大力开展为"草根经济体"服务的业务。

正是从这个角度来看，中国邮政储蓄银行是可以大有作为的。根据我在山东、重庆、福建、河南等省市的调查资料，邮政储蓄银行深受农户的欢迎，农户认定邮政储蓄银行同农村信用社等金融机构一样，都是可信赖的"农民的银行"。它们在活跃农村经济、支持"草根经济体"、促进农户增产增收方面做出了积极贡献。河南的实例表明：当前对农户帮助最大的是通过产权证的抵押贷款，以及建立了农村融资的新平台。邮政储蓄银行所存在的两个困难或不足之处，正在逐渐被克服和完善。一是信贷管理人员短缺，特别是有经验的信贷管理人员远远满足不了农村金融的需要。这可以通过招聘和培训两个途径解决。二是从农村吸纳的储蓄流入城市而未能用于农村贷款。这个问题，一方面可以增加信贷管理人员，以便开展农村贷款工作，另一方面可以规定一定的比例，即规定以省级和地级为单位，应将农村吸收的存款的一定比例投入农村。

在《经济日报》2011 年 3 月 7 日上，刊载了该报记者冯举高同志的一篇报道，介绍了河南省信阳市平桥区的农村金融改革情况，其中提到了包括邮政储蓄银行在内的为农村服务的金融机构的一些做法。要点是：首先由政府部门明晰农村"五权"的归属并统一发证，这"五权五证"是：1. 农村土地承包经营权和权证；2. 集体林地承包经营权和权证；3. 水域滩涂养殖权和权证；4. 集体建设用地使用权和权证；5. 房屋所有权和权证。这些权证就是农户可以用作抵押担保物的有效凭证，农民手中的资产也就因此"活"起来了。但这还不等于农民有了权证就可以从农村金融机构那里贷到款。两个重要的措施是在乡镇组建信用担保中心和物权交易中心，这两个中心是金融机构和农民之间的融资桥梁。简单地说，乡镇成立的信用担保中心起着如下的作用：需要贷款的农民带上相应的权证，到信用担保中心申请担保。信用担保中心对其信用和资产进行评估后，与农民订立担保和反担保合同，再向金融机构进行现金担保，这样，农民就可以从金融机构得到贷款。这一措施不仅便利了农民取得贷款，而且使金融机构感到放心，因为这加强了贷款风险的保障，减少了贷款无法收回事件的发生。乡镇成立的物权交易中心则起着如下的作用：它成为农村产权交易服务的平台，发布农村产权供求信息，办理委托物权交易等事项。这样，农民有了权证，通过产权交易服务平台，保证了担保权利的正常行使。

总之，应当肯定，河南省信阳市平桥区的农村金融服务的改革，是一项适合我国农村现状的金融创新，包括邮政储蓄银行的金融机构在为"草根经济体"服务的实践中做出了重大贡献。

我最近多次强调：中国经济发展的动力在哪里？在于民间蕴藏的极大

积极性发挥出来了。实践证明，民间积极性的发挥既要有合适的制度条件，也要有切实可行的、有效的方式方法。政府的作用是重要的。政府的作用首先在于发现民间有积极性，只要制度条件具备了，民间的积极性就会被调动起来，发挥出来。政府不仅要善于引导民间的积极性，而且要扶植因民间积极性迸发而出现的新生事物，并及时总结推广。我想，这是当前"草根经济体"得以迅速发展壮大的关键所在。包括邮政储蓄银行在内的金融机构，正是在合适的制度条件下，在实践中探索出各种切实可行的、有效的方式方法，才能在扶植"草根经济体"致富的过程中做出成绩。

希望徐学明同志今后对农村金融和"草根经济体"融资问题，尤其是中国邮政储蓄银行在这方面作用的发挥有进一步的研究，并有新作问世。

手稿

序

　　本书作者徐学明同志是我的学生，他在北京大学光华管理学院时，就爱思考，在课堂上常举手提问，引起我的注意。多年来他一直在邮政部门工作，现担任中国邮政储蓄银行北京分行行长。■他把近十多年来发表的文章整理成一个文集，准备由人民邮电出版社出版，并请我写序，我欣然答允。

　　全书共分为四个部分，分别为邮政金融、邮爱类（即传统邮政）、邮政速递物流三个业务板块改革创新的实践和思考，以及他以之（也国外邮■政和银行进行考察的心得体会）。其篇幅较多的是邮政储蓄和邮政储蓄银行方向的文章，这既是徐学明同志近年所从事的实际工作中最关心的问题，也■我最近一段时间较多也关心农村金融问题，以及邮政储蓄银行在农村金融中所起的作用有关。徐学明同志早在1997年8月11日，就曾在《经济日报》上发表了《邮政储蓄银行呼之欲出》一文，■读到以后■深受启发，我以为■对农村金融的发展有积极的推动作用。下面，我想借（邮政储蓄银行的生力将）为本书写序的机会，谈一谈我在农村金融问题研究中的体会。

农村融资困难由来已久。国家开发银行刘克崮同志曾多次和我讨论过这一问题。他说，在中国经济中，绝大多数的经济体都是小型企业、微型企业、个体工商户和农户，尽管它们分布广泛，具有活力，机制灵活，投资见效快等特点，但一直得不到融资，它们都在缺少融资的条件下拼搏，急需解决融资问题。刘克崮把这些为数众多的经济体统称为"草根经济体"。我十分赞同他的概括。特别是同意他的精辟分析："草根经济体"融资难的症结，不在于"草根经济体"本身，而在于"现行以大银行为主体，以服务大中型企业为目标，基于正规财务报表和充分抵押物运作的金融体系，难以适应'草根经济体'的特点和'草根经济'的发展需求。"于是必须按照大中型银行设立为小企业服务的事业分支机构，鼓励中国邮政储蓄银行、农村信用社、村镇银行、小额贷款公司和资金互助社坚持"草根"服务方向，大力开展为"草根经济体"服务的业务。

（我看山东等）正是从这个角度来看，中国邮政储蓄银行是可以大有作为的。根据福建、河南等省的调查资料，邮政储蓄银行深受客户的欢迎，农户认为邮政储蓄银行同农村信用社等金融机构一样都是可信赖的"农民的银行"。它们在活跃农村经济、支持"草根经济体"、促进农户增收方面做出了很大贡献。河南的实例表明，当前对农户帮助最大的是通过产权证的抵押贷款，建立了农村融资的新平台。

在《经济日报》2011年3月7日上，刊载了该报记者冯举高同志的一篇报导，介绍了河南省信阳市平桥区的农村金融改革情况，其中提到了包括

（右侧批注）邮政储蓄银行存在的两个困难或不足之处，正在逐渐克服和改善；一是信贷管理人员短缺，特别是基层的信贷管理人员远远适应不了农村金融的需求。这可通过招聘和调配两方面解决。二是从农村吸纳的储蓄流入城市再投资，用于农村方面的钱不足，这个问题，一方面以增加信贷管理人员，一定使更多存款留在农村使用；另一方面要充实一定的比例，必须从省级和地级方面做起，把将农村吸收的存款的一定比例投入农村。

由政府创设

由政府储蓄银行在内的为农村服务的金融机构一些做法。要实现，首先明晰农村"五权"的归属并统一发证，总结五证：1.农村土地承包经营权和权证；2.集体林地承包经营权和权证；3.水域滩涂养殖权和权证，4.集体建设用地使用权和权证；5.房屋所有权和权证。这些权证就是农民可以用作抵押担保物的有效凭证，农民手中的资产也因此"活"起来了。但这还不等于农民有了权证就可以从农村金融机构那里贷到款。两个重要的措施是在乡镇组建信用担保中心和物权交易中心，这两个中心是金融机构和农民之间的融资桥梁。简单地说，乡镇成立的信用担保中心起着如下的作用：需要贷款的农民拿上相应的权证，到信用担保中心申请担保，信用担保中心对其信用和资产进行评估后，与农民订立担保和反担保合同，再向金融机构进行现金担保，这样，农民就可以从金融机构得到贷款。这一措施不仅便利了农民取得贷款，而且使金融机构感到放心，因为加强了贷款风险的保障，减少了贷款无法收回事件的发生。乡镇成立物权交易中心则起着如下的作用：它成为农村产权交易服务的平台，发布农村产权供求信息，办理各种物权交易事项，这样，农民有了权证，通过产权交易服务平台，保证了担保权利的正常行使。

总之，应予肯定，河南省信阳平平桥区的农村金融服务的改革，是一项适合我国农村现状的金融创新，包括邮政储蓄银行的金融机构在为"草根经济体"服务的实践中作出了重大贡献。

我最也多次调，中国经济发展的动力在哪里，在于民间蕴藏的极大积极性发挥出来了。实践证明，民间积极性的发挥既要有合适的制度条件，也要有切实可行的、有效的方式方法。政府的作用是主要的。政府的作用首先在于发现民间有积极性，只要制度条件具备了，民间的积极性就会被调动

3

世界，发挥出来。政府不妨着重于引导民间的积极性，而且要扶植因民间积极性迸发而出现的新生事物，并及时总结推广。我想，这是多有"草根经济传"得以还是发展壮大 的关键所在。包括邮政储蓄银行在内的金融机构，只是在合适的制度环境下，在实践中探索生各种 切实可行的、有效的方式方法，才能在扶植"草根经济传"改善的主张中做出成绩。

希望 译者明同志今后在 对农村金融和"草根经济传"的一些问题，尤其是中国邮政储蓄银行在这方面作用的发挥有进一步的研究，并有新作问世。

渭 以 享

2011. 9. 5

附录二

邮政金融历史沿革

1896 年 3 月 20 日，清光绪皇帝批准总理衙门奏折，在全国正式开办大清邮政。1898 年 1 月 1 日（清光绪二十四年），大清邮政开办国内邮政汇兑业务，从此拉开了邮政办理金融业务的帷幕，也成为邮政储蓄百年历史的开端。

一、近代邮政储金曲折创办

1912 年，中华民国临时政府在南京成立，改"大清邮政"为"中华邮政"，改"邮传部"为"交通部"，部内仍设邮政司，管理全国邮政事务。

1918 年 11 月 24 日，国民政府以第 40 号教令颁布了《邮政储金条例》。

1919 年 5 月 26 日，交通部公布《邮政储金条例实施细则》（45 条），同年 7 月 1 日，邮政储金局成立，在北京、天津、太原、开封、济南、汉口、南京、上海、安庆、南昌、杭州 11 个城市率先开办邮政储金业务。

二、屹立不倒的"大众银行"

1930 年 3 月 15 日，邮政储金汇业总局在上海成立，直属交通部领导。先后颁布《邮政储金汇业总局组织法》《国内汇兑法》和《邮政储金法》，在上海、南京、汉口等地开设储汇分局，除办理邮政储金、汇兑业务外，还增加了保险业务与经营股票、抵押放款等银行业务，成为名副其实的金融机构。

中华邮政办理邮政储金业务肇始，采取谨慎、稳妥的政策，以小额个人储蓄用户作为邮政储金主要对象，满一元即可开户，提出了独特的"人嫌细微，我宁繁琐；不争大利，但求稳妥"经营方针。其放贷对象以中小工商企业为主，大大方便了后者，一时有"大众银行"之誉。

邮政储金业务总局依托邮政网点，大力发展业务和客户，开办储金业务的局所从 1929 年底的 288 处发展到 1930 年的 476 处，储户由 84788 户发展到 131867 户，存款余额由 1455.3201 万元发展到 2499.3437 万元。业务发展还涉及保险、股票和房产等。邮政储金汇业总局成立一年，存款余额净增 1044.0236 万元，盈利 560 万元，发展势头十分迅猛。

1935 年，在邮政职工提出"以邮养邮，邮储合一"的要求下，"邮政储金汇业总局"改称"邮政储金汇业局"，归属邮政总局领导。到 1940 年，邮政储金汇业局纳入了国民政府"四行两局"之列（即中央银行、中国银行、交通银行、中国农民银行、中央信托局、邮政储金汇业局）。由于邮政储金网点遍布各地以及长期以来在百姓心中"大众银行"的良好信誉和形象，确立了其民国六大金融支柱之一的历史地位。

三、改革开放后快速发展的新中国邮政金融

新中国成立后，人民邮政按照中财委 1949 年 11 月的决定，接管了邮政储金汇业局，在中国人民银行统一指导下开展工作。1950 年 6 月撤销邮政储金汇业局。1950 年 8 月 15 日，中国人民银行、中央邮电部邮政总局联合颁发《关于银行邮局商订储汇业务协议书的指示》（注：1954 年 11 月 15 日国务院决定"中央人民政府邮电部"改称"中华人民共和国邮电部"，

以下简称邮电部），对银行和邮局的关系、具体业务和做法等作了规定。

1953 年 7 月 27 日，邮电部、中国人民银行发出《为停止银行委托邮局代理储蓄业务自 1953 年 9 月 1 日正式解除合约的联合指示》，于是，邮政储蓄于 9 月停办，储蓄业务完全归银行办理。

1981 年，国务院决定恢复邮政储蓄业务，利用邮政网点众多的优势，广为收储民间零星资金，作为国家筹集资金的一条渠道，吸收的储蓄存款交给人民银行使用。1982 年 3 月 26 日，邮电部制定《邮政储蓄业务处理规则（试行）》。1986 年 1 月 27 日，经中央财经领导小组决定，邮电部与中国人民银行发出《关于开办邮政储蓄业务的联合通知》，决定于当年春节前在北京、上海、天津、郑州、沈阳、石家庄、成都、西安、南京、广州、福州、长沙 12 个城市开办邮政储蓄。

1986 年，邮电部成立邮政储汇局，负责受理全国邮政储蓄和邮政汇兑业务。同年 3 月 10 日，邮电部与中国人民银行联合发出《关于印发开办邮政储蓄协议的联合通知》，自 1986 年 4 月 1 日起全面开办邮政储蓄业务。协议规定，邮政储蓄执行国家的金融方针和有关法律规定，个人储蓄存款为个人所有，不得侵犯，实行存款自愿、取款自由、存款有息、为储户保密的原则。邮政储蓄业务受理个人人民币储蓄存款，不受理支票。邮政机构吸收储蓄存款是中国人民银行的信贷资金来源，全部存放人民银行统一使用。1986 年底，短短九个月，全国已开办储蓄网点 2715 个，储户 268 万户，存款余额 5.6 亿元。1986 年 12 月 2 日公布的《中华人民共和国邮政法》明文规定邮政储蓄是邮政的主要业务之一，给予了邮政储蓄明确的法律地位。

1990 年 1 月 1 日，邮电部门办理的邮政储蓄业务与中国人民银行由收取千分之二点二代办费的缴存款模式转为"吃利差"的转存款模式，即人民银行按邮电部门的转存款金额支付利息，而客户存款利息由邮政储蓄自付，自此，邮政储蓄业务由给人民银行代办改为自办。11 月 12 日，《中华人民共和国邮政法实施细则》颁布，规定邮政储蓄、汇兑业务由邮电部统一管理，并按照国家有关规定在金融业务上接受中国人民银行的指导。1992 年 5 月 9 日，邮电部印发《关于开办国际邮政汇兑业务的通知》，自 7 月 1 日起开办邮政国际汇兑业务。

邮政储蓄发展迅速，但与专业银行相比，它的技术和管理手段还相对落后。为了加快发展，原邮电部决定实施"绿卡工程"，建立全国统一的邮政储蓄计算机网络系统，实现活期业务异地通存通兑。

绿卡工程建设从 1994 年开始，历时 7 年，2001 年 9 月 22 日，邮政储蓄充分发挥邮电部门的通信网络优势，率先实现了真正意义上的全国联网——一卡在手，走遍全国。邮政储蓄用户凭绿卡储蓄卡或活期存折可在全国任一邮政储蓄联网县市网点通存通取。邮政储蓄成为中国金融业第一家实现全国联网、通存通兑的机构。

2003 年 8 月 1 日，邮政储蓄新增存款不再转存人民银行，开始自主运用，存量资金今后五年内等额转出。邮政储蓄开启资金自我运作的新征程。

四、中国邮政储蓄银行挂牌成立

2005 年 8 月 19 日，国务院下发《邮政体制改革方案》，明确提出要按照金融体制改革的方向，加快成立中国邮政储蓄银行。2006 年，国家邮政实施政企分开，分别成立新的国家邮政局和中国邮政集团公司，同时批准中国邮政集团公司开始组建邮政储蓄银行。

2006 年 5 月，国务院批准原中国银监会上报的《中国邮政储蓄银行筹建方案》，经过六个月的筹建，12 月 31 日，中国邮政储蓄银行获准开业，中国邮政集团公司以全资方式组建中国邮政储蓄银行有限责任公司。《中国邮政储蓄银行有限责任公司章程》也同时得到原中国银监会的批准。

2007 年 3 月 6 日，中国邮政储蓄银行完成工商登记注册。同年 3 月 20 日，在中国近代邮政成立百年之际，中国邮政储蓄银行在北京举行了挂牌仪式，定位于服务"三农"、城乡居民和中小企业，依托中国邮政集团公司的代理网点建立了中国银行业唯一的"自营＋代理"运营模式，中国邮政储蓄的历史就此掀开了崭新的一页。邮储银行的成立是我国邮政金融事业发展历程上的一件大事，具有重要的里程碑意义。

成立以来，邮储银行自觉承担"普之城乡，惠之于民"的社会责任，坚持服务"三农"、城乡居民和中小企业的定位，致力于为中国经济转型中最具活力的客户群体提供服务，走出了一条大型零售银行践行普惠金融的商业可持续发展之路，将金融服务延伸到中国广袤大地的"最后一公里"。邮储银行成为我国金融领域的一支生力军。

五、完成"三步走"改革路线图

2012 年 1 月 21 日，经国务院同意并经原中国银监会和财政部批准，中国邮政储蓄银行有限责任公司整体改制为中国邮政储蓄银行股份有限公司。

2015 年 12 月 8 日，经原银监会和财政部批准，邮储银行引入瑞银集团、中国人寿、中国电信、加拿大养老基金投资公司、蚂蚁金服、摩根大通（持股主体为 JPMorgan China Investment Company II Limited）、淡马锡

（持股主体为 FMPL）、国际金融公司、星展银行及深圳腾讯等 10 家境内外战略投资者。此次引进战略投资者，融资规模 451 亿元人民币，发行比例 16.92%。本次引资是中国金融企业历史上单次规模最大的私募股权融资，也是继农业银行上市后五年来中国金融企业规模最大的股权融资。

2016 年 9 月 28 日，邮储银行在香港联合交易所主板成功上市，募集资金总额达 591.5 亿港元。从融资规模看，邮储银行此次 IPO 是此前近两年全球最大的 IPO、六年来最大的 H 股 IPO 以及香港联交所开市以来第七大 IPO。邮储银行正式登陆国际资本市场。

2019 年 12 月 10 日，邮储银行在上海证券交易所挂牌上市。本次发行，近十年来首次引入超额配售选择权（"绿鞋"）机制，融资规模达 327.14 亿元，创近十年来 A 股最大 IPO。成功完成 A 股 IPO，是邮储银行继 2016 年香港上市后又一重大改革，是全面完成国务院确立的"股改—引战—A、H 两地上市"三步走改革要求，完善资本补充长效机制、增强服务实体经济能力的重要一步，标志着国有大型商业银行 A、H 两地上市圆满收官。

2015 年 11 月 20 日，中国邮政储蓄银行子公司中邮消费金融有限公司成立，标志着邮储银行进一步拓展综合化经营。2019 年 12 月 5 日，邮储银行全资子公司中邮理财有限责任公司开业仪式暨新产品发布会在北京举行，邮储银行零售战略"再落一子"，同时也标志着国有大型商业银行理财子公司全部开业。

六、邮储银行跻身国有六大行序列

经过十多年辛勤耕耘，邮储银行的市场地位和影响力日益彰显。2019

年 2 月 11 日，中国银保监会发布《银行业金融机构法人名单（截至 2018 年 12 月底）》，在机构类型中，邮储银行被列入国有大型商业银行序列。

截至 2020 年 9 月 30 日，邮储银行拥有近 4 万个营业网点，覆盖中国 99% 的县（市）；服务个人客户达 6.17 亿户，超过中国人口总量的 40%；资产总额突破 11 万亿元，达到 11.13 万亿元，居商业银行第五位。同时，邮储银行保持了优异的资产质量，截至 9 月底，不良贷款率 0.88%，不到同业平均水平的 50%；拨备覆盖率 403.21%，是同业平均水平的两倍。

2020 年，在英国《银行家》杂志全球银行 1000 强中，邮储银行一级资本位列第 22 位。惠誉、穆迪分别给予邮储银行与中国主权一致的 A+、A1 评级，标普全球给予邮储银行 A 评级，标普信评给予 AAAspc 评级，展望均为稳定。

面对中国经济社会发展大有可为的战略机遇期，邮储银行深入贯彻新发展理念，全面深化改革创新，加快推进"特色化、综合化、轻型化、智能化、集约化"转型发展，持续提升服务实体经济质效，努力建设成为客户信赖、特色鲜明、稳健安全、创新驱动、价值卓越的一流大型零售商业银行。